は
はなより
だんご
は
さくらが
キレイね～
そうだね～
うんうん
モグ
モグ
ガツガツ
ムシャムシャ
パクパク
グビグビ

わ 割《わ》れ鍋《なべ》に綴《と》じ蓋《ぶた》

か かわいい子《こ》には旅《たび》をさせよ 207ページを見てね！

よ 葦《よし》の髄《ずい》から天井《てんじょう》をのぞく

た 旅《たび》は道連《みちづ》れ世《よ》は情《なさ》け 82ページを見てね！

れ 良薬《れ(りょ)うやく》は口《くち》に苦《にが》し 79ページを見てね！

そ 総領《そうりょう》の甚六《じんろく》

つ 月《つき》とすっぽん 120ページを見てね！

ね 念《ねん》には念《ねん》を入《い》れよ 143ページを見てね！

な 泣《な》きっ面《つら》に蜂《はち》 42ページを見てね！

ら 楽《らく》あれば苦《く》あり

む 無理《むり》が通《とお》れば道理《どうり》引《ひ》っ込《こ》む

う 嘘《うそ》から出《で》たまこと 56ページを見てね！

さ 三遍回《さんべんまわ》って煙草《たばこ》にしょ

き 聞《き》いて極楽《ごくらく》見《み》て地獄《じごく》

ゆ 油断大敵《ゆだんたいてき》

め 目《め》の上《うえ》のたんこぶ 167ページを見てね！

み 身《み》から出《で》た錆《さび》 121ページを見てね！

し 知《し》らぬが仏《ほとけ》 13ページを見てね！

ゑ《え》 縁《えん》は異《い》なもの味《あじ》なもの

ひ 貧乏暇《びんぼうひま》なし 72ページを見てね！

も 門前《もんぜん》の小僧習《こぞうなら》わぬ経《きょう》を読《よ》む

せ 背《せ》に腹《はら》は替《か》えられぬ

す 粋《すい》が身《み》を食《く》う

京 京《きょう》の夢大阪《ゆめおおさか》の夢《ゆめ》

た
たびはみちづれ
よはなさけ
た
いろいろあったけど
よい旅でしたね
おかげで
よい句ができたよ

つかってみよう！ことわざ365日

監修：青木伸生
筑波大学附属小学校教諭

小峰書店

もくじ

さくいん

マークの意味

★★★……とてもよく使《つか》うことわざ
★★……よく使《つか》うことわざ
★……使《つか》えたらことわざ名人
⊗……まちがった使《つか》い方《かた》
?……慣用句《かんようく》としてはまちがった使《つか》い方《かた》
にた言葉……意味《いみ》がにていることわざ・慣用句《かんようく》・故事成語《こじせいご》
反対の言葉……意味《いみ》が反対《はんたい》のことわざ・慣用句《かんようく》・故事成語《こじせいご》
関連する言葉……同じ語が入っているなど、関連《かんれん》があることわざ・慣用句《かんようく》・故事成語《こじせいご》

ことわざ 慣用句 故事成語 のちがい

次《つぎ》のようなちがいがあります。

ことわざ……昔《むかし》から伝《つた》えられてきた、人の生活の役《やく》に立《た》つ知《ち》恵《え》や教えを表《あらわ》す言葉《ことば》。

慣用句《かんようく》……いくつかの言葉《ことば》が組み合わさり、もとの言葉《ことば》の意味《いみ》とはちがう意味《いみ》をもつようになった言葉《ことば》。

故事成語《こじせいご》……昔《むかし》の中国《ちゅうごく》でおこったことがもとになってできた言葉《ことば》。

※ことわざ、慣用句《かんようく》、故事成語《こじせいご》を正しく分けることはむずかしく、この本ではそれぞれを分けていません。

一年《いちねん》の計《けい》は元旦《がんたん》にあり

元日《がんじつ》…一年の最初《さいしょ》の日。一月一日のこと。「元旦《がんたん》」は元日《がんじつ》の朝のことをいう。

使い方

一年の目標《もくひょう》を決《き》めるとき

今年《ことし》こそ、サッカーの試合《しあい》に出られるように計画を立ててしっかり練習《れんしゅう》するぞ。**一年《いちねん》の計《けい》は元旦《がんたん》にあり**だ。

✕ 朝ねぼうをして、初日《はつひ》の出《で》が見られなかった。**一年《いちねん》の計《けい》は元旦《がんたん》にあり**なのに…。

元旦《がんたん》におこったことで、その年のことが決《き》まる、という意味《いみ》ではないよ。

意味

一年の計画は、一年の最初《さいしょ》である元旦《がんたん》に決《き》めるのがよい。また、何事《なにごと》も最初《さいしょ》にきちんと計画を立てるのが大切だ、ということ。

由来

中国《ちゅうごく》の書物《しょもつ》に「一日《いちじつ》の計《けい》は晨《あした》にあり、一年《いちねん》の計《けい》は春《はる》にあり」とあるところから。「一《いち》日《にち》の計《けい》は朝《あさ》にあり、一年《いちねん》の計《けい》は元旦《がんたん》にあり」とつづけていうこともある。

言葉ノート

一口メモ　英語のことわざ

「一年《いちねん》の計《けい》は元旦《がんたん》にあり」とにた意味《いみ》のことわざは、外国にもあるよ。英語《えいご》で言ってみよう。

New《ニュー》 Year's《イヤーズ》 Day《デイ》 is《イズ》 the《ザ》 key《キー》 to《トゥー》 the《ザ》 year《イヤー》.

（元旦《がんたん》は1年のカギになる日だ。）

一口メモ　いろいろなお正月の言い方

- 三《さん》が日《にち》…1月1～3日（正月休み）
- 松《まつ》の内《うち》…1月1～7日（門松《かどまつ》などの正月かざりをかざっておく期間《きかん》）
- 小正月《こしょうがつ》…1月15日（12ページを見てね！）
- 二十日正月《はつかしょうがつ》…1月20日（正月祝《しょうがついわ》いの終《お》わり）

1月2日

★一富士《いちふじ》 二鷹《にたか》 三茄子《さんなすび》

初夢《はつゆめ》…新年にはじめて見る夢《ゆめ》のこと。ふつうは一月二日の夜に見る夢《ゆめ》のことをいう。

使い方

縁起《えんぎ》のよい初夢《はつゆめ》を見たとき

富士山《ふじさん》に登《のぼ》る初夢《はつゆめ》を見た。「**一富士《いちふじ》 二鷹《にたか》 三茄子《さんなすび》**」というように、とても縁起《えんぎ》がよいなあ。

意味

夢《ゆめ》に出てくると、縁起《えんぎ》のよいもの。一番目が富士山《ふじさん》、二番目が鳥の鷹《たか》、三番目が野菜《やさい》のなす（茄子《なすび》）だ。

由来

昔《むかし》の将軍《しょうぐん》（いちばんえらい人）の徳川家康《とくがわいえやす》の出身地《しゅっしんち》である、静岡県《しずおかけん》の名物《めいぶつ》をならべた。徳川家康《とくがわいえやす》が好《す》きなものをならべたともいわれている。

1月3日

★重箱《じゅうばこ》の隅《すみ》をつつく

お節料理《せちりょうり》…正月に食べる料理《りょうり》。重箱《じゅうばこ》（料理《りょうり》を入れて重《かさ》ねる器《うつわ》）に、数の子や黒豆《くろまめ》などの縁起《えんぎ》のよい料理《りょうり》をつめたもの。

使い方

ちょっとしたことでおこる人を見たとき

あんな小さなミスを取《と》りあげて友だちをせめるなんて、**重箱《じゅうばこ》の隅《すみ》をつつく**ようなことはやめなさい。

✕ 山本《やまもと》くんは、**重箱《じゅうばこ》の隅《すみ》をつつく**ように教室をすみずみまでそうじして、えらいなあ。

細かいことまでていねいにやるというような、ほめ言葉《ことば》では使《つか》わないよ。

意味

どうでもいいような細かいことばかり取《と》りあげて、あれこれとうるさくいうこと。

由来

重箱《じゅうばこ》の四すみにのこった食べ物《もの》を、楊枝《ようじ》でほじくり出して食べるようすから。「重箱《じゅうばこ》の隅《すみ》を楊枝《ようじ》でほじくる」ともいう。

1月 4日

仕事始《しごとはじ》め…新年はじめての仕事《しごと》の日。役所《やくしょ》や会社では一月四日のところが多い。

★ 初心《しょしん》忘《わす》るべからず

使い方

なれてきて気をひきしめたいとき

算数の成績《せいせき》は上がったけれど、**初心忘《しょしんわす》るべからず**で、九九の復習《ふくしゅう》をしておこう。

✕ はじめてのスケートだから、けがに気をつけよう。**初心忘《しょしんわす》るべからず**というからね。

はじめてやることに気をつけるという意味《いみ》ではないよ。

意味

何事《なにごと》も最初《さいしょ》に始《はじ》めたころの気持《きも》ちを忘《わす》れずに、すなおな気持《きも》ちで取《と》り組むべきだということ。

1月 5日

囲碁《いご》の日…一・五（い・ご）のごろ合わせ。囲碁《いご》が広まることをめざして、日本棋院《にほんきいん》という囲碁《いご》の団体《だんたい》が決《き》めた。

★★ 一目置《いちもくお》く

使い方

すぐれているとき

ぼくは囲碁《いご》が得意《とくい》だ。囲碁《いご》のことでは、父もぼくに**一目《いちもく》置《お》いている**。

✕ 先生は囲碁《いご》が強く、クラス全員《ぜんいん》が**一目置《いちもくお》いている**。

目上の人に言うと、失礼《しつれい》になるので注意《ちゅうい》。

意味

自分よりすぐれている相手《あいて》をみとめて、うやまう気持《きも》ちを表《あらわ》すこと。

由来

一目《いちもく》とは、碁石《ごいし》一つのこと。囲碁《いご》の対戦《たいせん》では、弱いほうが先に石を一つ置《お》いて始《はじ》めることから。

1月
6日

色の日…一・六（い・ろ）のごろ合わせ。カラーコーディネーターなど、色に関係《かんけい》する仕事《しごと》をする人の記念日《きねんび》。

★★ 色《いろ》を失《うしな》う

使い方

おどろいて、どうすればいいかわからないとき

弟とふざけていて、お母《かあ》さんが大事《だいじ》にしている花びんをわってしまい、ぼくたちは**色《いろ》を失《うしな》った**。

意味

こわかったりびっくりしたりして、顔色が青くなるようす。

にた言葉

・血《ち》の気《け》が引《ひ》く

1月
7日

七草《ななくさ》がゆ…一月七日の朝に、一年を元気にすごせるようにとねがって食べる、春の七草《ななくさ》が入ったおかゆ。

★ 腹《はら》八分目《はちぶんめ》に医者《いしゃ》いらず

使い方

食べすぎてしまいそうなとき

今日《きょう》は大好《だいす》きなカレーだからおかわりしたいけれど、一ぱいでやめておこう。**腹《はら》八分目《はちぶんめ》に医者《いしゃ》いらず**というし。

✕ **腹八分目《はらはちぶんめ》に医者《いしゃ》いらず**というから、給食《きゅうしょく》はのこしてもいいんだよ。

食事《しょくじ》をのこせという意味《いみ》ではなく、食べすぎはいけないというときに使《つか》う言葉《ことば》だよ。

意味

おなかいっぱいになるまで食べないで、もう少し食べられるぐらいでやめるのが、体によいということ。

1月 8日

勝負事《しょうぶごと》の日…一と八で「一《いち》か八《ばち》か」のごろ合わせ。スポーツなどの勝負事《しょうぶごと》だけではなく、仕事《しごと》など、人生の勝負《しょうぶ》を決《き》める日。

★★ 一《いち》か八《ばち》か

使い方

ここ一番の勝負《しょうぶ》のとき

大好《だいす》きな女の子と友だちになりたい。**一《いち》か八《ばち》か**、告白《こくはく》してみよう。

意味

どんな結果《けっか》になるかわからないが、とにかく思いきってやってみるということ。

由来

昔《むかし》のかけごとから生まれた言葉《ことば》。さいころの一の目が出るか失敗《しっぱい》する（ばち）かなど、いろいろな説《せつ》がある。

にた言葉

- **当《あ》たって砕《くだ》けろ**↓142ページを見てね！
- **のるかそるか**

1月 9日

成人《せいじん》の日…一月の第二《だいに》月曜日で、国民《こくみん》の祝日《しゅくじつ》。二十歳《はたち》になった人（成人《せいじん》）を祝《いわ》う日。

★★ 若《わか》いときの苦労《くろう》は買《か》ってでもせよ

使い方

がんばっている人がいるとき

今年《ことし》二十歳《はたち》になるいとこは、アルバイトをしながら大学に通っている。**若《わか》いときの苦労《くろう》は買《か》ってでもせよ**だと、がんばっているよ。

意味

若《わか》いときに苦労《くろう》した経験《けいけん》はあとでかならず役《やく》に立《た》つので、進《すす》んでしたほうがよいということ。

にた言葉

- **かわいい子《こ》には旅《たび》をさせよ**↓207ページを見てね！

上《うわ》の空《そら》

★★★

三学期始業式《さんがっきしぎょうしき》…三学期《さんがっき》が始《はじ》まる日。一月六〜十日ごろが始業《しぎょう》式《しき》のところが多いが、北海道《ほっかいどう》など寒《さむ》い地方では二十日ごろのところもある。

使い方

集中《しゅうちゅう》できないとき

三学期《さんがっき》が始《はじ》まったが、ぼくは正月気分がぬけなくて、始業式《しぎょうしき》で、校長先生のお話を**上《うわ》の空《そら》**で聞いていた。

✕ ヘリコプターの音がしたので、みんな**上《うわ》の空《そら》**を見上げた。

本当の空のことではないよ。

意味

ほかのことに気をとられて、目の前のことに集中《しゅうちゅう》していないこと。

由来

「上《うわ》の空《そら》」は空の上のほうをさす、大昔《おおむかし》からある言葉《ことば》。もともと、心が体からはなれてしまったような、落《お》ち着《つ》かないことを表《あらわ》す「心空《こころそら》なり（空《そら》なる心《こころ》）」という言葉《ことば》があり、それがさらに強調《きょうちょう》されて「上《うわ》の空《そら》なる心《こころ》」となり、短《みじか》く「上《うわ》の空《そら》」というようになった。

にた言葉

・**心《こころ》ここにあらず**

言葉ノート

一口メモ　「上」の慣用句

「上」がつく慣用句《かんようく》は、ほかにもいろいろあるよ。

●**上《うえ》に立《た》つ**…集団《しゅうだん》の中で、みんなをひっぱっていく立場になること。リーダーになること。

（使い方） 人の上《うえ》に立《た》つのは苦手《にがて》だから、委員長《いいんちょう》には立《りっ》候補《こうほ》しないよ。

●**上《うえ》には上《うえ》がある**…これが最高《さいこう》だと思っても、それより上のものがあるということ。

（使い方） 吉田《よしだ》くんは学校でいちばん走るのが速《はや》いけれど、県大会《けんたいかい》では入賞《にゅうしょう》もできなかった。上《うえ》には上《うえ》があるものだ。

●**上《うえ》を行《い》く**…ほかのものよりすぐれていること。

1月 11日

鏡開《かがみびら》き…お正月にそなえた鏡餅《かがみもち》をわって食べる日。

★ 絵《え》に描《か》いた餅《もち》

使い方

できそうにないことを言ったとき

「今年《ことし》は毎日、家に帰ったら、三時間勉強《べんきょう》するぞ。」

「そんなの、しょせん、**絵《え》に描《か》いた餅《もち》**だよ。」

意味

絵に描《か》かれた餅《もち》は、いくら絵が上手《じょうず》でも食べられないように、役《やく》に立《た》たないことや、実際《じっさい》にやるのがむずかしいこと。

にた言葉

・机上《きじょう》の空論《くうろん》

1月 12日

スキーの日…昔《むかし》、新潟県《にいがたけん》で、オーストリア人のレルヒ少佐《しょうさ》という人が、はじめて日本人にスキーを伝《つた》えた日。

★★★ 二兎《にと》を追《お》う者《もの》は一兎《いっと》をも得《え》ず

使い方

よくばって二つのことをするとき

スキーとスノーボードの両方《りょうほう》をやろうと思ったら、**二兎《にと》を追《お》う者《もの》は一兎《いっと》をも得《え》ず**で、どちらも上達《じょうたつ》しなかった。

意味

よくばって二つのことをいっぺんにやろうとして、結《けっ》局両方《きょくりょうほう》ともできなくなること。

由来

「兎《と》」はウサギのこと。二羽のウサギを同時につかまえようとすると、一羽もつかまえられないことから。

にた言葉

・虻蜂取《あぶはちと》らず↓128ページを見てね！

★★★

二《に》度《ど》あることは三《さん》度《ど》ある

十三日の金曜日…イエス・キリストが十字架《じゅうじか》にはりつけにされたのが金曜日だったことなどから、ヨーロッパなどで不吉《ふきつ》な日とされている。

使い方

よくないことがつづいて気をつけたいとき

登校中《とうこうちゅう》に転《ころ》び、体育《たいいく》の授業中《じゅぎょうちゅう》にも転んだ。**二《に》度《ど》あることは三度《さんど》ある**というので、下校のときは気をつけよう。

✕ 今日《きょう》は、そうじをがんばって先生にほめられ、テストで百点取《と》ってお母《かあ》さんにほめられた。**二度《にど》あることは三度《さんど》ある**というので、もう一回ほめられるはずだ。

悪《わる》いことが重《かさ》なるときに使《つか》う言葉《ことば》。よいことには使《つか》わないよ。

意味

同じようなことが二度《にど》あると、三度目《さんどめ》もおきることがある。物事《ものごと》はくり返《かえ》しおきるから気をつけろということ。

にた言葉

・**歴史《れきし》は繰《く》り返《かえ》す**

反対の言葉

・**三度目《さんどめ》の正直《しょうじき》**⬇207ページを見てね!

・**柳《やなぎ》の下《した》にいつも泥鰌《どじょう》はいない**

言葉ノート

一口メモ　13日の金曜日とは

13日の金曜日が日本で有名《ゆうめい》になったのは、1980年に公開《こうかい》された「13日の金曜日」というアメリカのホラー映画から。この映画《えいが》はシリーズ化《か》され、ジェイソンという殺人鬼《さつじんき》が有名《ゆうめい》になった。

キリスト教信者《きょうしんじゃ》が多いヨーロッパやアメリカでは、13という数字そのものが縁起《えんぎ》が悪《わる》いといわれ、ホテルやアパートに13号室《ごうしつ》がなかったり、建物《たてもの》に13階《かい》の表示《ひょうじ》がなかったりすることもある。

ところで、不吉《ふきつ》といわれる13日の金曜日だが、科学《かがく》的《てき》に明らかにされているわけではなく、そう信《しん》じられているだけなので、気にしなくてもいいよ。

1月 14日

★

尻《しり》に火《ひ》がつく

どんど焼《や》き…門松《かどまつ》やしめなわなどの正月かざりや古いお札《ふだ》などをもやして、一年の健康《けんこう》や豊作《ほうさく》をねがう行事《ぎょうじ》。一月十四日の夜か十五日の朝におこなわれる。

使い方

あわてて何かをしなくてはいけないとき

明日《あす》までに作文を提出《ていしゅつ》しなくてはいけない。**尻《しり》に火《ひ》がついて**、やっと書《か》き始《はじ》めた。

✕ 授業《じゅぎょう》が始《はじ》まる前に教科書をわすれたことに気がついて、**尻《しり》に火《ひ》がついた。**

あわてているだけのときは使《つか》わないよ。

意味

物事《ものごと》がさしせまって追《お》いつめられ、あわてること。

1月 15日

★★

苦《くる》しいときの神頼《かみだの》み

小正月《こしょうがつ》…一月十五日のこと。十四日のどんど焼《や》きも小正月《こしょうがつ》の行事《じ》。これに対《たい》して一月一日のことを大正月《おおしょうがつ》という。

使い方

何かの力にすがりつきたいとき

神様《かみさま》なんて信《しん》じないと言っていた兄が、今年《ことし》は高校受験《こうこうじゅけん》でいろいろな神社《じんじゃ》にお参《まい》りに行った。**苦《くる》しいときの神頼《かみだの》みだ。**

意味

ふだんは神様《かみさま》や仏様《ほとけさま》を信《しん》じていない人が、こまったときだけ神《かみ》や仏《ほとけ》をたよりにすること。

にた言葉

・**おぼれる者《もの》は藁《わら》をもつかむ**

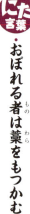

1月 16日

禁酒《きんしゅ》の日：昔《むかし》、アメリカで禁酒法《きんしゅほう》という、お酒《さけ》をつくったり売ったりしてはいけないという法律《ほうりつ》が定《さだ》められた日。

★★★ 知《し》らぬが仏《ほとけ》

使い方

人をちょっとだけからかうとき

夕食のとき、母が父にないしょでノンアルコールビールを出したら、父は上《じょう》きげんでよっぱらっていた。**知《し》らぬが仏《ほとけ》**だね。

✕ 田中《たなか》くんがぼくの悪口《わるぐち》を言うのを聞いたけれど、**知《し》らぬが仏《ほとけ》**なので、聞かなかったことにした。

知っているのに知らんぷりする場合には使《つか》わないよ。

意味

知れば、腹《はら》が立つようなことでも、知らなければ仏様《ほとけさま》のようにおだやかでいられるということ。

1月 17日

防災《ぼうさい》とボランティアの日：一九九五年におこった阪神《はんしん》・淡路大《あわじだい》震災《しんさい》にちなんで決《き》められた、災害《さいがい》にそなえる日。

★★ 備《そな》えあれば憂《うれ》いなし

使い方

いざというときにそなえるとき

備《そな》えあれば憂《うれ》いなしだから、いつも、防災《ぼうさい》グッズをすぐ持《も》ち出《だ》せるようにしているよ。

意味

ふだんからきちんと用意《ようい》をしておけば、何かおきたときもあわてないでよいということ。

由来

国を守《まも》るためには何もおきていないときの用意《ようい》が大切だという、昔《むかし》の中国《ちゅうごく》の書物《しょもつ》にある言葉《ことば》から。

にた言葉

- **転《ころ》ばぬ先《さき》の杖《つえ》**→95ページを見てね！
- **濡《ぬ》れぬ先《さき》の傘《かさ》**→97ページを見てね！

1月
18日

一一八番の日…海での事故《じこ》や事件《じけん》のときに知らせる電話番号《でんわばんごう》の、一一八番を広める日。海上保安庁《かいじょうほあんちょう》につながる。

★ 手《て》を差《さ》しのべる

使い方

こまっている人を助《たす》けるとき

転校生《てんこうせい》がきた。わからないことがあってこまっていたら、クラスのみんなで**手《て》を差《さ》しのべよう。**

✕ご飯《はん》のしたくでいそがしい母に**手《て》を差《さ》しのべて**、お手伝《てつだ》いをした。

目上の人に対《たい》しては、あまり使《つか》わないよ。

意味

助《たす》けること、力をかすこと。相手《あいて》のほうに手をのばすということから。

1月
19日

カラオケの日…NHK《エヌエイチケー》ラジオで「のど自慢素人《じまんしろうと》音楽会」（今の「NHK《エヌエイチケー》のど自慢《じまん》」）がはじめて放送《ほうそう》された日。

★★★ 下手《へた》の横好《よこず》き

使い方

好《す》きなのに上手《じょうず》じゃないとき

うちの父はカラオケが大好《だいす》きで、休みの日はぼくをつれてカラオケボックスに行くけれど、**下手《へた》の横好《よこず》きだ。**

相手《あいて》をおこらせるので、本人に言うのはやめよう。

意味

下手《へた》なくせに、とても好《す》きで熱心《ねっしん》にやること。

反対の言葉

・**好《す》きこそ物《もの》の上手《じょうず》なれ**⬇57ページを見てね!

1月
20日

★★ 骨身《ほねみ》にこたえる

大寒《だいかん》…こよみの上で、一年でもっとも寒《さむ》いとされる日。年によって変《か》わるが、だいたい一月二十日ごろ。

使い方

すごくつらくて、もうこりごりだと思うとき

ゆかちゃんにいじわるをしたら、先生におこられただけでなく、クラスの女子みんなからせめられたのが、**骨身**《ほねみ》**にこたえた。**

✕ 絵画コンクールで入選《にゅうせん》して、みんなにほめられたのが、**骨身**《ほねみ》**にこたえた。**うれしいときには使《つか》わないよ。

意味

いたみや寒《さむ》さなどを全身《ぜんしん》に強く感《かん》じること。または、いやなことを心に強く感《かん》じること。

まだまだあるよ 骨 のことわざ・慣用句

★★ 骨《ほね》を惜《お》しむ

使い方

ぼくの祖父《そふ》は、わかいうちは**骨を惜しまず**《ほね》に働《はたら》かなければだめだとよく言っている。

意味

苦労《くろう》するのをいやがってなまけること。「骨惜《ほねお》しみする」「骨身《ほねみ》を惜しむ」ともいう。ただし、使《つか》うときは、「骨《ほね》を惜《お》しまず働《はたら》く」というように、打《う》ち消《け》しの言い方をすることが多い。

★ 骨《ほね》折《お》り損《ぞん》のくたびれもうけ

使い方

お母《かあ》さんがるすのとき、せんたくをしてきちんとほしたのに、にわか雨がふって全部《ぜんぶ》ぬれてしまった。**骨折**《ほねお》**り損**《ぞん》**のくたびれもうけ**だ。

意味

苦労《くろう》したのによい結果《けっか》が出なくて、つかれただけだということ。

にた言葉

・**労多**《ろうおお》**くして功少**《こうすく》**なし**

★ 骨《ほね》を休《やす》める

使い方

仕事《しごと》でいそがしい父は、「たまにはゆっくりと**骨**《ほね》**を休**《やす》**めたい**よ」と、いつも言っている。

意味

体を休めること。一休《ひとやす》みすること。「骨休《ほねやす》めする」ともいう。

1月

1月 21日

料理番組《りょうりばんぐみ》の日…一九三七年に、世界《せかい》ではじめての料理番組《りょうりばんぐみ》がイギリスで放送《ほうそう》された日。

★ 腕《うで》によりをかける

使い方

はりきって料理《りょうり》などを作るとき

わたしの誕生会《たんじょうかい》に、母が**腕《うで》によりをかけて**、すごいごちそうを作ってくれた。

意味

じまんの腕前《うでまえ》をみせようとはりきること。「よりをかける」は、糸をねじり合わせて一本にすること。

にた言葉
・腕《うで》をふるう

1月 22日

カレーの日…一九八二年に、全国《ぜんこく》で学校給食《がっこうきゅうしょく》が始《はじ》まって三十五年目を記念《きねん》して、全国《ぜんこく》の小中学校でカレー給食《きゅうしょく》が出された日。

★★ 目《め》がない

使い方

大好《だいす》きなメニューが出たとき

今日《きょう》の給食《きゅうしょく》はカレーだ。ぼくはカレーには**目《め》がない**ので、三ばいもおかわりしたよ。

✕ わたしは、人には**目《め》がない**ので、いつも友だち関係《かんけい》で苦労《くろう》する。

何がよいか見てもわからないというときは使《つか》わない。この場合は「見る目がない」というよ。

意味

とても好《す》きでのめりこんでしまうこと。正しくものが考えられないほど好《す》きだということ。

まだまだあるよ 目のことわざ・慣用句 1

★★★ 目《め》をかける

使い方 わたしはピアノの先生に**目《め》をかけて**もらっているので、次《つぎ》のコンクールでは入賞《にゅうしょう》できるようにがんばりたい。

意味 特定《とくてい》の人をかわいがって、世話《せわ》をすること。

★★★ 長《なが》い目《め》で見《み》る

使い方 今はまだバタフライができないけれど、練習《れんしゅう》してできるようになります。**長《なが》い目《め》で見《み》て**ください。

意味 物事《ものごと》を、今のようすだけでなく、長い期間《きかん》をかけて見守《みまも》ること。

★★ 目《め》を疑《うたが》う

使い方 自信《じしん》がなかった算数のテストが百点で、**目《め》を疑《うたが》った**。

意味 見たことが思いがけなくて、びっくりすること。自分の目が信《しん》じられないという意味《いみ》。

167ページにも「目」のことわざ・慣用句《かんようく》があるよ。

★★ 目《め》が肥《こ》える

意味 よいものをたくさん見て、物《もの》の良《よ》し悪《あ》しを正しく見分けられるようになること。

★★ 目《め》が高《たか》い

使い方 わたしの父はおしゃれでいつもブランド物《もの》を着《き》ている。それで、わたしも洋服《ようふく》には**目《め》が肥《こ》えて**いて、お店で父の洋服《ようふく》を選《えら》んであげたら「**目《め》が高《たか》い**」とほめられた。

意味 物《もの》の良《よ》し悪《あ》しを見分ける力をもっていること。「目が肥《こ》える」と「目が高く」なる。

にた言葉
・目《め》が利《き》く

★★ 目《め》もくれない

使い方 好《す》きな子の気を引こうとして、休み時間にギャグを連発《れんぱつ》したけれど、その子はほかの男子と話していてぼくには**目《め》もくれない**。かなしいなあ。

意味 まったく興味《きょうみ》をしめさないで、見向《みむ》きもしないこと。

1月23日

★便《たよ》りのないのは良《よ》い便《たよ》り

電子メールの日…一・二三（E《イー》ふみ）のごろ合わせ。「E《イー》」は「E《イー》メール」の「E《イー》」で、「ふみ」は「手紙」のこと。

使い方

連絡《れんらく》がないとき

海外旅行中《かいがいりょこうちゅう》の兄からメールがこないけれど、**「便《たよ》りのないのは良《よ》い便《たよ》り」**だからだいじょうぶ」と母は言う。

意味

連絡《れんらく》がないのは、その人が病気《びょうき》などもせずに変《か》わりなくすごしているからだということ。

1月24日

★同《おな》じ釜《かま》の飯《めし》を食《く》う

全国学校給食週間《ぜんこくがっこうきゅうしょくしゅうかん》…一月二十四～三十日。学校給食《がっこうきゅうしょく》の役割《やくわり》や大切さを考える週間。

使い方

仲《なか》がよいことを表《あらわ》したいとき

父の昔《むかし》の友人がたずねて来た。**同《おな》じ釜《かま》の飯《めし》を食《く》った**仲《なか》だと、父はとてもうれしそうだった。

意味

他人《たにん》どうしでいっしょに生活して、苦《くる》しいことも楽しいこともともにした、親しい関係《かんけい》のこと。

1月25日

★★腰《こし》が低《ひく》い

おわびの日…昔《むかし》のヨーロッパで、大きな国の王様《おうさま》がローマ法王《ほうおう》（キリスト教のいちばんえらい人）をおこらせてあやまった、「カノッサの屈辱《くつじょく》」というできごとから決《き》められた日。

使い方

いばらない人をほめるとき

高木《たかぎ》くんは、勉強《べんきょう》もスポーツもよくできるけれど、だれに対《たい》しても**腰《こし》が低《ひく》くて**、みんなから好《す》かれている。

意味

ほかの人に対《たい》する態度《たいど》がひかえめで、えらそうにしたり、いばったりしないこと。

由来

ひかえめな人は腰《こし》の位置《いち》を低《ひく》くして話すことから。

1月
26日

携帯《けいたい》アプリの日…携帯電話《けいたいでんわ》のアプリケーションサービスが始《はじ》まった日。

★★★
馬《うま》の耳《みみ》に念仏《ねんぶつ》

使い方

注意《ちゅうい》を聞かないとき

兄はスマホのゲームが大好《だいす》きで、母にどんなに注意《ちゅうい》をされてもやめない。**馬《うま》の耳《みみ》に念仏《ねんぶつ》**だ。

✕ 高野《たかの》さんは、人から悪《わる》口《ぐち》を言われても、**馬《うま》の耳《みみ》に念仏《ねんぶつ》**で笑《わら》っている。
悪口《わるぐち》を言われても気にしないことではないよ。

意味
何か注意《ちゅうい》されたり意見《いけん》を言われたりしても、ぜんぜん聞く耳をもたず、きき目がないこと。

由来
どんなにありがたい念仏《ねんぶつ》を馬に聞かせても、何もわからないことから。

にた言葉
- **犬《いぬ》に論語《ろんご》**⬇181ページを見てね！
- **猫《ねこ》に小判《こばん》**⬇32ページを見てね！
- **豚《ぶた》に真珠《しんじゅ》**⬇38ページを見てね！

1月
27日

モーツァルトの誕生日《たんじょうび》…モーツァルトはオーストリアの作曲《さっきょく》家《か》。子どものときから作曲を始《はじ》めて「神童《しんどう》」といわれ、「トルコ行進曲《こうしんきょく》」や「フィガロの結婚《けっこん》」など数多くの名曲《めいきょく》をのこした。

★★
耳《みみ》を澄《す》ます

使い方

小さくて聞きのがしそうな音を聞くとき

耳《みみ》を澄《す》ましてごらん。風の音にまじって、どこからか鳥の声が聞こえてくるよ。

意味
よけいなことを考えず、気持《きも》ちを落《お》ち着《つ》かせて、音や声を集中《しゅうちゅう》してよく聞こうとすること。

にた言葉
- **耳《みみ》を傾《かたむ》ける**⬇54ページを見てね！
- **耳《みみ》をそばだてる**

1月
1月28日

ダンスパーティーの日…一八八三年に、「鹿鳴館《ろくめいかん》」という、外国のえらい人をまねく場所《ばしょ》ができた日。毎日、舞踏会《ぶとうかい》（ダンスパーティー）がおこなわれていた。

★★ 雀百《すずめひゃく》まで踊《おど》り忘《わす》れず

使い方

悪《わる》い習慣《しゅうかん》があるとき

小さいころから朝が苦手《にがて》だったという父は、今でも毎日起《お》こされないと起《お》きない。**雀百《すずめひゃく》まで踊《おど》り忘《わす》れず**だ。

✕あの歌手は、子どものころから歌が上手《じょうず》だったそうだ。**雀百《すずめひゃく》まで踊《おど》り忘《わす》れず**だなあ。
よい意味《いみ》ではあまり使《つか》わないよ。

意味

子どものときに覚《おぼ》えた習慣《しゅうかん》やくせは、年を取《と》っても直らないということ。

1月29日

昭和基地開設記念日《しょうわきちかいせつきねんび》…一九五七年、日本の南極観測隊《なんきょくかんそくたい》が、南極《なんきょく》への上陸《じょうりく》に成功《せいこう》し、「昭和基地《しょうわきち》」をつくった日。

★ 薄氷《はくひょう》を踏《ふ》む

使い方

はらはらするとき

班《はん》の研究発表《けんきゅうはっぴょう》はなかなか意見《いけん》がまとまらなくて、班長《はんちょう》のぼくは、発表会《はっぴょうかい》の日まで、**薄氷《はくひょう》を踏《ふ》む**思いだった。

意味

とてもあぶなくてひやひやすること。あぶない場面《ばめん》におかれていること。

由来

「薄氷《はくひょう》」は、うすい氷《こおり》のこと。水面《すいめん》にはったうすい氷《こおり》の上を歩くように、危険《きけん》だということから。

1月30日

三分間電話の日…一九七〇年のこの日から、公衆《こうしゅう》電《でん》話《わ》の通話が、三分間十円になった。

★★ 話《はな》し上手《じょうず》は聞《き》き上手《じょうず》

使い方

話すのも聞くのもうまい人をほめるとき

学級委員《がっきゅういいん》のさと子さんは、学級会《がっきゅうかい》のとき、人の意見《いけん》をよく聞いて、きちんとまとめて話をする。さすが、**話《はな》し上《じょう》手《ず》は聞《き》き上手《じょうず》**というだけあるなあ。

意味

話をするのが上手《じょうず》な人は、人の話を聞くのも上手《じょうず》だということ。

反対の言葉

・話《はな》し上手《じょうず》の聞《き》き下手《べた》

1月31日

学級閉鎖《がっきゅうへいさ》…インフルエンザが流行《りゅうこう》して、クラスの中で欠席《けっせき》する人がふえると、クラス全体《ぜんたい》が三〜五日ほど休みになる。元気な人も家でおとなしくしていなくてはならない。

★★★ 医者《いしゃ》の不養生《ふようじょう》

使い方

先生が自分のことに気をつけないとき

保健室《ほけんしつ》の先生がインフルエンザにかかってしまった。**医者《いしゃ》の不養生《ふようじょう》**だね。

意味

医者《いしゃ》が病気《びょうき》になるように、えらそうなことを言っているが、自分では実行《じっこう》できないこと。

にた言葉

・紺屋《こうや》の白袴《しろばかま》⬇156ページを見てね!

2月 1日

テレビ放送記念日《ほうそうきねんび》…一九五三年に、NHK《エヌエイチケー》が日本ではじめてテレビの放送《ほうそう》をおこなった日。

★★★

顔《かお》が売《う》れる

使い方

多くの人に知られるようになったとき

わたしが大好《だいす》きなアイドルは、最近《さいきん》テレビによく出るようになって、**顔《かお》が売《う》れてきた。**

✕この犯人《はんにん》は、指名手配《しめいてはい》のポスターがいろいろなところにはられていて、**顔《かお》が売《う》れている。**

悪《わる》いことで有名《ゆうめい》になったときは使《つか》わないよ。

意味

世間《せけん》の人によく知られて、有名《ゆうめい》になること。

2月 2日

おんぶの日…2と2がおんぶする親とおんぶされる子を表《あらわ》す。「親子がニコ・ニコ（二・二）笑顔《えがお》で」の意味《いみ》もこめた日。

★★

負《お》うた子《こ》に教《おし》えられる

使い方

年下の人に教わったとき

学校で教わった野菜《やさい》づくりを母に教えて、いっしょにキュウリをつくった。「**負《お》うた子《こ》に教《おし》えられるね**」と、母が言った。

意味

自分より年下の人や経験《けいけん》のない人から、教えられることもあるということ。

由来

「負《お》うた子《こ》に教《おし》えられて浅瀬《あさせ》を渡《わた》る」ということわざが、短《みじか》くなったもの。おぶった子に教えられて、川の浅《あさ》いところを安全《あんぜん》にわたることができることから。

★★ 鬼《おに》の目《め》にも涙《なみだ》

節分《せつぶん》…立春《りっしゅん》の前の日（立春《りっしゅん》については二月四日を見てね）。豆《まめ》まきをして鬼《おに》を追《お》いはらい、年の数だけ豆《まめ》を食べる。

豆 そんなに いたかった パパ…
いや おまえの 成長が うれしくて

使い方

こわい人が泣《な》いているのを見たとき

いつもおこってばかりいる体育《たいいく》の先生が、卒業式《そつぎょうしき》で泣《な》いていた。**鬼《おに》の目《め》にも涙《なみだ》**だ。

✕ クラスのがき大将《だいしょう》の太郎《たろう》くんが、体育《たいいく》のとき、転《ころ》んで泣《な》いていた。**鬼《おに》の目《め》にも涙《なみだ》**だね。

いたくて泣《な》くのではなく、心が動《うご》かされて泣《な》く場合に使《つか》われるよ。

意味

ふだんは鬼《おに》のようにこわかったり冷《つめ》たかったりする人が、感動《かんどう》して泣《な》くこと。

まだまだあるよ 鬼のことわざ・慣用句

★★★ 鬼《おに》に金棒《かなぼう》

使い方
町で一番強いサッカークラブに、前の大会で大活やくした選手《せんしゅ》が入った。これでは**鬼《おに》に金棒《かなぼう》**で、ほかのチームはかなわないよ。

意味
もともと強《つよ》い者《もの》に、さらに力が加《くわ》わって、より強くなること。

由来
強い鬼《おに》が金棒《かなぼう》（金属《きんぞく》でできたとげとげのある棒《ぼう》）を持《も》つと、さらに強くなることから。

★★ 鬼《おに》の首《くび》を取《と》ったよう

使い方
ゴキブリを退治《たいじ》した兄は、まるで**鬼《おに》の首《くび》を取《と》ったように**大さわぎしている。

意味
たいしたことをしていないのに、すごい手柄《てがら》を立てたかのように、得意《とくい》になってとてもいばっていること。

★★ 心《こころ》を鬼《おに》にする

使い方
お母《かあ》さんは「あなたのことを思って**心《こころ》を鬼《おに》にして**しかっているのよ」と言っているけれど、本当かな。

意味
相手《あいて》をかわいそうだと思いながらも、やさしくするとその人のためにならないと思って、わざときびしくすること。

2月 4日

立春《りっしゅん》…春が始《はじ》まる日。昔《むかし》は、この日が一年の始《はじ》まりだった。

★ 梅《うめ》に鶯《うぐいす》

使い方

二つのものがにあっているとき

あのカップルは、**梅《うめ》に鶯《うぐいす》**のようにおにあいだ。

意味

よくにあっていて、取《と》り合《あ》わせのよい二つのもの。

由来

梅《うめ》の枝《えだ》に鶯《うぐいす》がとまってさえずるようすは、ぴったりと合っていて美《うつく》しいことから。

にあってる…

2月 5日

笑顔《えがお》の日…ニ・コ、ニ・コ（2・5、2・5）のごろ合わせで、いつも笑顔《えがお》でいようという日。

★★ 笑《わら》う門《かど》には福《ふく》来《き》たる

使い方

自分や人を元気づけるとき

失敗《しっぱい》したからといって、いつまでもくよくよしていないで、笑顔《えがお》でいよう。**笑《わら》う門《かど》には福《ふく》来《き》たる**というからね。

意味

いつも明るく笑《わら》っている人の家には幸《しあわ》せがやってくるということ。

2月 6日

海苔《のり》の日…日本でもっとも古い法律《ほうりつ》（大宝律令《たいほうりつりょう》）に、海苔《のり》がとても大切なもので税金《ぜいきん》のかわりになっていた、と書かれていることから、この法律《ほうりつ》が決《き》められた日を「海苔《のり》の日」とした。

★★★ 舌《した》を巻《ま》く

お母さんより上手！

使い方

ベテランより上手《じょうず》なとき

のりまきを作ったら、「お母《かあ》さんより上手《じょうず》ね」と母が**舌《した》を巻《ま》いていた。**

✕ 今日《きょう》の夕食のカレーがからすぎて、**舌《した》を巻《ま》いた。**
味《あじ》に関係《かんけい》するときに使《つか》うわけではないよ。

意味

とても感心《かんしん》して、おどろくこと。

由来

「巻《ま》く」は丸めるということで、感動《かんどう》すると舌《した》が丸まって、言葉《ことば》が出なくなることから。

2月
7日

北方領土の日…北方領土《ほっぽうりょうど》とは、北海道《ほっかいどう》の北東にある四つの島《しま》。ロシアが自分の国のものだといって、日本と意見《いけん》が分かれている。北方領土《ほっぽうりょうど》について考える日。

★★★ 取《と》りつく島《しま》もない

使い方

あやまるきっかけがないとき

友だちにうそをついてしまい、あやまろうと思ったけれど、とてもおこっていて、**取《と》りつく島《しま》もない。**

「取《と》りつくひまもない」というおとなの人がいるが、それはまちがいだよ、と教えてあげよう。

意味

話しかけたり相談《そうだん》したりしようとしても、相手《あいて》が冷《つめ》たくてきっかけがつかめず、どうしようもないこと。

由来

船で旅《たび》をしているとき、立ちよれる島《しま》がなくてこまっていることから。

2月
8日

針供養《はりくよう》…折《お》れた針《はり》を、とうふやこんにゃくなどにさして、役目《やくめ》を終《お》えた針《はり》のたましいをなぐさめる行事《ぎょうじ》。

★★ 針《はり》の穴《あな》から天《てん》をのぞく

使い方

知ったかぶりをする

サッカー教室に通《かよ》い始《はじ》めた天野《あまの》くんは、プロのサッカー選手《せんしゅ》のプレーについて、えらそうなことを言うようになった。**針《はり》の穴《あな》から天《てん》をのぞくだ。**

意味

よく知らないのに、自分が知っていることだけをもとにして、物事《ものごと》を決《き》めつけてしまうこと。

由来

針《はり》の糸を通す穴《あな》から空をのぞいて見ても、ほんの一部《いちぶ》しか見えないということから。

2月
9日

ふくの日…ふぐで有名《ゆうめい》な山口県下関市《やまぐちけんしものせきし》では、魚のふぐを「ふく」という。「二・九（ふ・く）」のごろ合わせ。

★★ 毒《どく》を食《く》らわば皿《さら》まで

使い方

ずる休みをするとき

朝ねぼうして、もうぜったいちこくだ。**毒《どく》を食《く》らわば皿《さら》まで**、今日《きょう》はずる休みをしてしまおう。

✕ 給食《きゅうしょく》のサラダに、きらいなトマトが入っていたけれど、**毒《どく》を食《く》らわば皿《さら》まで**と思って、全部《ぜんぶ》食べたよ。

きらいなものが毒《どく》というわけではないよ。

意味

悪《わる》いことをやってしまったら、もうあとは同じだからと、悪《わる》いことをやりつづけること。また、一度《いちど》めんどうなことにかかわったら、かかわりつづけるということ。

由来

毒入《どくい》りの料理《りょうり》を食べてしまったら、どうせ死《し》ぬのだから、料理《りょうり》がのっている皿《さら》までなめてしまおうということから。

2月
10日

ニットの日…二・十（ニッ・ト）のごろ合わせ。ニットとは、セーターやマフラーなど、毛糸であんだもののことだよ。

★ 懐《ふところ》が暖《あたた》かい

使い方

お金をもっているとき

今日《きょう》、おこづかいをもらったばかりなので、**懐《ふところ》が暖《あたた》かい**んだ。おごってあげるよ。

✕ 母がぼくの名前で貯金《ちょきん》をしてくれているので、ぼくは**懐《ふところ》が暖《あたた》かい**。

今、手元にお金がないときは使《つか》わないよ。

意味

お金をたくさん持《も》っていること。

反対の言葉
・懐《ふところ》が寒《さむ》い

2月11日

建国記念《けんこくきねん》の日…日本の最初《さいしょ》の天皇《てんのう》が位《くらい》についた日で、昔《むかし》は「紀《き》元節《げんせつ》」といわれていた。日本の建国《けんこく》を祝《いわ》う国民《こくみん》の祝日《しゅくじつ》。

★ ローマは一日《いちにち》にして成《な》らず

使い方

自分や人をはげましたりするとき

あのオリンピック選手《せんしゅ》は、小学生のときから毎日練習《れんしゅう》をがんばっていたそうだ。**ローマは一日《いちにち》にして成《な》らずだね。**

意味

大きな仕事《しごと》やりっぱなことは、長年の努力《どりょく》がなければ成《な》しとげられないということ。

由来

昔《むかし》、ヨーロッパにローマ帝国《ていこく》というとても大きな国があったが、できるまでに何百年もかかったことから。

2月12日

レトルトカレーの日…世界初《せかいはつ》のレトルトカレーが、日本で発売《はつばい》された日。

★★ 手《て》を抜《ぬ》く

使い方

なまけるとき

仕事《しごと》がいそがしい母は、ときどき**手《て》を抜《ぬ》いて**夕食をレトルトカレーにすることを、ぼくは知っている。

意味

手間をはぶくこと。仕事《しごと》をいいかげんにすること。

2月13日

雪遊《ゆきあそ》び…このころ、各地《かくち》で雪がふることが多い。

★★★ 下手《へた》な鉄砲《てっぽう》も数撃《かずう》ちゃ当《あ》たる

使い方

まぐれ当たりをねらうとき

懸賞《けんしょう》はがきを出してもぜんぜん当たらない。でも、**下手《へた》な鉄砲《てっぽう》も数撃《かずう》ちゃ当《あ》たる**だから、出しつづけるぞ。

✕ テストで百点が取《と》れない。でも、**下手《へた》な鉄砲《てっぽう》も数撃《かずう》ちゃ当《あ》たる**だから、そのうち取《と》れるだろう。

テストでは、まぐれ当たりはないから、使《つか》わないよ。

意味

うまくできなくても、何度《なんど》もやっていれば、まぐれでできることもあるということ。

バレンタインデー…恋人《こいびと》どうしが愛《あい》をちかいあう日。恋人《こいびと》たちを助《たす》けたバレンタインという司祭《しさい》のなくなった日。日本では、女の人が男の人にチョコレートをおくる。

★★★

顔《かお》から火《ひ》が出《で》る

使い方

人前で失敗《しっぱい》してはずかしいとき

授業中《じゅぎょうちゅう》にいねむりをして、大声でねごとを言ってしまい、みんなに笑《わら》われた。**顔《かお》から火《ひ》が出《で》る**思いだった。

✕ まちがえて父のカレーを食べてしまったら、**顔《かお》から火《ひ》が出《で》る**くらい、とてもからかった。

からいときには「口《くち》から火《ひ》が出《で》る」を使《つか》うよ。(下の言葉《ことば》ノートを読んでね。)

意味

とてもはずかしいと思って、顔が真《ま》っ赤《か》になること。

由来

はずかしいときは、顔から火が出たように熱《あつ》くなることから。

にた言葉

・**穴《あな》があったら入《はい》りたい**

関連する言葉

・**顔《かお》を染《そ》める**/はずかしくて顔が赤くなること。
・**頬《ほお》を染《そ》める**/「顔《かお》を染《そ》める」と同じ。

言葉ノート

一口メモ　**「火が出る」慣用句**

「顔《かお》から火《ひ》が出《で》る」のほかにも、体から「火が出る」という慣用句《かんようく》がある。どんなときに使《つか》うのかな?

●**目《め》から火《ひ》が出《で》る**…頭をぶつけるなどして、あまりにいたくて、目の前がちかちかしてめまいがするようなときに使《つか》う。

(使い方) 開《あ》いたままになっていた戸だなの戸に頭をぶつけてしまって、目《め》から火《ひ》が出《で》るようだった。

●**口《くち》から火《ひ》が出《で》る**…とてもからいものを食べて、口から火をはきそうなときに使《つか》う。

(使い方) 父がつくったカレーはとてもからくて、口《くち》から火《ひ》が出《で》るようだった。

2月
15日

春一番《はるいちばん》名づけの日：春一番《はるいちばん》は、その年にはじめてふく強い南風のこと。昔《むかし》、長崎県《ながさきけん》の漁船《ぎょせん》が強い南風を受《う》けてひっくり返《かえ》り、たくさんの人がなくなったとき、この風に名前がついた。

★ 風上《かざかみ》にも置《お》けない

風のいじわる
ピュ〜
これはみんなに教えてあげなくちゃ

使い方

ずるいことをされてくやしいとき

サッカーをしたかったのに、六年生がグラウンドを使《つか》わせてくれない。上級生《じょうきゅうせい》の**風上《かざかみ》にも置《お》けない**よ。

意味

性格《せいかく》や行動《こうどう》がずるくてひきょうな人のことを、けいべつしていう言葉《ことば》。

由来

においのひどいものを風上（風がふいてくる方向《ほうこう》）に置《お》くと、風に乗《の》ってくるひどいにおいにたえられない、ということから。

2月
16日

寒天《かんてん》の日：NHK《エヌエイチケー》のテレビ番組で寒天《かんてん》が体によいと紹介《しょうかい》された日。寒天《かんてん》は、この寒《さむ》い時期《じき》に、外で干《ほ》して作られる。

★★★ 糠《ぬか》に釘《くぎ》

寒天ダイエットぜんぜんやせない…
糠に釘だね〜♪

使い方

言っても直らないとき

父はいつも新聞を読みながら朝ごはんを食べる。母がどんなに注意《ちゅうい》をしても、**糠《ぬか》に釘《くぎ》**だ。

意味

手ごたえがなく、まったくきき目がないこと。

由来

糠《ぬか》（米を精米《せいまい》したときに出る粉《こな》）の中に、釘《くぎ》を打《う》っても、ささらないことから。

にた言葉

- **豆腐《とうふ》にかすがい**
- **暖簾《のれん》に腕押《うでお》し**

2月
17日

ツタンカーメン王の墓発掘《はかはっくつ》の日…三千年くらい前のエジプトの王様《おうさま》、ツタンカーメン王の墓《はか》でミイラが発見《はっけん》された日。

★★★
ミイラ取《と》りがミイラになる

使い方

取《と》りこまれてしまったとき

ごはんだよと、父がぼくの部屋《へや》に来たけれど、いっしょにゲームを始《はじ》めた。**ミイラ取《と》りがミイラになった。**

意味

人を連《つ》れもどしに行った人が帰ってこなくなること。また、人を説得《せっとく》しようとして、反対《はんたい》に説得《せっとく》されてしまうこと。

由来

薬《くすり》にするためミイラを取《と》りにいった人が、とちゅうでたおれて死《し》に、自分がミイラになってしまうことから。

2月
18日

方言の日…鹿児島県奄美《かごしまけんあまみ》地方の方言で、言葉《ことば》のことを「ふとぅば」ということから、「二・十・八」のごろ合わせ。

★★
郷《ごう》に入《い》っては郷《ごう》に従《したが》え

※「ひぐるっさ」は、奄美《あまみ》地方の方言で「寒《さむ》い」ということ。

使い方

新しい場所《ばしょ》になじみたいとき

東京から来た転校生《てんこうせい》は、**郷《ごう》に入《い》っては郷《ごう》に従《したが》えと、**みんなが話している方言をおぼえようとしている。

意味

新しい場所《ばしょ》にやって来たら、その場所《ばしょ》の風習《ふうしゅう》や決《き》まりなどに従《したが》うべきだということ。

2月
19日

プロレスの日…一九五五年に日本で最初《さいしょ》の本格的《ほんかくてき》なプロレスの国際試合《こくさいじあい》がおこなわれた日。

★勝負《しょうぶ》は時《とき》の運《うん》

使い方

負《ま》けた人をなぐさめるとき

となりのクラスにドッジボールで負《ま》けたからって力を落《お》とさないで。**勝負《しょうぶ》は時《とき》の運《うん》**だから、次《つぎ》は勝《か》てるよ。

✕ **勝負《しょうぶ》は時《とき》の運《うん》**だから、きみが勝《か》っても、きみのほうが強いわけではないよ。

勝った人をがっかりさせるような使《つか》い方《かた》はやめよう。

意味

勝《か》ち負《ま》けは、そのときの運《うん》で決《き》まるもので、かならず実力通《じつりょくどお》りになるわけではないということ。

2月
20日

歌舞伎《かぶき》の日…歌舞伎《かぶき》の生みの親の出雲《いずも》の阿国《おくに》という人が、将軍《しょうぐん》の徳川家康《とくがわいえやす》の前で、はじめて歌舞伎《かぶき》おどりをおどった日。

★大見得《おおみえ》を切《き》る

使い方

おおげさなことを言ってしまったとき

今度《こんど》のテストで百点取《と》ると、友だちに**大見得《おおみえ》を切ってしまった**けれど、まったく自信《じしん》がない。

意味

できないことをできると言ったり、得意《とくい》なことを自慢《じまん》しようと大げさに見せたりすること。

由来

歌舞伎役者《かぶきやくしゃ》が、大事《だいじ》な場面《ばめん》で動《うご》きを止めて目立ったポーズをとることを「見得《みえ》を切《き》る」ということから。

2月
21日

日刊新聞創刊《にっかんしんぶんそうかん》の日…東京で最初《さいしょ》の日刊新聞《にっかんしんぶん》「東京日日新聞《とうきょうにちにちしんぶん》（今の毎日新聞）」がはじめて発行《はっこう》された日。

★ペンは剣《けん》よりも強《つよ》し

使い方

言葉《ことば》の力を感《かん》じたとき

新聞記事《しんぶんきじ》が人の心を動《うご》かして、二つの国は仲直《なかなお》りした。**ペンは剣《けん》よりも強《つよ》しだ。**

意味

言葉《ことば》は、武器《ぶき》を使《つか》って戦《たたか》うよりも力があるということ。

★★★ 猫《ね》に小《こ》判《ばん》

猫《ねこ》の日…二・二二（ニャン・ニャンニャン）のごろ合わせ。猫《ねこ》好《ず》きの人たちが、猫《ねこ》といっしょにくらせる幸《しあわ》せを感謝《かんしゃ》する日として一九八七年に決《き》めた。

ほれほれ
あげよっか〜
¥10000

意味

高価《こうか》なものや役立《やくだ》つものを、その値打《ねう》ちがわからない人にあたえたり、教えたりしてもむだだということ。

由来

小判《こばん》とは昔《むかし》のお金で、一まいで今の十万円ぐらいの大金だ。猫《ねこ》に小判《こばん》をあたえても、その値《ね》打《う》ちがわからないのでむだなことから。

使い方

物《もの》の値《ね》打《う》ちがわからないとき

母が父にブランド物《もの》の洋服《ようふく》を買ってきたけれど、父はファッションにまったく興味《きょうみ》がない。**猫《ねこ》に小《こ》判《ばん》**だ。

✕ お父《とう》さん、ぼくにパソコンを買ってくれたけれど、**猫《ねこ》に小《こ》判《ばん》**だよ。

このような使《つか》い方《かた》をすると、役立《やくだ》てる気がないと思われて、せっかく買ってくれたお父《とう》さんをがっかりさせるよ。

にた言葉

- **犬《いぬ》に論《ろん》語《ご》**↓181ページを見てね！
- **馬《うま》の耳《みみ》に念《ねん》仏《ぶつ》**↓19ページを見てね！
- **豚《ぶた》に真《しん》珠《じゅ》**↓38ページを見てね！

言葉ノート

一口メモ　いろはかるた①

「猫《ねこ》に小判《こばん》」は「いろはかるた」という昔《むかし》のかるたにある言葉《ことば》。今の「あいうえお〜」は、昔《むかし》は「いろはにほへと〜」という順番《じゅんばん》だった。その順番《じゅんばん》でつくられているのがいろはかるたで、ことわざが読《よ》み札《ふだ》になっている。

いろはかるたは江戸時代《えどじだい》に京都《きょうと》で生まれ、大阪《おおさか》・名古屋《なごや》、江戸《えど》（東京《とうきょう》）にも伝《つた》わった。「猫《ねこ》に小判《こばん》」は、京都《きょうと》で生まれた「京《きょう》かるた」の「ね」の札《ふだ》だ。京都《きょうと》や大阪《おおさか》でつくられたかるたは「上方《かみがた》かるた」ともよばれるよ。

いっぽう江戸《えど》に伝《つた》わったものは、言葉《ことば》が変《か》わったため、「江戸《えど》かるた」とよばれている。江戸《えど》かるたについては、180ページの言葉《ことば》ノートと表紙《ひょうし》うらを読んでね！

まだまだあるよ

猫のことわざ・慣用句

181ページには「犬」のことわざ・慣用句《かんよう》があるよ。

★★

猫《ねこ》にまたたび

使い方

弟は、泣《な》いていてもプリンを出すと、**猫《ねこ》にまたたび**で、すぐに泣《な》きやんで食《た》べ始《はじ》める。

意味

とても好《す》きなもののことで、それをあたえればとてもきげんがよくなることを、たとえていう。

由来

「またたび」というのは木の名前で、猫《ねこ》の大好物《だいこうぶつ》といわれることから。

★

窮鼠《きゅうそ》猫《ねこ》をかむ

意味

追《お》いつめられれば、弱《よわ》い者《もの》でも強《つよ》い者《もの》に立《た》ち向《む》かってせめる場合があるということ。

由来

「窮鼠《きゅうそ》」というのは、「追《お》いつめられた鼠《ねずみ》」という意味《いみ》。鼠《ねずみ》が猫《ねこ》にねらわれてにげられないときは、必死《ひっし》になって、猫《ねこ》にかみつくということから。

★

鳴《な》く猫《ねこ》は鼠《ねずみ》を捕《と》らぬ

意味

よくしゃべる人は、口だけで、実際《じっさい》は役《やく》に立《た》たないということ。

由来

よく鳴く猫《ねこ》は、あまり鼠《ねずみ》を捕《と》らない。あまり鳴かない猫《ねこ》のほうがよく鼠《ねずみ》を捕《と》ることから。

★★★

猫《ねこ》の額《ひたい》

使い方

わたしの家の庭《にわ》はせまくて、まるで**猫《ねこ》の額《ひたい》**のようです。

意味

とてもせまい場所《ばしょ》のこと。「ねこびたい」ともいう。

由来

猫《ねこ》の額《ひたい》が、とてもせまいところから。

★

猫《ねこ》も杓子《しゃくし》も

使い方

夏休みは**猫《ねこ》も杓子《しゃくし》も**海《かい》水浴《すいよく》に行くんだね。

意味

だれでもかれでも、なにもかも、ということ。

由来

「杓子《しゃくし》」はしゃもじやお玉のことで毎日のように台所《だいどころ》で使《つか》う道具《どうぐ》、猫《ねこ》はどこにでもいることから。ほかにも、さまざまな由来《ゆらい》がある。

2月23日

ふろしきの日…風呂敷《ふろしき》は包《つつ》むものということで、二・二三（つ・つみ）のごろ合わせ。

★ 大《おお》風《ぶ》呂《ろ》敷《しき》を広《ひろ》げる

使い方

できそうもないことを言ったとき

サッカーの試合《しあい》で三点取《と》ってやると**大《おお》風《ぶ》呂《ろ》敷《しき》を広げた**けれど、自信《じしん》がない。

✕ 夢《ゆめ》は大きいほうがよいと思うので、**大《おお》風《ぶ》呂《ろ》敷《しき》を広げて**がんばろうと思う。

夢《ゆめ》を話すときには使《つか》わないよ。

意味

実現《じつげん》できないような大げさなことを言ったり計画したりすること。

由来

風《ふ》呂《ろ》敷《しき》に包《つつ》むような大きさの物《もの》がないのに、大きい風《ふ》呂《ろ》敷《しき》を広げていることから。

にた言葉

・法《ほ》螺《ら》を吹《ふ》く

2月24日

鉄道《てつどう》ストの日…明治時代《めいじじだい》に、日本で最初《さいしょ》の鉄道《てつどう》のストライキ（社員《しゃいん》たちが会社のやり方におこって働《はたら》くのをやめること）をした日。上野《うえの》（東京都《とうきょうと》）ー青森《あおもり》間の列車《れっしゃ》が止まった。

★★★ 途《と》方《ほう》に暮《く》れる

使い方

どうしたらよいかわからないとき

大雪で電車が止まってしまい、朝から大事《だいじ》な会議《かいぎ》がある父は**途《と》方《ほう》に暮《く》れている。**

✕ 電車に乗《の》ったら、とても混《こ》んでいてすわれないので、**途《と》方《ほう》に暮《く》れた。**

この例《れい》では、立っているという方法《ほうほう》がある。こまったというだけでは使《つか》わないよ。

意味

方法《ほうほう》がなく、どうすればよいかわからなくなること。

2月
25日

目《め》の色《いろ》を変《か》える

★★

プリンの日…毎月二十五日はプリンの日。プリンを食べて笑顔《えがお》になることから、二・五（ニッ・コリ）のごろ合わせ。

使い方

興奮《こうふん》している人を見たとき

今日《きょう》の給食《きゅうしょく》にプリンが出た。大山《おおやま》くんは、**目《め》の色《いろ》を変《か》えて**食べていたよ。よっぽど好《す》きなんだなあ。

✕ 大きらいなピーマンが給食《きゅうしょく》に出た。がっかりしてぼくは**目《め》の色《いろ》が変《か》わった**。

気分が落《お》ちこんだときには使《つか》わないよ。

意味

何かに熱中《ねっちゅう》しているようす。興奮《こうふん》して目つきが変《か》わること。

2月
26日

逃《に》げるが勝《か》ち

★

脱出《だっしゅつ》の日…フランスの皇帝《こうてい》だったナポレオンが島流《しまなが》しにあった島《しま》から脱出《だっしゅつ》した日。その後彼《かれ》は、ふたたび皇帝《こうてい》になった。

使い方

けんかをしないほうがよいとき

弟がなぐりかかってきたけれど、相手《あいて》をするとぼくがおこられるので、負《ま》けたふりをした。**逃《に》げるが勝《か》ち**だ。

✕ 明日《あす》はテストだけれど、ぜんぜん勉強《べんきょう》していないから、休もう。**逃《に》げるが勝《か》ち**だ。

逃《に》げてはいけないことには使《つか》えないよ。

意味

むだな戦《たたか》いはしないで逃《に》げるほうが、結局《けっきょく》は得《とく》だということ。

2月
27日

★★ 杞憂《きゆう》

スケート教室…アイススケートの教室。北海道《ほっかいどう》などでは学校行《がっこうぎょう》事《じ》としておこなう学校もあるよ。

使い方

心配《しんぱい》しなくてもよかったとき

はじめてのスケートで、スケート教室は前の日からとても心配《しんぱい》だったけれど、やってみると**杞憂《きゆう》**に終《お》わった。

✕ 友だちが入院《にゅういん》した。だいじょうぶかと**杞憂《きゆう》**している。

本当に心配《しんぱい》しなければいけないことには使《つか》わないよ。

意味 心配《しんぱい》しなくてもいいようなことを、心配《しんぱい》しすぎること。取《と》りこし苦労《ぐろう》。

由来 中国《ちゅうごく》の「杞《き》」という国の人が天が落《お》ちてくるという、あり得《え》ないことを心配《しんぱい》した（憂《うれ》いた）話から。

2月
28日

★★ 口《くち》は禍《わざわい》の門《かど》

バカヤローの日…一九五三年に吉田茂首相《よしだしげるしゅしょう》が国会で、ほかの議《ぎ》員《いん》に「バカヤロー」と言った日。これが原因《げんいん》で議会《ぎかい》が解散《かいさん》した。

使い方

言ったことが原因《げんいん》でおこられたとき

学級会《がっきゅうかい》でもめたので「女のくせに」と言ってしまったら、女子全員《じょしぜんいん》からもんくを言われた。**口《くち》は禍《わざわい》の門《かど》**だ。

意味 うっかり話したことによってこまったことになる場合があるから、言葉《ことば》には気をつけようということ。

にた言葉

・**雉《きじ》も鳴《な》かずば撃《う》たれまい**➡143ページを見てね!

・**物言《ものい》えば唇寒《くちびるさむ》し秋《あき》の風《かぜ》**➡155ページを見てね!

2月
29日

うるう日…二月はふつう二十八日だが、四年に一度《いちど》、二十九日がある。二月二十九日をうるう日、その年をうるう年という。「うるう」は「あまりもの」ということ。

★★★
目《め》に余《あま》る

意味
あまりにひどいので、だまって見すごすことができないこと。

由来
「〜に余《あま》る」というのは、ゆるすことができるレベルをこえてしまうこと。目で見ることができるレベルをこえてしまうことから。数があまりにも多くて、一度《いちど》にすべてを見ることができないという意味《いみ》でも使《つか》われる。

使い方
いやなことをされてがまんできないとき

一年生の弟のいたずらは**目《め》に余《あま》る**。昨日《きのう》もぼくは、大切にしているプラモデルの飛行機《ひこうき》をこわされた。

✕ シャツのボタンが取《と》れて、さがしたけれど見つからない。ぼくの**目《め》に余《あま》る**よ。

見つけることができないという意味《いみ》ではないよ。

にた言葉
- **言語《げんご》に絶《ぜっ》する**
- **度《ど》が過《す》ぎる**
- **目《め》も当《あ》てられない**

きょうはぼくの本当のたんじょうびだよ
ぼくは2月29日生まれだよ
四年に一回だよ!
うるさい!
目に余るよ
ゴメン…

言葉ノート

一口メモ　「余る」の慣用句

「目《め》に余《あま》る」のほかにも、「余《あま》る」がつく慣用句《かんようく》はあるよ。

●**身《み》に余《あま》る**…自分への評価《ひょうか》が、自分につりあわないほどすばらしいということ。
(使い方) このような賞《しょう》をいただき、身《み》に余《あま》る光栄《こうえい》です。

●**言葉《ことば》に余《あま》る**…とても言葉《ことば》では言《い》い表《あらわ》せないということ。
(使い方) 言葉《ことば》に余るほど、感謝《かんしゃ》の気持《きも》ちでいっぱいです。

●**力《ちから》に余《あま》る**…自分の能力《のうりょく》をこえるもので、自分の力がおよばないこと。

●**手《て》に余《あま》る**…191ページを見てね!

3月 1日

豚《ぶた》の日…人間の役《やく》に立《た》ってくれる豚《ぶた》に、ありがとうの気持《きも》ちをつたえる、アメリカの記念日《きねんび》。

★★★

豚《ぶた》に真珠《しんじゅ》

使い方

むだなとき

兄は中学の入学祝《にゅうがくいわ》いに図書カードをもらったけれど、兄はまんがしか読まない。**豚《ぶた》に真《しん》珠《じゅ》**だね。

✕ お母《かあ》さん、そのアクセサリーはにあわないよ。**豚《ぶた》に真珠《しんじゅ》**だよ。

相手《あいて》をきずつけるので、本人に向《む》かって言うのはやめよう。

意味

値打《ねう》ちがわからない者《もの》に、どんなにりっぱな物《もの》をあたえても役《やく》に立《た》たないということ。

にた言葉

- **犬《いぬ》に論語《ろんご》**→181ページを見てね！
- **馬《うま》の耳《みみ》に念仏《ねんぶつ》**→19ページを見てね！
- **猫《ねこ》に小判《こばん》**→32ページを見てね！

真珠のネックレスだよ
食べ物がほしかった…

3月 2日

遠山《とおやま》の金《きん》さんの日…時代劇《じだいげき》で有名《ゆうめい》な「遠山《とおやま》の金《きん》さん」のモデル、遠山金四郎《とおやまきんしろう》が江戸《えど》の町奉行《まちぶぎょう》（警察《けいさつ》、裁判《さいばん》をする人）になった日。

★

喧嘩両成敗《けんかりょうせいばい》

喧嘩両成敗で
両者おやつぬき〜〜

使い方

けんかをしたとき

弟とけんかした。**喧嘩両成敗《けんかりょうせいばい》**なのに、ぼくだけがおこられた。不公平《ふこうへい》だ。

✕ 本田《ほんだ》くんと佐藤《さとう》くんがけんかをしたけれど、**喧嘩両《けんかりょう》成敗《せいばい》**なので、二人ともおこられなかった。

どちらもばつを受《う》けないときには、使《つか》わないよ。

意味

けんかをしたら、どんな理由《りゆう》があっても両方《りょうほう》が、ばつを受《う》けるということ。

★★★

後《あと》の祭《まつ》り

ひな祭《まつ》り…女の子の成長《せいちょう》をねがう日。ひな人形をかざってお祝《いわ》いをする。ももの節句《せっく》ともいう。

使い方

取《と》り返《かえ》しがつかないとき

小さい妹がひな人形をこわした。妹にさわらせなければよかったと思ったけれど、**後《あと》の祭《まつ》り**だ。

✕ 昨日《きのう》はぼくの誕生日《たんじょうび》で、ごちそうを食べたけれど、もう**後《あと》の祭《まつ》り**だね。

楽しいことが終《お》わってしまってさびしいという意味《いみ》ではないよ。

意味

もう間に合わないこと。手おくれということ。

由来

祭《まつ》りのあとは、祭《まつ》りに使《つか》われた山車《だし》（言葉《ことば》ノートを読んでね）などはもう役《やく》に立《た》たないことから。また、終《お》わったあとに行っても、祭《まつ》りが見られないことから。

また、京都《きょうと》の祇園祭《ぎおんまつり》という有名《ゆうめい》な祭《まつ》りが、前の祭《まつ》りと後の祭《まつ》りの二つに分かれていて、昔《むかし》、後の祭《まつ》りは山車《だし》が出なかったので、見にいってもつまらなかったことから。

にた言葉

- **後悔先《こうかいさき》に立《た》たず** ➡143ページを見てね！
- **覆水盆《ふくすいぼん》に返《かえ》らず** ➡143ページを見てね！

言葉ノート

一口メモ 「ひな祭り」の由来

昔《むかし》の人は、紙の人形で自分の体の悪《わる》いところをなでて、病気《びょうき》や災《わざわ》いが流《なが》れてなくなるようにというねがいをこめ、川に流していた。これがひな人形のもとで、やがて、女の子の人形遊《にんぎょうあそ》びとむすびつき、女の子の健康《けんこう》や幸《しあわ》せをねがう行事《ぎょうじ》になったんだよ。

一口メモ 山車って何？

山車《だし》は、祭《まつ》りのときにひかれて町をねり歩く、大きな屋台《やたい》の形をしたかざりのついた車。山、家、船などいろいろな形があり、花や人形などかざりもさまざま。

祇園祭《ぎおんまつり》では、「山鉾《やまほこ》」とよばれる大きな山車《だし》が京都《きょうと》の町をねり歩く、「山鉾巡行《やまほこじゅんこう》」が有名《ゆうめい》だ。

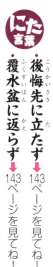

3月 4日

ミシンの日…三・四（み・し（ん））のごろ合わせ。ミシンが発明《はつめい》されて二百年目を記念《きねん》して、一九九〇年に決《き》められた。

★★ 一糸乱《いっしみだ》れず

使い方

きれいにそろっているとき

発表会《はっぴょうかい》のダンスは、練習《れんしゅう》したかいがあって、**一糸乱《いっしみだ》れず**におどれたよ。

✕ クラスの全員《ぜんいん》が**一糸乱《いっしみだ》れず**、一時までに給食《きゅうしょく》を食《た》べ終《お》えた。

時間を守《まも》ることには使《つか》わないよ。

意味

「一糸《いっし》」というのは一本の糸のことで、「ほんの少し」という意味《いみ》。ほんの少しの乱《みだ》れもなく、きちんと整《ととの》っているということ。

3月 5日

さんごの日…三・五（さん・ご）のごろ合わせと、さんごが三月の誕生石《たんじょうせき》でもあることから決《き》められた。

★ 心《こころ》を奪《うば》われる

使い方

うっとりしたとき

デパートにかざられていた、レースのついたかわいいワンピースに、わたしは**心《こころ》を奪《うば》われた。**

✕ テレビのうるさい音に**心《こころ》を奪《うば》われて**、勉強《べんきょう》に集中《しゅうちゅう》できない。

きれいなものや、魅力《みりょく》のあるもの（人）に対《たい》して使《つか》う言葉《ことば》だよ。この場合は「気をとられる」というよ。

意味

何かに強くひきつけられて、夢中《むちゅう》になること。

3月
6日

弟の日…六月六日の「兄の日」の三か月前ということで決《き》まった。「妹の日」は九月六日、「姉の日」は十二月六日だ。

★★ かわいさ余《あま》って憎《にく》さ百倍《ひゃくばい》

使い方

なかよしの人をきらいになったとき

弟が、わたしのおやつを食べてしまい、とても腹《はら》が立《た》った。**かわいさ余《あま》って憎《にく》さ百倍《ひゃくばい》**だ。

✕ ナナちゃんは、とてもかわいくてもてるので、クラスの女子がやきもちをやいている。**かわいさ余《あま》って憎《にく》さ百倍《ひゃくばい》**だ。

「かわいすぎてきらわれる」という意味《いみ》ではないよ。

意味

かわいいと思っていた人ほど、一度《いちど》憎《にく》いと思うと、どんどん憎《にく》くなってしまうということ。

3月
7日

消防記念日《しょうぼうきねんび》…消防《しょうぼう》についての法律《ほうりつ》、「消防組織法《しょうぼうそしきほう》」が決《き》まった日。消防《しょうぼう》のことを考える日。

★★ 火《ひ》の消《き》えたよう

使い方

急《きゅう》に静《しず》かになったとき

母が入院《にゅういん》してしまい、家の中は**火《ひ》の消《き》えたよう**だ。

✕ この家は、お年よりの二人ぐらしなので、いつも**火《ひ》の消《き》えたよう**に静《しず》かだ。

いつも静《しず》かな場合ではなく、にぎやかだったものが急《きゅう》にさびしくなったときに使《つか》うよ。

意味

急《きゅう》に活気がなくなって、さびしくなること。

由来

いきおいよくもえていた火が消《き》えたようすから。

ミツバチの日…三・八（ミツ・バチ）のごろ合わせ。ミツバチの社会は、一ぴきの女王バチ、数少ないオスバチ、たくさんの働《はたら》きバチでできている。

★★★

泣《な》きっ面《つら》に蜂《はち》

使い方

いやなことがつづくとき

急《きゅう》に雨がふり出して、びしょぬれで走って帰るとちゅう、水たまりで転《ころ》んだ。**泣《な》きっ面《つら》に蜂《はち》**だ。

✕ 電車で具合《ぐあい》が悪《わる》くなったときに、たまたまお医者《いしゃ》さんが乗《の》り合《あ》わせていた。**泣《な》きっ面《つら》に蜂《はち》**だった。

こまったときに、よいことがおこるということではない。こういうときは「不幸中《ふこうちゅう》の幸《さいわ》い」というよ。

意味

悪《わる》いことがおこって、またさらに悪《わる》いことが重《かさ》なっておこること。

由来

つらくて泣《な》いているときに、さらに、蜂《はち》にさされてつらいことから。

にた言葉

・**踏《ふ》んだり蹴《け》ったり**
・**弱《よわ》り目《め》に祟《たた》り目《め》**↓166ページを見てね！

言葉ノート

一口メモ　英語のことわざ

「泣《な》きっ面《つら》に蜂《はち》」とにた意味《いみ》のことわざは、外国にもあるよ。英語《えいご》で言ってみよう。

Misfortunes《ミスフォーチュンズ》 **never**《ネバー》 **come**《カム》 **singly**《シングリー》**.**

（不幸《ふこう》は、一人ではけっして来ない。）

一口メモ　蜂のことわざ

●**蜂《はち》の巣《す》をつついたよう**…蜂《はち》の巣《す》をつついたら蜂《はち》がたくさん出てくるように、急《きゅう》に大さわぎになること。
●**牛《うし》の角《つの》を蜂《はち》が刺《さ》す**…牛の角《つの》を蜂《はち》が刺《さ》しても牛はいたくないように、物事《ものごと》について何も感《かん》じないこと。「鹿《しか》の角《つの》を蜂《はち》が刺《さ》す」ともいう。

3月 9日

感謝《かんしゃ》の日…三・九（サン・キュー）のごろ合わせ。人にありがとうの気持《きも》ちを伝《つた》える日。

★★★ 頭《あたま》が上《あ》がらない

使い方

相手《あいて》にさからえないとき

父は子どものころ友だちとけんかばかりして、祖母《そぼ》を心《しん》配《ぱい》させていたので、祖母《そぼ》には**頭《あたま》が上《あ》がらない**そうだ。

✕ 大野《おおの》くんはいつも家のお手伝《てつだ》いをしているそうで、本当に**頭《あたま》が上《あ》がらない**。

すごいと思ったときに使《つか》う言葉《ことば》ではない。この場合は「頭《あたま》が下《さ》がる（↓148ページを見よう）」というよ。

意味

相手《あいて》に引け目を感《かん》じていて、対等《たいとう》でいられないこと。

3月 10日

さとうの日…三・十（さ・とう）のごろ合わせ。栄養《えいよう》のあるさとうを見直す日。

★ 甘《あま》い汁《しる》を吸《す》う

使い方

人をだまして悪《わる》いことをするとき

人をだましてお金を出させ、**甘《あま》い汁《しる》を吸《す》っていた**男が警《けい》察《さつ》につかまった。

✕ のどがかわいたのでジュースを飲《の》んで、**甘《あま》い汁《しる》を吸《す》った**。

「甘《あま》い汁《しる》」というのは、おいしいもののことではないよ。

意味

自分は苦労《くろう》しないで、ほかの人を利用《りよう》して、得《とく》をすること。

東日本大震災《ひがしにほんだいしんさい》の日…二〇一一年のこの日、東北《とうほく》地方の太平洋側《たいへいようがわ》を中心に大地震《おおじしん》がおこった。津波《つなみ》や原子力発電所《げんしりょくはつでんしょ》の事故《じこ》などで大きな被害《ひがい》が出た。

★★ 胸《むね》が痛《いた》む

うう…
大きなつなみで
家や車が流されて…

使い方

とてもつらいとき

テレビのニュースで災害《さいがい》にあった人たちがうつると、**胸《むね》が痛《いた》む。**

× 好《す》きな人ととなりの席《せき》になり、うれしくて**胸《むね》が痛《いた》んだ。**

悲《かな》しいときやつらいときに使《つか》う言葉《ことば》だよ。×の例《れい》は、「胸《むね》がいっぱいになる（→104ページを見よう）」などというよ。

意味

とても心配《しんぱい》して、苦《くる》しい思いをすること。

まだまだあるよ 胸のことわざ・慣用句

★★★ 胸《むね》をなで下《お》ろす

使い方 うまくひけるかずっと心配《しんぱい》していたピアノの発表会《はっぴょうかい》でまちがえずにひけて、わたしは**胸《むね》をなで下《お》ろした。**

意味 心配《しんぱい》や不安《ふあん》などがなくなって、ほっとすること。安心《あんしん》すること。胸《むね》に手を当てて上から下へなで下ろすことから。

★★ 胸《むね》を借《か》りる

使い方 チャンピオンチームとの対戦《たいせん》なので、**胸《むね》を借《か》りる**つもりでがんばろう。

意味 自分の技《わざ》をみがいたり、強くなるために自分より強い者《もの》にちょうせんしたりして、相手《あいて》をしてもらうこと。

★ 胸《むね》が騒《さわ》ぐ

使い方 妹がわたしの人形で遊《あそ》んでいたので、**胸《むね》が騒《さわ》いで**見にいくと、人形をこわしていた。

意味 悪《わる》いことがおこりそうな予《よ》感《かん》がして、不安《ふあん》になること。「胸騒《むなさわ》ぎがする」ともいう。

3月12日

サイフの日…三・一・二（サ・イ・フ）のごろ合わせ。

★ 財布《さいふ》のひもを締《し》める

使い方

むだづかいをしないとき

今月はおこづかいを使《つか》いすぎた。次《つぎ》にもらえるまで、まだ一週間もあるから、**財布《さいふ》のひもを締《し》めなければ。**

× **ぼくの家では、しっかり者《もの》の母が、財布《さいふ》のひもを締《し》めている。**

お金を管理《かんり》するという意味《いみ》ではない。この場合は「財布《さいふ》のひもを握《にぎ》る」というよ。

意味

お金をあまり使《つか》わないようにすること。「財布《さいふ》の口《くち》を締《し》める」ともいう。

由来

昔《むかし》の財布《さいふ》は、布《ぬの》をひもで巻《ま》いていたんだ。ひもをしっかり締《し》めてお金を出さないようにということから。

おかし買いたいのに財布のひもが…
むだづかいはダメだよ～

3月13日

サンドイッチデー…三・一・三と、三（サン）で一（イッチ）をサンドイッチのようにはさんでいる、ごろ合わせ。

★★ 口《くち》を挟《はさ》む

カツサンド？ タマゴサンド？
どっちも おいしそう～
カツ？ タマゴ～？
どっちにする～？
ぼくはラーメンを食べた～い
は～い！

使い方

人の話にわりこむとき

学級会《がっきゅうかい》で、学級委員《がっきゅういいん》が「今は坂井《さかい》さんが話しているから、山田《やまだ》くんは**口を挟《はさ》まないでください**」と言った。

× **ぼくたちが言いあっていたとき、佐藤《さとう》くんが口を挟《はさ》んでくれたおかげで、けんかにならずにすんだ。**

よいことには、あまり使《つか》わないよ。

意味

ほかの人が話しているとき、横《よこ》から何か言うこと。

にた言葉

・**嘴《くちばし》を入《い》れる**↓174ページを見てね！

・**嘴《くちばし》を挟《はさ》む**

海《え》老《び》で鯛《たい》を釣《つ》る

★★

ホワイトデー…バレンタインデーに女の人からチョコレートをもらった男の人が、キャンディーやマシュマロなどをお返《かえ》しする日。日本で生まれ、アジアに広まった。

使い方

小さな元手で得《とく》をしたとき

バレンタインデーにお父《とう》さんに百円のチョコをあげたら、ホワイトデーにほしかったワンピースを買ってもらった。**海《え》老《び》で鯛《たい》を釣《つ》る**、だね。

✕ 兄にマシュマロをあげたら、**海《え》老《び》で鯛《たい》を釣《つ》る**で、キャラメルを一つもらった。

あげたものともらったものが、そんなに変《か》わらないときは使《つか》わないよ。

意味

あまりお金をかけたり苦《く》労《ろう》したりせず、大きく得《とく》をすること。短《みじか》くして「えびたい」ともいう。

由来

小さな海《え》老《び》をえさにして、高《こう》級《きゅう》な鯛《たい》をつることから。この海《え》老《び》は、小さくて安《やす》いものを表《あらわ》す。

にた言葉

・**麦《むぎ》飯《いい》で鯉《こい》を釣《つ》る**

反対の言葉

・**骨《ほね》折《お》り損《ぞん》のくたびれもうけ**

⬇15ページを見てね!

言葉ノート

一口メモ 英語のことわざ

「海《え》老《び》で鯛《たい》を釣《つ》る」とにた意《い》味《み》のことわざは、外国にもあるよ。英《えい》語《ご》で言ってみよう。

Throw《スロウ》 a《ア》 sprat《スプラット》 to《トゥー》 catch《キャッチ》 a《ア》 whale《ホエール》.

（小魚を投《な》げて、クジラをとる。）

一口メモ 海老と鯛のことわざ

●**腐《くさ》っても鯛《たい》**…おいしくておめでたい魚の鯛《たい》は、腐《くさ》ったとしても鯛《たい》であることには変《か》わりない。すぐれたものはだめになったときでも、値《ね》打《う》ちがあるということ。

●**海《え》老《び》の鯛《たい》交《ま》じり**…つまらないもの（海《え》老《び》）がりっぱなもの（鯛《たい》）の中に交《ま》じっていること。

3月 15日

足下《あしもと》を見《み》る

★★★

くつの記念日《きねんび》…一八七〇年に日本にはじめて、くつの工場ができた日。昔《むかし》の日本人は、わらじやぞうり、げたをはいていた。

使い方

弱みにつけこまれたとき

くつ屋《や》さんで、サイズが合うくつがなくて、とても高いくつをすすめられた。**足下《あしもと》を見《み》られた**ようだ。

✕ そうじ当番をさぼっていたのを先生に言いつけるなんて、**足下《あしもと》を見《み》られて**しまった。

弱みにつけこんで、相手《あいて》が得《とく》をするときに使《つか》うよ。

意味

相手《あいて》の弱点を見ぬいて利《り》用《よう》すること。

由来

昔《むかし》、かごかき（今のタクシーの運転手《うんてんしゅ》）が旅人《たびびと》の足もとを見て、つかれているとわかると、高い料《りょう》金《きん》を取《と》ったことから。はいているものを見ることで、お金持《かねも》ちかどうかわかったからという説《せつ》もある。

3月 16日

五十歩百歩《ごじっぽひゃっぽ》

★★

クラスのお別《わか》れ会《かい》…四月に進級《しんきゅう》してクラスがえがあるので、クラスのみんなで、記念《きねん》になるようなお楽しみ会を開《ひら》くよ。

使い方

同じくらいのとき

学級会《がっきゅうかい》でお別《わか》れ会《かい》の出《だ》し物《もの》を決《き》めるけれど、何をやるにしても**五十歩百歩《ごじっぽひゃっぽ》**かなあ。

✕ あのケーキ屋《や》さんのショートケーキとチーズケーキはどちらもおいしい。**五十歩百歩《ごじっぽひゃっぽ》**だ。

よいものをくらべるときは使《つか》わないよ。

意味

少しのちがいはあっても、たいしてちがわないこと。

由来

戦争《せんそう》のとき、五十歩にげた人が百歩にげた人を笑《わら》ったが、にげたことに変《か》わりはないことから。

にた言葉

・**どんぐりの背比《せいくら》べ**
⬇147ページを見てね！

・**似《に》たり寄《よ》ったり**

3月17日

まんが週刊誌《しゅうかんし》の日…日本初《はつ》の少年まんが週刊誌《しゅうかんし》「少年サンデー」と「少年マガジン」が発売《はつばい》された日。

★★ のどから手《て》が出《で》る

使い方

すぐほしいとき

まんがのつづきが**のどから手《て》が出《で》る**ほど読みたくて、のこり少ないおこづかいで買ってしまった。

意味

とてもほしくてたまらないこと。

3月18日

点字ブロックの日…点字ブロックは、目の不自由《ふじゆう》な人のためのもの。世界《せかい》ではじめて、岡山県《おかやまけん》で点字ブロックがしかれた日。

★ 足《あし》を運《はこ》ぶ

使い方

どこかに行きたいとき

点字ブロックがあれば、目の不自由《ふじゆう》な人でも、行きたいところに**足《あし》を運《はこ》べる**ね。

意味

用事《ようじ》があって、わざわざ出かけること。

3月19日

アカデミー賞初《しょうはつ》のテレビ放送《ほうそう》…一九五三年、アメリカの映画《えいが》賞《しょう》・アカデミー賞《しょう》の授賞式《じゅしょうしき》がはじめてテレビで放送《ほうそう》された。

★★ 芸《げい》は身《み》を助《たす》く

使い方

得意《とくい》なことが役《やく》に立《た》ったとき

水泳《すいえい》を習《なら》っていたおかげで、川に落《お》ちたとき、あわてないで泳《およ》いだので助《たす》かった。**芸《げい》は身《み》を助《たす》く**だ。

意味

何か特技《とくぎ》や才能《さいのう》があれば、こまったときに役《やく》に立《た》って自分を助《たす》けてくれることがある、ということ。

由来

趣味《しゅみ》や道楽《どうらく》で身《み》につけた芸《げい》が、びんぼうになってしまったときに、生活のために役《やく》に立《た》つことから。

3月 20日

★★★

棚《たな》から牡丹餅《ぼたもち》

春分《しゅんぶん》の日…昼と夜の長さがだいたい同じになるとされる日。自然《しぜん》をたたえ、生《い》き物《もの》を大切にする国民《こくみん》の祝日《しゅくじつ》。だいたい三月二十～二十一日ごろ。

使い方

ラッキーなとき

家族《かぞく》みんなで遊園地《ゆうえんち》に行ったら、わたしが来場千人目ということで、プレゼントをもらった。**棚《たな》から牡丹餅《ぼたもち》**だ。

✕ 頭の上にハトのふんが落《お》ちてきた。**棚《たな》から牡丹餅《ぼたもち》**みたいだ。

上から何かが落《お》ちてくる、という意味《いみ》ではないよ。

意味

思ってもいなかった幸運《こううん》がおとずれること。または、たいへんな思いをしないでよいものを手に入れること。「たなぼた」と短《みじか》くいうこともある。

由来

棚《たな》の上から落《お》ちてきた牡丹餅《ぼたもち》が、ちょうど、開《あ》けた口の中に入ったことから。

にた言葉

・**もっけの幸《さいわ》い**／考えてもみなかった幸《しあわ》せのこと。

反対の言葉

・**籠《かご》で水《みず》をくむ**
・**骨折《ほねお》り損《ぞん》のくたびれもうけ**⬇15ページを見てね！
・**まかぬ種《たね》は生《は》えぬ**⬇59ページを見てね！

言葉ノート

一口メモ

「ぼたもち」と「おはぎ」

もち米とふつうの米をまぜてたき、軽くつぶしたものを丸めてあんこやきなこをまぶしたものが、ぼたもち。では、おはぎは、どんなものだろう？

じつはぼたもちもおはぎも同じものだ。ただ、季節《きせつ》によってよび方がちがう。

春のものを「ぼたもち」、秋のものを「おはぎ」とよぶ。どちらもお彼岸《ひがん》（春分《しゅんぶん》の日や秋分《しゅうぶん》の日を中心とした１週間）に仏壇《ぶつだん》などにおそなえするものだ。

漢字《かんじ》で書くと、ぼたもちは「牡丹餅《ぼたもち》」で春にさく牡丹《ぼたん》の花を表《あらわ》し、おはぎは「御萩《おはぎ》」で秋にさく萩《はぎ》の花を表《あらわ》すといわれているよ。

3月21日

ランドセルの日…三＋二＋一＝六で、小学校卒業《そつぎょう》の六年になることと、卒業式《そつぎょうしき》のシーズンであることから決《き》まった日。

★ 少年老《しょうねんお》いやすく学成《がくな》りがたし

使い方

勉強《べんきょう》しようと思うとき

ぼくは医者《いしゃ》になりたい。**少年老《しょうねんお》いやすく学成《がくな》りがたし。**今から勉強《べんきょう》がんばるぞ。

意味

若《わか》いと思ってもすぐ年を取《と》り、学問《がくもん》には時間がかかるから、若《わか》いうちから勉強《べんきょう》をするべきだということ。少年は年少の子どものことで、男子だけではないよ。

3月22日

放送記念日《ほうそうきねんび》…東京放送局《とうきょうほうそうきょく》（今のＮＨＫ《エヌエイチケー》）が、一九二五年にラジオの放送《ほうそう》をはじめておこなった日。

★★ 物《もの》も言《い》いようで角《かど》が立《た》つ

使い方

人と話すとき

下手《へた》な絵だと思ったけれど、**物《もの》も言《い》いようで角《かど》が立《た》つ**から、おもしろい絵だと言った。

意味

「角《かど》が立《た》つ」は、関係《かんけい》がとげとげしくなること。話し方で相手《あいて》をおこらせることもあるから、口のきき方には気をつけろということ。

3月23日

世界気象《せかいきしょう》デー…一九五〇年に世界気象機関条約《せかいきしょうきかんじょうやく》という、天気についての決《き》まりができた日。世界《せかい》の記念日《きねんび》。

★★ 太鼓判《たいこばん》を押《お》す

使い方

自信《じしん》があるとき

ぼくが絵画コンクールに出す作品《さくひん》を見て、これなら入賞《にゅうしょう》まちがいなしだと、先生が**太鼓判《たいこばん》を押《お》して**くれた。

✕ 今度《こんど》のテストは絶対《ぜったい》に０点だ。**太鼓判《たいこばん》を押《お》す**よ。悪《わる》いことには使《つか》わないよ。

意味

太鼓《たいこ》のような大きなはんこを押《お》して本物《ほんもの》と証明《しょうめい》するように、ぜったいに正しい、本物《ほんもの》だとうけあうこと。

反対の言葉

・烙印《らくいん》を押《お》す
・レッテルを貼《は》る

★★ 立《た》つ鳥《とりあと》跡を濁《にご》さず

卒業式《そつぎょうしき》…六年間の小学校の勉強《べんきょう》がすべて終《お》わったことを祝《いわ》っておこなわれる式《しき》。六年生は、卒業証書《そつぎょうしょうしょ》という賞状《しょうじょう》をもらって、卒業《そつぎょう》となる。

卒業おめでとう!
6年3組

使い方

今いる場所《ばしょ》からいなくなるとき

お花見のあとは、ごみをきれいに持《も》ち帰《かえ》ろう。**立《た》つ鳥跡《とりあと》を濁《にご》さず**だ。

✕ 花びんをわった人が見つからない。**立《た》つ鳥跡《とりあと》を濁《にご》さず**だ。

悪《わる》いことをした人を見つける手がかりがない、という意味《いみ》ではないよ。

意味

立《た》ち去《さ》るときは、身《み》の回《まわ》りをきれいにしていくべきだということ。何かをやめるときは、きれいにやめなければならないということ。

由来

水鳥が飛《と》び立《た》ったあとの水は、ふんなどでよごれてはおらず、きれいなままだということから。「立《た》つ」は飛《と》び立《た》つの立つなので、「飛ぶ鳥跡《とりあと》を濁《にご》さず」としないように気をつけよう。

反対の言葉

・**後《あと》は野《の》となれ山《やま》となれ**

⬇133ページを見てね!

言葉ノート

一口メモ　アメリカの卒業式は6月!?

アメリカだけでなく、ヨーロッパや中国《ちゅうごく》など外国の学校は、新年度《しんねんど》（新しい学年）が8月下旬《げじゅん》～9月に始《はじ》まる国が多い。夏休みのあとから新年度《しんねんど》が始《はじ》まる。つまり、学年が終《お》わると夏休みになるということ。そのため、入学《にゅうがく》が9月、卒業《そつぎょう》が6月というところが多いんだ。

オーストラリアなどの南半球《みなみはんきゅう》の国では、新年度《しんねんど》が1月から始《はじ》まるが、南半球《みなみはんきゅう》の国では北半球《きたはんきゅう》と季節《きせつ》が逆《ぎゃく》になるので、これも夏休み明けからということになる。

日本では、明治時代《めいじじだい》に国が4月から新年度《しんねんど》と決《き》めたのに合わせて、学校も4月からが新年度《しんねんど》になった。ちなみに、となりの韓国《かんこく》は3月からが新年度《しんねんど》だよ。

3月
25日

電気記念日《でんききねんび》…一八七八年に、日本ではじめて、電灯《でんとう》がついた日。

★ 爪《つめ》に火《ひ》をともす

使い方

ケチケチするとき

父は、若《わか》いころまずしくて、**爪《つめ》に火《ひ》をともす**ようにして、お金をためたそうだ。

✕ 暗《くら》いので、**爪《つめ》に火《ひ》をともす**ような明かりで、本を読んだ。

わずかな明かりでということではないよ。

意味 お金を節約《せつやく》すること。びんぼうなこと。

由来 ろうそくが買えないほどまずしいか、けちなので、爪《つめ》をろうそくのかわりにして火をつけることから。

3月
26日

春休み…三学期《さんがっき》が終《お》わったあとの休みで、だいたい三月二十五日ごろから。春休みが終《お》わると、新学年になる。

★★ 羽《はね》を伸《の》ばす

使い方

のんびりできるとき

春休みは、宿題《しゅくだい》もないし、思いきり**羽《はね》を伸《の》ばす**ぞ。

✕ 今日《きょう》はうるさい弟がいないので、**羽《はね》を伸《の》ばして**勉強《べんきょう》に集中《しゅうちゅう》できた。

遊《あそ》んだり、のんびりしたりするときに使《つか》うよ。

意味 おさえつけられていたものがなくなって、のびのびとすること。

由来 鳥がいつでも飛《と》べるように羽を伸《の》ばすことから。

3月 27日

★★
花《はな》より団子《だんご》

さくらの日…三×九（さ・くら）＝二十七というごろ合わせと、さくらの開花《かいか》の季節《きせつ》ということから、決《き》められた。

使い方

お花見や芸術鑑賞《げいじゅつかんしょう》のとき
今日《きょう》は親子コンサートに行ったけれど、音楽より、そのあとにもらったクッキーのほうがうれしかった。**花《はな》より団子《だんご》**だね。

意味
きれいなものをながめるより、実際《じっさい》に役《やく》に立《た》つもののほうがよいということ。

由来
さくらの花を見るより、団子《だんご》を食べておなかがいっぱいになるほうがうれしいということから。

3月 28日

★★
草《くさ》の根《ね》を分《わ》けてさがす

三《み》つ葉《ば》の日…三・二・八（み・つ・ば）のごろ合わせ。クローバーはふつう三《み》つ葉《ば》だが、まれに四《よ》つ葉《ば》になるものがある。

使い方

さがしものをするとき
見つけると幸《しあわ》せになるという、四《よ》つ葉《ば》のクローバーを、**草《くさ》の根《ね》を分《わ》けてさがす**ぞ！

意味
あらゆる手だてを使《つか》って、すみずみまでさがすこと。

3月 29日

★★
目《め》を丸《まる》くする

マリモの日…北海道《ほっかいどう》の阿寒湖《あかんこ》にすむ藻《も》の一種《いっしゅ》、マリモが、特別《とくべつ》天然記念物《てんねんきねんぶつ》に指定《してい》された日。マリモは、まん丸い形をしている。

使い方

びっくりしたとき
北海道《ほっかいどう》に行ったとき、緑《みどり》色《いろ》でまん丸のマリモをはじめて見て、**目《め》を丸《まる》くした。**

意味
おどろいて、目を見はること。

3月30日

みその日…毎月三十日は、みその日。三十日が「みそか」とよばれることからの、ごろ合わせ。

★★★ 手塩《てしお》にかける

使い方

大事《だいじ》に育《そだ》てるとき
手塩《てしお》にかけて育《そだ》てたミニトマトの実《み》がなった。とてもうれしい。

✕ 小さいころから**手塩《てしお》にかけて**かわいがったぬいぐるみが、こわれてしまった。かなしいなあ。

生《い》き物《もの》を育《そだ》てたり、物《もの》を作ったりしたときに使《つか》うよ。

意味 自分で世話《せわ》をして大切に育《そだ》てること。

由来 「手塩《てしお》」は、料理《りょうり》の味《あじ》を整《ととの》えるためにかける塩《しお》。自分の手で塩《しお》をかけて、味《あじ》つけすることから。

3月31日

オーケストラの日…三・三・一〈み・み（に）・いちばん〉のごろ合わせと、春休みに親子でオーケストラを楽しむ日。

★★★ 耳《みみ》を傾《かたむ》ける

使い方

演奏《えんそう》を聞くとき
学校の合唱《がっしょう》コンクールで、姉のクラスのきれいな歌声に、**耳《みみ》を傾《かたむ》けた。**

意味 注意《ちゅうい》して、熱心《ねっしん》に聞くこと。

由来 耳を聞きたいほうに向《む》けることから。

にた言葉
- **耳《みみ》を澄《す》ます**↓19ページを見てね!
- **耳《みみ》をそばだてる**

まだまだあるよ
耳のことわざ・慣用句

130ページには、「鼻《はな》」のことわざ・慣《かん》用《よう》句《く》があるよ。

★★★ 耳《みみ》を貸《か》す

使い方 運動《うんどう》に自信《じしん》がある弟は、ぼくのアドバイスに**耳《みみ》を貸《か》そう**としない。

意味 人の言うことをきちんと聞くこと。または、相談《そうだん》に乗《の》ること。

★★★ 耳《みみ》が早《はや》い

使い方 始業式《しぎょうしき》の前なのに、クラスに転校生《てんこうせい》が来るとお母《かあ》さんが言っていた。本当に**耳《みみ》が早《はや》い**なあ。

意味 うわさなどをすばやく聞きつけて、知っていること。

★★ 耳《みみ》につく

使い方 車の音が**耳《みみ》について**、ねむれない。

意味 物音《ものおと》や話し声などがうるさく感《かん》じて、気になること。

★★ 耳《みみ》を疑《うたが》う

使い方 絵画コンクールの入賞《にゅうしょう》者《しゃ》として自分の名前がよばれたとき、わたしは**耳《みみ》を疑《うたが》った**。

意味 聞きまちがいではないかと思うような、思いがけないことを聞いておどろくこと。

★★★ 寝《ね》耳《みみ》に水《みず》

使い方 今日《きょう》、算数のテストがあるなんて、**寝耳《ねみみ》に水**だ。

意味 考えてもいなかったことを急《きゅう》に聞いて、びっくりすること。

由来 寝《ね》ている間に、耳に水が入っておどろくことから。

にた言葉
・**藪《やぶ》から棒《ぼう》**／草や木がむらがっている藪《やぶ》から、急《きゅう》に棒《ぼう》がつき出すように、だしぬけなようす。

★ 聞《き》く耳《みみ》を持《も》たない

使い方 授業中《じゅぎょうちゅう》にいねむりばかりしている夢野《ゆめの》くんは、先生からどんなに注意《ちゅうい》されても、まったく**聞《き》く耳《みみ》を持《も》たない**で、今日《きょう》もねている。

意味 人の意見《いけん》や忠告《ちゅうこく》などを聞こうとしないこと。すなおでないこと。

4月
1日

エイプリルフール…四月一日の午前中は、嘘《うそ》をついてもいいとされる。

★嘘《うそ》も方便《ほうべん》

使い方

嘘《うそ》をついたほうがよいとき

妹がはじめて料理《りょうり》をつくった。とてもまずかったけれど、家族《かぞく》みんなで「おいしいよ」とほめた。**嘘《うそ》も方便《ほうべん》だ。**

✕自分が悪《わる》いのに、おこられるのがいやなので、人のせいにした。**嘘《うそ》も方便《ほうべん》**だからいいよね。

うそをついてもゆるされる、という意味《いみ》ではないよ。

意味

物事《ものごと》をうまく運《はこ》ぶために、嘘《うそ》をつくのが必要《ひつよう》なときもあるということ。

まだまだあるよ うそとほんとのことわざ・慣用句

★嘘《うそ》から出《で》たまこと

使い方

「新しいクラスではぼくが学級委員《がっきゅういいん》になるぞ」とじょうだんで言っていたら、本当に選《えら》ばれてしまった。**嘘《うそ》から出《で》たまこと**だよ。

意味

「まこと」は本当という意味《いみ》。嘘《うそ》で言ったことが本当になること。また、じょうだんが本当になってしまうこと。

にた言葉

・**瓢箪《ひょうたん》から駒《こま》**➡212ページを見てね！

★嘘《うそ》つきは泥棒《どろぼう》の始《はじ》まり

使い方

友だちに嘘《うそ》をついたことが母にばれ、**嘘《うそ》つきは泥棒《どろぼう》の始《はじ》まり**だとおこられた。

意味

嘘《うそ》をつくのは、悪《わる》い道《みち》へ入る第一歩《だいいっぽ》だということ。嘘《うそ》をついてはいけないというときに使《つか》う。

★正直者《しょうじきもの》が馬鹿《ばか》を見《み》る

使い方

嘘《うそ》をついた妹がおかしをもらって、妹の嘘《うそ》を言いつけたわたしがおこられるなんて、**正直者《しょうじきもの》が馬鹿《ばか》を見《み》る**だ。

意味

ずるがしこい人は世《よ》の中《なか》をうまくわたっていくが、正直《しょうじき》な人はうまく立ち回ることができないため、損《そん》をすることが多いということ。

4月 2日

国際《こくさい》子どもの本の日…「人魚姫《にんぎょひめ》」などを書いた童話作家《どうわさっか》アンデルセンの誕生日《たんじょうび》。子どもが本に親しむ日。

★★ 身《み》につく

使い方

しっかり覚《おぼ》えたとき

本を読むと、楽しいだけでなく、漢字《かんじ》を覚《おぼ》えたり文章《ぶんしょう》を書いたりする力も**身《み》につく**よ。

✕ 虫が飛《と》んできて、ぼくの**身《み》についた**。
体にくっつくことではないよ。

意味
習慣《しゅうかん》や知識《ちしき》などが自分のものになること。

4月 3日

趣味《しゅみ》の日…四・三（しゅ・み）のごろ合わせ。趣味《しゅみ》で人生を楽しもうという日。

★★★ 好《す》きこそ物《もの》の上手《じょうず》なれ

使い方

好《す》きなことをやるとき

わたしは、絵をかくのが好《す》きで、絵のコンクールで金賞《きんしょう》をもらった。**好《す》きこそ物《もの》の上手《じょうず》なれ**だね。

意味
好《す》きなことはいっしょうけんめいやるので、自然《しぜん》に上《じょう》手《ず》になるということ。

反対の言葉
・下手《へた》の横好《よこず》き↓14ページを見てね！

4月 4日

★★ 頬《ほお》が落《お》ちる

あんぱんの日…一八七五年のこの日、「木村屋《きむらや》」というパン屋《や》さんのあんぱんが、明治天皇《めいじてんのう》におくられた。

使い方

おいしいものを食べたとき

親せきの結婚式《けっこんしき》に出て、はじめてフランス料理《りょうり》を食べた。おいしくて**頬《ほお》が落《お》ちそう**だった。

✕ パン屋《や》さんに行くと、どれもおいしそうで、**頬《ほお》が落《お》ちる**よ。

食べる前には使《つか》わない、食べてからいうよ。

意味

とてもおいしいこと。「ほっぺたが落《お》ちる」ともいう。

4月 5日

★★ 頭《あたま》を丸《まる》める

ヘアカットの日…一八七二年、女の人がかみを切ることを禁止《きんし》された日。前の年に男の人がちょんまげを切ってもよくなったことで、かみを短《みじか》く切る女の人がふえてしまい、禁止《きんし》された。

使い方

ぼうず頭にするとき

いとこのお兄《にい》さんは悪《わる》いことをして、学校の先生に「**頭《あたま》を丸《まる》めて**出なおしてこい！」とおこられた。

自然《しぜん》にかみの毛がぬけて、ぼうず頭になったときには使《つか》わないので、注意《ちゅうい》しよう。

意味

かみの毛をそっておぼうさんになることだが、悪《わる》いことをして反省《はんせい》するときにも使《つか》われる。

由来

かみをそると、頭の丸い形が見えることから。

★★★

案《あん》ずるより産《う》むが易《やす》し

始業式《しぎょうしき》…小学校では四月六日ごろにおこなわれることが多い。新学年になった最初《さいしょ》の登校《とうこう》の日だ。

使い方

心配《しんぱい》したけどやってみるとき

新しいクラスで友だちができるか心配《しんぱい》していたけれど、となりの席《せき》の子に話しかけてみたら、すぐになかよくなった。**案《あん》ずるより産《う》むが易《やす》しだ。**

× 楽しみにしていた遠足で雨がふらないか心配《しんぱい》していたけれど、晴れてよかった。**案《あん》ずるより産《う》むが易《やす》し**だね。

心配《しんぱい》しただけではなく、何かをやったときに使《つか》うよ。

意味

始《はじ》める前は、いろいろと心配《しんぱい》することも、やってみると、だいじょうぶなものだということ。

由来

「産《う》む」は、赤ちゃんを産《う》むこと。お産《さん》の前は心配《しんぱい》だが、終《お》わってみると、心配《しんぱい》したほどではないということから。

関連する言葉

・**当《あ》たって砕《くだ》けろ**⬇142ページを見てね!

言葉ノート

一口メモ

チャレンジのことわざ

新学期《しんがっき》にがんばろうというときに使《つか》えることわざだよ。

●**為《な》せば成《な》る**…できそうにないことでも、強い気持《きも》ちがあればできるということ。江戸時代《えどじだい》の大名《だいみょう》の上杉治憲《うえすぎはるのり》（鷹山《ようざん》）が言った言葉《ことば》。「為《な》さねば成《な》らぬ何事《なにごと》も、成《な》らぬは人《ひと》の為《な》さぬなりけり」とつづく。

（使い方）上級生《じょうきゅうせい》とのかけっこに勝《か》つのはむずかしいけれど、為《な》せば成《な》るというから、がんばって練習《れんしゅう》しよう。

●**まかぬ種《たね》は生《は》えぬ**…種《たね》をまかなければ芽《め》が出ないように、努力《どりょく》をしなければよい結果《けっか》は出ないということ。

（使い方）転校生《てんこうせい》と友だちになりたいなら、勇気《ゆうき》を出して話しかけないとだめだ。まかぬ種《たね》は生《は》えぬだからね。

4月 7日

入学式《にゅうがくしき》…学校に入る新入生を祝《いわ》う式《しき》。

★★ 借《か》りて来《き》た猫《ねこ》

使い方

とてもおとなしいとき

入学式《にゅうがくしき》で新一年生たちはみんな、借《か》りて来《き》た猫《ねこ》のようにすわっていた。

意味

いつもとちがって、おとなしくしているようす。

由来

猫《ねこ》はよその家に行くと、とてもおとなしくなることから。

4月 8日

花祭《はなまつ》り…お釈迦様《しゃかさま》の誕生日《たんじょうび》を祝《いわ》う祭《まつ》り。

★★ 釈迦《しゃか》に説法《せっぽう》

使い方

くわしい人に教えようとしたとき

ゲーム名人の兄にゲームのコツを教えようとするなんて、**釈迦《しゃか》に説法《せっぽう》**だ。

意味

そのことを自分よりよく知っている人に教えようとするのは、考えが足りないということ。

由来

「釈迦《しゃか》」とは仏教《ぶっきょう》を開《ひら》いたお釈迦様《しゃかさま》のこと。お釈迦様《しゃかさま》に、仏教《ぶっきょう》について教えようとすることから。

4月 9日

大仏《だいぶつ》の日…七五二年、奈良《なら》の東大寺《とうだいじ》の大仏《だいぶつ》が完成《かんせい》した日。

★★★ 仏《ほとけ》の顔《かお》も三度《さんど》

使い方

悪《わる》いことをしたとき

やさしい母だけれど、何度注意《なんどちゅうい》されてもごはんの時間に帰らなかったら、すごくおこられた。**仏《ほとけ》の顔《かお》も三度《さんど》**だ。

× **仏《ほとけ》の顔《かお》も三度《さんど》**というから、悪《わる》いことは二回でやめるようにした。

三度《さんど》と決《き》まっているのでなく、くり返《かえ》してはいけないということだよ。

意味

どんなにやさしい人でも、失礼《しつれい》なことを何度《なんど》もされると、おこるということ。

由来

仏様《ほとけさま》でも、顔を三回なでられるとおこることから。

4月 10日

★★★

固唾《かたず》をのむ

身体測定《しんたいそくてい》…身長《しんちょう》、体重《たいじゅう》、視力《しりょく》などをはかり、成長《せいちょう》や健康《けんこう》をたしかめる学校行事《がっこうぎょうじ》。

使い方

心配《しんぱい》して見ているとき

子ネコが木に登《のぼ》っておりられなくなり、レスキュー隊《たい》が助《たす》けるのを、みんな**固唾《かたず》をのんで**見まもった。

✕テレビですっぱい梅干《うめぼ》しを食べている人を見たら、思わず**固唾《かたず》をのんだ。**

ただつばをのむことではないよ。

意味

どうなることかと気になって、じっと見つめていること。静《しず》かに止まってしまっていること。

由来

「固唾《かたず》」とは、気持《きも》ちがはりつめたときに口の中にたまるつばのこと。心配《しんぱい》してじっと見ているときに、このつばをのみこむことから。

にた言葉

- **息《いき》を殺《ころ》す**↓77ページを見てね！
- **声《こえ》をのむ**
- **肩《かた》の荷《に》が下《お》りる**↓161ページを見てね！

反対の言葉

- **胸《むね》をなで下《お》ろす**↓44ページを見てね！

言葉ノート

一口メモ 「のむ」の慣用句

- **涙《なみだ》をのむ**…くやしいことや悲《かな》しいことを、ぐっとこらえること。
- **棒《ぼう》をのんだよう**…体をまっすぐにしたまま、じっと立っていること。おどろいたときなどに使《つか》う。
- **息《いき》をのむ**…120ページを見てね！

一口メモ 身体検査の日

「身体検査《しんたいけんさ》の日」という記念日《きねんび》がある。これは、1888年に、文部省《もんぶしょう》（今の文部科学省《もんぶかがくしょう》）が、すべての学校に、児童《じどう》・生徒《せいと》の身体検査《しんたいけんさ》（「活力検査《かつりょくけんさ》」とよんでいた）を4月におこなうように命令《めいれい》を出した日だ。12月28日が、その日だよ。

4月
11日

ガッツポーズの日…ボクシングのガッツ石松《いしまつ》選手《せんしゅ》が、世界《せかい》チャンピオンに勝《か》ち、「ガッツポーズ」をとった日。

★★ 勝《か》って兜《かぶと》の緒《お》を締《し》めよ

使い方

勝《か》って気持《きも》ちがゆるみそうなとき

サッカーの試合《しあい》で一回戦《かいせん》は勝《か》ちぬいたけれど、**勝《か》って兜《かぶと》の緒《お》を締《し》めよ**だから、すぐ次《つぎ》の試合《しあい》にそなえて練習《れんしゅう》だ。

意味

成功《せいこう》したり勝《か》ったりしても、油断《ゆだん》しないで、気を引きしめろということ。

由来

戦《いくさ》に勝《か》って安心《あんしん》して兜《かぶと》をぬいだとき、敵《てき》がおそってくるかもしれないので、勝《か》っても、身《み》を守《まも》る兜《かぶと》をきちんとかぶろうということから。

4月
12日

パンの記念日《きねんび》…一八四二年、日本ではじめてパンが作られた日。

★★ 朝飯前《あさめしまえ》

使い方

かんたんにできるとき

ぼくは算数が得意《とくい》なので、弟の宿題《しゅくだい》を手伝《てつだ》ってあげた。これくらいの計算問題《もんだい》は**朝飯前《あさめしまえ》**だよ。

? ぼくはいつも**朝飯前《あさめしまえ》**にトイレに行く。

朝ごはんの前にするというのは、慣用句《かんようく》の使《つか》い方《かた》ではない。

意味

とてもかんたんなこと。

由来

朝食をとる前は、あまり時間がないので、かんたんなことしかできないことから。

4月 13日

決闘《けっとう》の日…ドラマや映画《えいが》で有名《ゆうめい》な「巌流島《がんりゅうじま》の決闘《けっとう》」という、宮《みや》本武蔵《もとむさし》と佐々木小次郎《ささきこじろう》が戦《たたか》ったといわれる日。

★★★ しのぎを削《けず》る

使い方

どっちが勝《か》つかわからないとき

運動会《うんどうかい》のリレーで、三組と四組が、**しのぎを削《けず》る**大接戦《だいせっせん》になった。

✕ 明日《あす》はテストなので、ぼくは**しのぎを削《けず》って**勉強《べんきょう》をした。

自分ががんばることではなく、人と争《あらそ》うときに使《つか》うよ。

意味 はげしく争《あらそ》うこと。

由来 「しのぎ」は刀の刃《は》と背《せ》の間の高くなっている部分《ぶぶん》。しのぎが削《けず》れるほど、はげしく刀を打ち合《あ》うことから。

4月 14日

いすの日…四・一・四（よい・い・す）のごろ合わせ。新しい生活にあわせて、すわりやすいいすをプレゼントする日。

★ 腰《こし》を上《あ》げる

使い方

行動《こうどう》をおこすとき

友だちとおしゃべりをしていた母は、ようやく**重《おも》い腰《こし》を上《あ》げて**、夕食の買《か》い物《もの》に出かけた。

やっとという意味《いみ》をこめて、「重《おも》い腰《こし》を上《あ》げる」という形で使《つか》うことが多いよ。

意味 新しいことを始《はじ》めること。取《と》りかかること。何かをするために、すわっていた人が立ち上がることから。

にた言葉 ・神輿《みこし》を上《あ》げる

4月 15日

ヘリコプターの日…ヘリコプターのしくみを考えた、科学者《かがくしゃ》で芸術家《げいじゅつか》のレオナルド・ダ・ビンチの誕生日《たんじょうび》。

★ 天《てん》にも昇《のぼ》る心地《ここち》

使い方

うれしいとき

あこがれていた野球選手《やきゅうせんしゅ》にサインをしてもらって、**天《てん》にも昇《のぼ》る心地《ここち》だ。**

意味

天まで昇《のぼ》ってしまいそうなぐらい、とてもうれしい気持《きも》ち。

あこがれのヘリコプター

4月 16日

女子マラソンの日…日本ではじめて、女子のフルマラソン（四二・一九五キロメートルを走るマラソン）がおこなわれた日。

★★ あごを出《だ》す

使い方

とてもつかれたとき

今年《ことし》のマラソン大会は、ゴールの近くで**あごを出《だ》してしまった。**

意味

足が動《うご》かなくなり、足が出ないであごだけが前に出るほど、ひどくつかれたようす。

4月 17日

恐竜《きょうりゅう》の日…世界《せかい》ではじめて恐竜《きょうりゅう》の卵《たまご》の化石《かせき》を見つけたアメリカの動物学者《どうぶつがくしゃ》が、さばくに向《む》かって出発《しゅっぱつ》した日。

★★★ 骨《ほね》が折《お》れる

こんなに大きな骨をほるのは骨が折れるだろうな

使い方

苦労《くろう》するとき

ぼくは新聞係《しんぶんがかり》だ。今回の新聞づくりは、クラスの全員《ぜんいん》に話を聞いたので、まとめるのに**骨《ほね》が折《お》れたよ。**

？ 学校の階段《かいだん》で転《ころ》んでしまい、**骨《ほね》が折《お》れた。**本当に骨《ほね》を折《お》るというのは、慣用句《かんようく》の使《つか》い方《かた》ではないよ。

意味

とても手間がかかること。たいへんなこと。

由来

骨折《こっせつ》してしまいそうなほど、たいへんなことから。

4月
18日

発明《はつめい》の日…今の特許法《とっきょほう》のもとになる条例《じょうれい》ができた日。特許《とっきょ》というのは、発明《はつめい》した人だけがそれを使《つか》うことができること。

★★ 必要《ひつよう》は発明《はつめい》の母《はは》

使い方

あればいいと思って考えたとき

必要《ひつよう》は発明《はつめい》の母《はは》というが、うちの母は、家事《かじ》に役立《やくだ》つ発《はつ》明《めい》をして、お金をもうけた。

「発明《はつめい》は必要《ひつよう》の母《はは》」と言いまちがえないように気をつけよう。

意味

必要《ひつよう》があるからこそ、発明《はつめい》やよい考えが生まれるということ。

にた言葉

・**窮《きゅう》すれば通《つう》ず**／こまってどうにもならなくなると、かえって手だてが見つかるものだということ。

4月
19日

地図の日…二百年ほど前に、全国《ぜんこく》を歩いて、はじめて正しい日本地図をつくった伊能忠敬《いのうただたか》が、北海道《ほっかいどう》の測量《そくりょう》に出発《しゅっぱつ》した日。

★★★ 千《せん》里《り》の道《みち》も一歩《いっぽ》から

使い方

大きな目標《もくひょう》に向《む》かうとき

わたしは、アイドルになりたいと思っているけれど、**千《せん》里《り》の道《みち》も一歩《いっぽ》から**。まず、歌の練習《れんしゅう》をしています。

意味

どんなに大きな仕事《しごと》も、小さなことから始《はじ》めなければいけないということ。

由来

千里とは約《やく》四千キロメートル。千里の遠い旅《たび》も、足をまず一歩ふみださなければ始《はじ》まらないことから。

4月 20日

郵政記念日《ゆうせいきねんび》…一八七一年に、郵便《ゆうびん》の制度《せいど》がはじめてできた日。それまでは、飛脚《ひきゃく》という配達人《はいたつにん》が手紙を運《はこ》んでいた。

★ 風《かぜ》の便《たよ》り

使い方

うわさを聞いたとき

風《かぜ》の便《たよ》りに聞いたけれど、転校《てんこう》した友だちが、リトルリーグでエースをやっているらしい。

✕ なかよしのエリちゃんから**風《かぜ》の便《たよ》り**に聞いたけれど、新しい先生がくるんだって。

聞いた人がはっきりわかっているときには、使《つか》わないよ。

意味

風が運《はこ》んでくるように、どこからともなく伝《つた》わってきたうわさのこと。

4月 21日

一年生をむかえる会…新一年生をむかえて、二年生から六年生が、いろいろな出《だ》し物《もの》をする学校行事《がっこうぎょうじ》。

★★★ 手《て》を焼《や》く

使い方

こまるとき

ぼくは、三つ下の妹に**手《て》を焼《や》いて**いる。母がそばにいないと、すぐに泣《な》いてしまうからだ。

意味

うまくあつかえなくて、どうすればよいかこまること。

にた言葉

・**手《て》に余《あま》る**⬇191ページを見てね！
・**手《て》に負《お》えない**

まだまだあるよ

手のことわざ・慣用句

「手」を使《つか》ったことわざ・慣用句《かんようく》はたくさんある。ここでは一部《いちぶ》を紹介《しょうかい》するよ。

★★

手《て》に取《と》るよう

使い方　小松《こまつ》くんは話が上手《じょうず》で、昨日《きのう》のできごとを、**手《て》に取《と》るよう**に話してくれた。

意味　手でさわってたしかめているかのように、はっきりとわかること。

★★

手《て》を打《う》つ

使い方　代表者《だいひょうしゃ》どうしの話し合いで、対立《たいりつ》していた男子と女子は**手《て》を打《う》った**。

意味　話し合いなどで意見《いけん》が合うこと。仲直《なかなお》りすること。「手打《てう》ち」ともいう。また、先のことを考えて、必要《ひつよう》なことをしておくという意味《いみ》もある。

★★★

手《て》を切《き》る

使い方　四年生に進級《しんきゅう》したのをきっかけに、いじめっ子のグループとは**手《て》を切《き》ろう**と思う。

意味　今までつきあってきた人との関係《かんけい》をたつこと。縁《えん》を切ること。

★

手《て》が空《あ》く

意味　仕事《しごと》がかたづいて、時間ができること。

★★

手《て》のひらを返《かえ》す

意味　相手《あいて》に対《たい》する態度《たいど》を、急《きゅう》に変《か》えること。「手《て》の裏《うら》を返《かえ》す」ともいう。

★

手《て》がつけられない

使い方　妹がおこりだすと、あばれて**手《て》がつけられない**。

意味　どうしようもなく、とるべき方法《ほうほう》がないこと。

にた言葉

・**箸《はし》にも棒《ぼう》にもかからない**

↓128ページを見てね！

4月22日

★★★

猫《ねこ》をかぶる

授業参観《じゅぎょうさんかん》…おうちの人が子どもの授業《じゅぎょう》のようすを見にくる日。

使い方

いつもよりおとなしいとき

今日《きょう》は授業参観《じゅぎょうさんかん》だから、いつも授業中《じゅぎょうちゅう》にさわいでいる原《はら》田《だ》くんが、**猫《ねこ》をかぶって**静《しず》かにしている。

✕ 酒井《さかい》さんは、いつも**猫《ねこ》をかぶって**いて、おだやかな性格《せいかく》だ。

よい意味《いみ》では使《つか》わないよ。

意味

おとなしい猫《ねこ》のように、本当の自分をかくして、おとなしくしていること。

4月23日

★★

論《ろん》語《ご》読《よ》みの論《ろん》語《ご》知《し》らず

子ども読書の日…子どもの読書を広める日。「世界《せかい》本の日」でもあり、「こども読書週間」の始《はじ》まる日。

使い方

わかっていてもできないとき

佐藤《さとう》くんはサッカーの本をたくさん読んでいて、技《わざ》にもくわしいけれど、サッカーは下手《へた》だ。**論《ろん》語《ご》読《よ》みの論《ろん》語《ご》知《し》らず**だ。

意味

本に書いてあることを頭ではわかっていても、それをいかせないこと。

由来

論語《ろんご》とは昔《むかし》の中国《ちゅうごく》の学者《がくしゃ》、孔子《こうし》の教えが書かれている書物《しょもつ》。論語《ろんご》を読んでも教えを実行《じっこう》できないことから。

4月 24日

植物学《しょくぶつがく》の日《ひ》…「植物学《しょくぶつがく》の父《ちち》」といわれる植物学者《しょくぶつがくしゃ》、牧野富太郎《まきのとみたろう》の誕生日《たんじょうび》。

★★ 根《ね》も葉《は》もない

使い方

でたらめのとき

ぼくが根本《ねもと》さんを好《す》きだなんて、**根《ね》も葉《は》もない**うわさだ。

意味

まったく理由《りゆう》がないこと。

由来

根《ね》も葉《は》もなければ、植物《しょくぶつ》は育《そだ》たないことから。

4月 25日

歩道橋《ほどうきょう》の日…一九六三年、大阪駅《おおさかえき》（大阪府《おおさかふ》）の前に、日本ではじめての歩道橋《ほどうきょう》ができた日。

★★ 渡《わた》る世間《せけん》に鬼《おに》はない

使い方

助《たす》けられたとき

まいごになったとき、まわりの人がいっしょにお母《かあ》さんをさがしてくれた。**渡《わた》る世間《せけん》に鬼《おに》はない**と思った。

意味

世《よ》の中《なか》には、冷《つめ》たい人ばかりでなく、こまったときに助《たす》けてくれるやさしい人もいるということ。

4月 26日

よいふろの日…四・二・六（よい・ふ・ろ）のごろ合わせ。おふろに入って、家族《かぞく》のふれあいをしようという日。

★★ 泡《あわ》を食《く》う

使い方

びっくりしたとき

ぼくが小さいとき、おふろの中でねてしまい、おぼれそうになって、母はとても**泡《あわ》を食《く》った**そうだ。

意味

とてもおどろいて、あわてるようす。

由来

「泡《あわ》」は「あわてる」の「あわ」を漢字《かんじ》にあてはめたもの。「あわてるような目にあう」ということから。

にた言葉

- **目《め》を白黒《しろくろ》させる**⬇176ページを見てね！
- **面食《めんく》らう**

4月 27日

★★★

足《あし》が棒《ぼう》になる

駅伝誕生《えきでんたんじょう》の日…駅伝《えきでん》とは、長いきょりを数人のリレーで走る競《きょう》走《そう》。一九一七年に、はじめての駅伝《えきでん》がおこなわれた日。

足立選手
足が棒に
なっているよう
です

使い方

足がつかれたとき

遠足で登山《とざん》をしたら、頂上《ちょうじょう》に着《つ》いたときには、**足《あし》が棒《ぼう》になっていた。**

✕ おばけやしきで、ぼくはこわくて**足《あし》が棒《ぼう》になってし**まった。

こわくて足が動《うご》かないという意味《いみ》ではないよ。

意味

長い時間立っていたり、歩いたりして、足がとてもつかれて棒《ぼう》のようにかたくなること。

4月 28日

★★★

鼻《はな》であしらう

象《ぞう》の日…三百年ほど前に、ベトナムから、ゾウがはじめて日本に連《つ》れてこられて、天皇《てんのう》と会った日。

ぷいっ

使い方

人に冷《つめ》たくされたとき

学校一の美人《びじん》に「つき合ってください」と言ったら、**鼻《はな》であしらわれた。**ショックだった。

✕ 男子が言ったギャグがつまらなかったので、わたしは**鼻《はな》であしらった。**

この場合は「鼻《はな》で笑《わら》う（→130ページを見てね）」というよ。

意味

まともに取《と》り合《あ》わないで、相手《あいて》を冷《つめ》たくあつかうこと。「鼻先《はなさき》であしらう」ともいう。

4月29日

昭和《しょうわ》の日…昭和天皇《しょうわてんのう》の誕生日《たんじょうび》。国民《こくみん》の祝日《しゅくじつ》。この日から、ゴールデンウィークが始《はじ》まる。

★★ 心《こころ》が躍《おど》る

使い方

ウキウキするとき

ゴールデンウィークには海外旅行《かいがいりょこう》に行くよ。カレンダーを見るたびに、**心《こころ》が躍《おど》る**なあ。

× 苦手《にがて》なかけっこで、スタートラインに立ったぼくは、**心《こころ》が躍《おど》った。**

胸《むね》がどきどきすることではないよ。

意味 楽しみでわくわくすること。

にた言葉 ・**心《こころ》が弾《はず》む** ・**胸《むね》が弾《はず》む**

4月30日

図書館記念日《としょかんきねんび》…一九五〇年のこの日、図書館法《としょかんほう》という法律《ほうりつ》がつくられ、今のような図書館《としょかん》の決《き》まりができた。

★★★ 棚《たな》に上《あ》げる

使い方

自分のことは考えていないとき

佐藤《さとう》くんは算数のテストが三十点だったことを**棚《たな》に上《あ》げて**、二十五点のぼくを笑《わら》った。

? わたしの母は、父にもらった大事《だいじ》なお皿《さら》のセットを、**棚《たな》に上《あ》げている。**

大切にしまうというのは、慣用句《かんようく》の使《つか》い方《かた》ではないよ。

意味 自分の悪《わる》いところは知らないふりをすること。

由来 棚《たな》の上にしまって見えなくすることから。

5月5月

5月1日

★★

稼《かせ》ぐに追《お》いつく貧《びん》乏《ぼう》なし

メーデー…世界中《せかいじゅう》で労働者《ろうどうしゃ》を祝《いわ》う日。日本でもこの日が休みになる会社がある。

使い方

がんばって働《はたら》いている人を見たとき

お父《とう》さんは、**稼《かせ》ぐに追《お》いつく貧《びん》乏《ぼう》なし**と言っていつもおそくまで働《はたら》いているけれど、体に気をつけてね。

意味

いっしょうけんめい働《はたら》いていれば、貧《びん》乏《ぼう》になることはないということ。

関連する言葉

・**貧《びん》乏《ぼう》暇《ひま》なし**
貧《びん》乏《ぼう》な人は一日中働《はたら》かなければならないので、ゆっくりする時間がないということ。

5月2日

★★

お茶《ちゃ》を濁《にご》す

八十八夜《はちじゅうはちや》…立春《りっしゅん》から数えて八十八日目のこと。このころに、お茶の葉《は》をつむ「茶つみ」がおこなわれる。

使い方

ごまかすとき

母に「今日《きょう》のテストはどうだった?」と聞かれ、できなかったけれど、「まあまあ」と言って**お茶《ちゃ》を濁《にご》した。**

意味

いいかげんなことを言ったりしたりして、その場を取《と》りつくろうこと。

由来

茶道《さどう》のことをよく知らない人が、てきとうにお茶を濁《にご》らせて、まっ茶に見えるようにすることから。

5月
3日

憲法記念日《けんぽうきねんび》…一九四七年、今の日本国憲法《にほんこくけんぽう》が決《き》まって使《つか》われ始《はじ》めた日。国民《こくみん》の祝日《しゅくじつ》。

★和《わ》をもって貴《とうと》しとなす

憲法は
みんながなかよく
くらすための
きまりなんじゃ…
なるほど〜
おお〜〜

使い方

なかよくするとき

ドッジボール大会の練習《れんしゅう》は、苦手《にがて》な子のことも考えながら、みんなで協力《きょうりょく》しよう。**和《わ》をもって貴《とうと》しとなす**だよ。

意味

みんなが相手《あいて》のことをよく考えて、なかよくするのが大事《だいじ》だということ。

由来

六〇四年、聖徳太子《しょうとくたいし》という人がつくった、十七条憲法《じゅうしちじょうけんぽう》という決まりの中に出てくる言葉《ことば》。

5月
4日

みどりの日…自然《しぜん》に親しむとともに、自然《しぜん》のめぐみをありがたいと思い、豊《ゆた》かな心を育《そだ》てる日。国民《こくみん》の祝日《しゅくじつ》。

★目《め》には青葉《あおば》 山時鳥《やまほととぎす》 初鰹《はつがつお》

使い方

初夏《しょか》の美《うつく》しい緑《みどり》の木々《きぎ》を見たとき

目《め》には青葉《あおば》 山時鳥《やまほととぎす》 初鰹《はつがつお》というように、この季節《きせつ》の山の景色《けしき》は美《うつく》しいなあ。

意味

春から夏にかけてのさわやかさを表《あらわ》す。美《うつく》しい青葉《あおば》を見て、山でホトトギスの声を聞き、おいしい初鰹《はつがつお》を食べる。初鰹《はつがつお》とは、魚のカツオのこの時期《じき》のよび方。

由来

三百年ほど前に、山口素堂《やまぐちそどう》という人がよんだ俳句《はいく》。

こどもの日…昔《むかし》は、男の子の成長《せいちょう》をねがう、「端午《たんご》の節句《せっく》」という行事《ぎょうじ》の日だった。こいのぼりや五月人形をかざって、お祝《いわ》いする。国民《こくみん》の祝日《しゅくじつ》。

★鯉《こい》の滝《たき》登《のぼ》り

使い方

出世《しゅっせ》するとき

父がこどもの日にこいのぼりをかざって、ぼくに「**鯉《こい》の滝《たき》登《のぼ》り**のように出世《しゅっせ》するんだぞ」と言った。

✕ 登山家《とざんか》の人は、ロープを使《つか》って、**鯉《こい》の滝《たき》登《のぼ》り**のように、岩を登《のぼ》っていった。

高いところに登《のぼ》っていくことではないよ。

意味

出世《しゅっせ》して世《よ》の中《なか》にみとめられること。

由来

中国《ちゅうごく》の言《い》い伝《つた》えで、流《なが》れが急《きゅう》な川の竜門《りゅうもん》という滝《たき》を登《のぼ》った鯉《こい》は、竜《りゅう》になって天に昇《のぼ》るということから。通ることはむずかしいが、ぬければ成功《せいこう》できる関門《かんもん》とされる、「登竜《とうりゅう》門《もん》」という言葉《ことば》にもなっている。

関連する言葉

- **及《およ》ばぬ鯉《こい》の滝《たき》登《のぼ》り**／どんなにがんばってもできる見こみのないこと。
- **青雲《せいうん》の志《こころざし》**／出世《しゅっせ》して高い地位《ちい》にのぼろうとする大きな志《こころざし》のこと。
- **まな板《いた》の鯉《こい》**⬇209ページを見てね！

言葉ノート

一口メモ

「こどもの日」のさまざまな由来

●**こいのぼり**…昔《むかし》、武士《ぶし》の家では男の子が生まれると、家の前にのぼりを立てた。やがて、ふつうの家でも縁起《えんぎ》がよい鯉《こい》ののぼりをあげるようになった。

●**よろいかぶと**…昔《むかし》の武士《ぶし》は、わざわいをふせぐために、家に、身《み》を守《まも》るよろいやかぶとをかざっていた。これが武士《ぶし》ではない人の間にも広まり、男の子の成長《せいちょう》をねがい、よろい・かぶとの作《つく》り物《もの》をかざるようになった。

●**菖蒲湯《しょうぶゆ》**…菖蒲《しょうぶ》という草を入れたおふろに入ると、元気にすごせるといわれている。また、菖蒲《しょうぶ》は、勝負《しょうぶ》や尚武《しょうぶ》（武道《ぶどう》を大切にすること）と読み方が同じなので、強い男の子のお祝《いわ》いとむすびついたんだよ。

5月6日

ゴムの日…五・六（ご・む）のごろ合わせ。ゴム製品《せいひん》を広める日。

★ 背筋《せすじ》が伸《の》びる

使い方

緊張《きんちょう》したとき

サッカーチームに入った。今日《きょう》がはじめての練習《れんしゅう》なので、**背筋《せすじ》が伸《の》びる**思いだ。

？ 身体検査《しんたいけんさ》で身長《しんちょう》をはかるときは、高く見せたくて、つい**背筋《せすじ》を伸《の》ばして**しまう。

ただ、背中《せなか》を伸《の》ばすということだと、慣用句《かんようく》の使《つか》い方《かた》では正しくないよ。

意味

しせいを正して、まじめにやろうと思うこと。

5月7日

博士《はかせ》の日…一八八八年のこの日、二十五人の学者《がくしゃ》が、日本ではじめて博士《はかせ》となった。

★★ 推敲《すいこう》

使い方

作文を書くとき

作文を書くときは、よく**推敲《すいこう》**してから、出そう。

✕ ぼくの作文を、先生が**推敲《すいこう》**して返《かえ》してくれた。

推敲《すいこう》をするのは自分だよ。

意味

書いた文章《ぶんしょう》や詩《し》を、もっとよくなるように、何度《なんど》も書き直すこと。

由来

中国《ちゅうごく》の詩人《しじん》が、「僧《そう》は推《お》す月下《げっか》の門《もん》」という詩《し》を考えたとき、「推《お》す」を「敲《たた》く」にしたほうがよいか、とてもなやんだという、中国《ちゅうごく》の古い話から。

春の遠足…もとは遠くまで歩いていくことを遠足といった。学校の遠足がはじめておこなわれたのは、百年くらい前だよ。

★★ 道草《みちくさ》を食《く》う

使い方

しなくてもよいことをするとき

学校の帰りに**道草《みちくさ》を食《く》って**、公園で遊《あそ》んで帰った。

✕ 学校へ行くとき、**道草《みちくさ》を食《く》って**、えりちゃんをさそいに行った。

必要《ひつよう》なことをするときは、道草といわないよ。

意味

目的地《もくてきち》に行くとちゅうで、ほかのことをしたり、より道をしたりすること。

由来

馬が道に生《は》えている草を食べながら歩いて、なかなか進《すす》まないことから。

まだまだあるよ 食う のことわざ・慣用句

★人《ひと》を食《く》う

使い方 きみのその、**人《ひと》を食《く》った**ような態度《たいど》は、やめたほうがいいよ。

意味 相手《あいて》をばかにすること。ずうずうしい態度《たいど》をとること。

★肩《かた》すかしを食《く》う

使い方 遠足で動物園《どうぶつえん》に行くので、パンダを見るのをとても楽しみにしていたら、雨で遠足が中止になった。**肩《かた》すかしを食《く》った**ようだ。

意味 一気にやろうとしたのに、相手《あいて》にかわされて、気がそがれること。

由来 すもうの決《き》まり手《て》の一つである「肩《かた》すかし」からきた言葉《ことば》。肩すかしは、いきおいよく前に出てきた相手《あいて》をよけながら、肩《かた》に手をかけてたおす技《わざ》。

★割《わり》を食《く》う

使い方 わがままな妹にふりまわされて、ぼくはいつも**割《わり》を食《く》って**いる。

意味 損《そん》をすること。「割《わり》に合《あ》わない」などともいう。

5月 9日

黒板《こくばん》の日…五・九（こ・く）ばんのごろ合わせと、明治時代《めいじじだい》に日本にはじめて黒板《こくばん》が入ってきたのがこの時期《じき》だったことから。

★★★

板《いた》につく

使い方

ぴったり合うようになってきたとき

学級委員《がっきゅういいん》になった鈴木《すずき》くんは、すっかり学級会《がっきゅうかい》の司会《しかい》ぶりが**板《いた》についている**。

意味

経験《けいけん》をつんで、仕事《しごと》や服装《ふくそう》、動作《どうさ》などが、その人によく合っていること。自分より年上の人などに言うのは失礼《しつれい》なので、やめよう。

由来

「板《いた》」は板《いた》ばりの舞台《ぶたい》のこと。経験《けいけん》をつんだ役者《やくしゃ》の芸《げい》は、舞台《ぶたい》とよく調和《ちょうわ》していることから。

5月 10日

バードウィーク始《はじ》まる…愛鳥《あいちょう》週間ともいう。五月十日～十六日の一週間。野鳥を守《まも》る週間。

★★

息《いき》を殺《ころ》す

使い方

とても静《しず》かにするとき

友だちとかくれんぼをしたとき、オニが近くにきたので、ぼくは見つからないように**息《いき》を殺《ころ》して**いた。

✕かっていた鳥が、**息《いき》を殺《ころ》して**死《し》んでしまった。

息《いき》をしないことではないよ。

意味

息《いき》を止めるようにして、音を立てないようにすること。

にた言葉

・**息《いき》をつめる**
・**息《いき》を潜《ひそ》める**

鵜飼開き《うかいびらき》…この日から十月十五日までおこなわれる、岐阜県《ぎふけん》の長良川《ながらがわ》の行事《ぎょうじ》。鵜という鳥が川にもぐってアユをとる。

★鵜《う》の目《め》鷹《たか》の目《め》

意味

鳥の鵜《う》や鷹《たか》がえものをさがすように、とてもしんけんに何かをさがすこと。または、その目つきのこと。

使い方

見のがさないとき

新しい家に引《ひ》っこす前に、母は**鵜《う》の目《め》鷹《たか》の目《め》**で家の中をチェックした。

✕ ぼくは父に買ってもらったむずかしい本を、**鵜《う》の目《め》鷹《たか》の目**で読んだ。

いっしょうけんめい見るという意味《いみ》ではないよ。

まだまだあるよ 鳥のことわざ・慣用句

★閑古《かんこ》鳥《どり》が鳴《な》く

使い方 学校の前に昔《むかし》からあるおかし屋《や》さんは、となりにコンビニができてから、**閑古《かんこ》鳥《どり》が鳴《な》いて**いる。

意味 人がいなくてさびしいこと。とくに、あまり客《きゃく》のこないお店などで使《つか》われることが多い。

由来 「閑古鳥《かんこどり》」とはカッコウのこと。人のいない山でカッコウの鳴き声がさびしくひびくようすから。

★飛《と》ぶ鳥《とり》を落《お》とす勢《いきお》い

使い方 あの人気お笑《わら》いタレントは、テレビで見ない日はないほど、**飛《と》ぶ鳥《とり》を落《お》とす勢《いきお》い**だ。

意味 とても勢《いきお》いがあること。絶好調《ぜっこうちょう》なこと。空を飛《と》ぶ鳥さえも地面《じめん》に落《お》ちてしまうほど、勢《いきお》いがすごいことから。

★烏合《うごう》の衆《しゅう》

使い方 ぼくたちはチームワークで勝負《しょうぶ》だ。あんな**烏合《うごう》の衆《しゅう》**に負《ま》けるものか。

意味 烏《からす》の集まりのように、数が多くても、まとまりがなくたいしたことができない集団《しゅうだん》。

5月
12日

看護《かんご》の日：昔《むかし》のイギリスの看護師《かんごし》で、今のような看護《かんご》の方法《ほうほう》のもとをつくった、ナイチンゲールの誕生日《たんじょうび》。

★★★ 良薬《りょうやく》は口《くち》に苦《にが》し

使い方

きびしく注意《ちゅうい》をされたとき

先生の言うことはきついけれど、ぼくのためを思って言ってくれたんだ。**良薬《りょうやく》は口《くち》に苦《にが》し**だなあ。

✕ **良薬《りょうやく》は口に苦《にが》し**というので、友だちがいやがることを言ってもいいよね。

悪口《わるぐち》ではなく、相手《あいて》のためになることを言うんだよ。

意味

よくきく薬《くすり》は苦《にが》いように、役《やく》に立《た》つような忠告《ちゅうこく》は、聞くのがつらいものだということ。

5月
13日

家庭訪問《かていほうもん》：先生が家庭《かてい》をたずねて、家の人と話す学校行事《がっこうぎょうじ》。家の場所《ばしょ》を覚《おぼ》えたり、家庭《かてい》のようすを見たりするのが目的《もくてき》。

★★ 大目玉《おおめだま》を食《く》う

使い方

しかられたとき

友だちと遊《あそ》んでいたら、ピアノのおけいこにおくれてしまい、わたしは母に**大目玉《おおめだま》を食《く》った**。

✕ 先生が、国語の授業《じゅぎょう》なのに算数の教科書を持《も》ってきて、生徒《せいと》から**大目玉《おおめだま》を食《く》った**。

目上の人に対《たい》しては使《つか》わないよ。

意味

ひどくしかられること。大きく目を見開《みひら》いてしかることから。

5月
14日

母の日…五月の第二《だいに》日曜日。母へありがとうの気持《きも》ちを表《あらわ》す日。母にカーネーションの花をおくる。

★

立《た》てば芍薬《しゃくやく》 座《すわ》れば牡丹《ぼたん》 歩《ある》く姿《すがた》は百合《ゆり》の花《はな》

使い方

美《うつく》しい女性《じょせい》を見たとき

あの女優《じょゆう》さんはとてもきれい。**立《た》てば芍薬《しゃくやく》 座《すわ》れば牡丹《ぼたん》 歩《ある》く姿《すがた》は百合《ゆり》の花《はな》**、そのものだ。

意味

美《うつく》しい女性《じょせい》のすがたやしぐさを、花にたとえて言った言葉《ことば》。

由来

芍薬《しゃくやく》は長いくきの先に、牡丹《ぼたん》は横《よこ》にのびた枝《えだ》に美《うつく》しい花がさき、百合《ゆり》は風にゆれ動《うご》くのが美《うつく》しいことから。

5月

5月
15日

国際家族《こくさいかぞく》デー…国連《こくれん》が決《き》めた、家族《かぞく》の問題《もんだい》について考える日。

★★★

鳶《とび》が鷹《たか》を生《う》む

使い方

子どもがすぐれているとき

となりのお兄《にい》さんがオリンピック選手《せんしゅ》になった。でも、となりのおじさんは何もスポーツをしていなくて、近所《きんじょ》の人に**鳶《とび》が鷹《たか》を生《う》んだ**と言われているよ。

意味

ふつうの親から、とてもすぐれた子どもが生まれること。鳥の鳶《とび》と鷹《たか》はにているが、鳶《とび》より鷹《たか》がすぐれていると思われていた。鳶《とび》は「トンビ」ともいう。

反対の言葉

- **瓜《うり》の蔓《つる》に茄子《なすび》はならぬ**
- **蛙《かえる》の子《こ》は蛙《かえる》**

⬇94ページを見てね!

まだまだあるよ

親のことわざ・慣用句

189ページには「子ども」のことわざ・慣用句《かんようく》があるよ。

★★★

親《おや》の心《こころ》子《こ》知《し》らず

使い方

ぼくが入院《にゅういん》したとき、どんなにお母《かあ》さんがぼくのことを大事《だいじ》に思っているのかがわかった。**親《おや》の心《こころ》子《こ》知《し》らず**だったなあ。

意味

親が子どものことをとても大切に思って育《そだ》てていても、子どもはそれに気づかずにわがままにふるまうこと。

★★

孝行《こうこう》のしたい時分《じぶん》に親《おや》はなし

意味

親のありがたさがわかって親孝行《おやこうこう》をしたいと思うような年齢《ねんれい》になったときには、親はなくなっていて、後悔《こうかい》する。親孝行《おやこうこう》は親が生きているうちにしておいたほうがよいということ。

★

はえば立《た》て立《た》てば歩《あゆ》めの親《おや》心《ごころ》

意味

赤ちゃんがはいはいするようになれば早く立ってほしいと思い、立ったら早く歩いてほしいと思う。親が子どもの成長《せいちょう》をねがう気持《きも》ち。

★

親《おや》の七光《ななひか》り

使い方

あのタレントがテレビで注目《ちゅうもく》されたのは**親《おや》の七光《ななひか》り**だったから、すぐに人気がなくなった。

意味

親が有名《ゆうめい》だったりえらかったりすることで、子どもがそれを利《り》用《よう》して、得《とく》をしたりえらくなったりすること。自分の実力《じつりょく》でないときに使《つか》われる。「親《おや》の光《ひかり》は七光《ななひか》り」ともいう。

★

子《こ》どもの喧嘩《けんか》に親《おや》が出《で》る

使い方

みんなで話し合って解決《かいけつ》できる問題《もんだい》なのに、先生が口出しするなんて、**子《こ》どもの喧嘩《けんか》に親《おや》が出《で》る**ようなものだ。

意味

当事者《とうじしゃ》でないのに、つまらないことに口出しして、よけいなことをすること。

由来

たいしたことのない子どもどうしのけんかに、親がかかわって、よけいにこじらせてしまうことから。

5月

16日

旅《たび》の日…昔《むかし》、松尾芭蕉《まつおばしょう》という俳人《はいじん》（俳句《はいく》をよむ人）が、『奥《おく》の細道《ほそみち》』という旅行記《りょこうき》を書く旅《たび》に出かけた日。

★★

旅《たび》は道《みち》連《づ》れ世《よ》は情《なさ》け

いろいろあったけど
よい旅でしたね
五月雨を集めて
早し最上川
ばしょう
おかげで
よい句が できたよ

使い方

なかよくするとき

同じクラスになったのだから、みんなで助《たす》け合《あ》ってなかよくしましょう。**旅《たび》は道《みち》連《づ》れ世《よ》は情《なさ》け**というでしょう。

意味

旅《たび》をするときはだれかといっしょだとおたがいに助《たす》け合《あ》えるように、世《よ》の中《なか》をわたるのも、おたがいに思いやりをもって助《たす》け合《あ》うことが大事《だいじ》だということ。

由来

昔《むかし》は旅《たび》をするのがたいへんだったので、いっしょに旅《たび》をしてくれる人がいると心強かったことから。

5月

17日

生命《せいめい》・きずなの日…草木の芽《め》（生命《せいめい》）が出る五月と、十・七（ド・ナー）のごろ合わせ。ドナーとは、病気《びょうき》の人のために、肺《はい》や腎臓《じんぞう》などの臓器《ぞうき》を提供《ていきょう》する人のこと。生命《せいめい》について考える日。

★★

袖《そで》振《ふ》り合《あ》うも多《た》生《しょう》の縁《えん》

使い方

だれかとかかわったとき

電車でとなりの席《せき》の赤ちゃんが泣《な》いていたので、持《も》っていたおもちゃをあげた。**袖《そで》振《ふ》り合《あ》うも多《た》生《しょう》の縁《えん》**だね。

意味

ちょっとした出会いも、大切にしなければいけないということ。

由来

「多《た》生《しょう》の縁《えん》」というのは、前世《ぜんせ》（生《う》まれ変《か》わる前）からのかかわりということ。すれちがったときに着物《きもの》の袖《そで》がふれあうような小さなことでも、前世《ぜんせ》から決《き》まっていたとする考えから。

5月18日

★ 言葉《ことば》を尽《つ》くす

言葉《ことば》の日…五・十・八（こ・と・ば）のごろ合わせ。

使い方

わかってほしいとき

授業《じゅぎょう》でスピーチをしたとき、昆虫《こんちゅう》のおもしろいところをわかってほしくて、**言葉《ことば》を尽《つ》くして**説明《せつめい》した。

✕ わたしは休み時間に友だちとしゃべりすぎて、**言葉《ことば》を尽《つ》くした。**

「言うことがなくなる」ということではないよ。

意味

「尽《つ》くす」は、出し切るということ。あらゆる言葉《ことば》を使《つか》っていっしょうけんめい話すこと。

5月19日

★★ 火花《ひばな》を散《ち》らす

ボクシング記念日《きねんび》…一九五二年、日本人がはじめてボクシングの世界《せかい》チャンピオンになった日。

使い方

戦《たたか》うとき

すもうで、横綱《よこづな》どうしは、取《と》り組《く》みが始《はじ》まる前からおたがいににらみ合って、**火花《ひばな》を散《ち》らして**いた。

意味

はげしく争《あらそ》うこと。

由来

火花が出るほど、刀をはげしく打《う》ちつけ合《あ》って戦《たたか》うことから。

にた言葉

・**しのぎを削《けず》る**⬇63ページを見てね！

5月 20日

ローマ字の日…日本語をローマ字で書こうとすすめた学者《がくしゃ》がなくなった日が二十一日なので、きりのいい二十日になった。

★★ 頭《あたま》をひねる

使い方

考えるとき

工作で動《うご》くおもちゃを作るとき、どうすればうまく動《うご》くか、**頭《あたま》をひねった。**

意味

考えるときに頭をかたむけるようすから、いろいろなアイデアを出すことや、いっしょうけんめい考えることをいう。

にた言葉

・**知恵《ちえ》を絞《しぼ》る**

5月 21日

小学校開校《かいこう》の日…一八六九年、京都市《きょうとし》で日本初《はつ》の小学校が開校《かいこう》した日。

★ 竹馬《ちくば》の友《とも》

使い方

おさななじみのことを言うとき

わたしとアイコちゃんは、幼稚園《ようちえん》に入る前からいっしょに遊《あそ》んでいた。**竹馬《ちくば》の友《とも》**だね。

× わたしは小さいとき、近所《きんじょ》の高校生のお姉《ねえ》さんによく遊《あそ》んでもらっていた。お姉《ねえ》さんが**竹馬《ちくば》の友《とも》**だ。

年のはなれた友だちのことはいわないよ。

意味

おさななじみのこと。

由来

竹馬《ちくば》とは、竹の先にたてがみをつけて馬に見たてた中国《ちゅうごく》のおもちゃ。竹馬《ちくば》で遊《あそ》んだ友だちということから。

サイクリングの日…サイクリングとは、スポーツやレジャーとして自転車《じてんしゃ》に乗《の》って走ること。サイクリングが心と体の健康《けんこう》に役立《やくだ》つと国にみとめられた日。

★★★

猿《さる》も木《き》から落《お》ちる

サルが落ちたー?!
キキーッ
ウキ〜〜〜

使い方

得意《とくい》なことで失敗《しっぱい》したとき

体育《たいいく》の先生が鉄棒《てつぼう》のお手本を見せているときに、手がすべってけがをした。**猿《さる》も木《き》から落《お》ちる**だね。

✕ わたしのクラスの先生は、歌は上手《じょうず》だけれどピアノが下手《へた》で、よくまちがえる。**猿《さる》も木《き》から落《お》ちる**だね。
もともと得意《とくい》でないことを失敗《しっぱい》しても使《つか》わないよ。

意味

どんな名人でも、たまには失敗《しっぱい》をすることがあるということ。

由来

木登《きのぼ》りが得意《とくい》な猿《さる》でも、ときには木から落《お》ちることもあることから。

にた言葉

- **河童《かっぱ》の川流《かわなが》れ**⬇134ページを見てね!
- **弘法《こうぼう》にも筆《ふで》の誤《あやま》り**⬇204ページを見てね!
- **上手《じょうず》の手《て》から水《みず》が漏《も》れる**⬇95ページを見てね!

言葉ノート

一口メモ **動物のことわざ**

いろいろな動物《どうぶつ》のことわざがあるよ。

- **狸寝入《たぬきねい》り**…都合《つごう》の悪《わる》いときなどに、寝《ね》たふりをすること。狸《たぬき》はびっくりすると気を失《うしな》うが、これが人をだます狸《たぬき》のうそ寝《ね》に見えることから。
- **いたちの最後《さいご》っぺ**…とてもこまったときにとる、最後《さいご》の手段《しゅだん》。いたちは追《お》いつめられると、とてもくさいおならをしてにげることから。
- **鹿《しか》を追《お》う者《もの》は山《やま》を見《み》ず**…一つのことに熱中《ねっちゅう》すると、まわりのことが目に入らなくなること。
- **虎《とら》の威《い》を借《か》る狐《きつね》**…強い人やえらい人の力をたよりにして、まるで自分がえらいかのようにいばること。

5月
23日

ラブレターの日…五・二・三（こ（い）・ぶ・み）のごろ合わせと、「ラブ・レター」という映画《えいが》が公開《こうかい》された日から。

★

高嶺《たかね》の花《はな》

使い方

人や物《もの》にあこがれるとき

リサちゃんは家で犬をかっていて、とてもかわいい。うらやましいけれど、うちはアパートなので、ペットはかえない。わたしにはペットは**高嶺《たかね》の花《はな》**だ。

意味

遠くから見るだけで、手に入れられないもののこと。

由来

「高嶺《たかね》」とは、高いみね（山のてっぺん）という意味《いみ》で、「高値《たかね》（ねだんが高い）の花」とは書かない。高い山のてっぺんにさく花には手がとどかないことから。

5月
24日

ゴルフ場記念日《きねんび》…一九〇三年に、兵庫県神戸市《ひょうごけんこうべし》に、日本ではじめてのゴルフ場ができた日。

★★★

花《はな》を持《も》たせる

使い方

手がらをゆずるとき

妹といっしょに料理《りょうり》を作ったら、父も母も、妹をとてもほめた。ほとんどわたしがやったのだけれど、小さい妹ががんばったのだから、ここは**花《はな》を持《も》たせよう**。

✕ 転校《てんこう》する吉田《よしだ》くんに、クラスみんなで作った工作をプレゼントして、吉田《よしだ》くんに**花《はな》を持《も》たせた**。

物《もの》をあげることではないよ。

意味

「花」とは手がらのこと。自分の手がらを、ほかの人の手がらとして、その人を立てること。

5月25日

主婦《しゅふ》休みの日…家庭《かてい》の主婦《しゅふ》が、家事《かじ》や育児《いくじ》を休んで、気分を変《か》える日。一月二十五日、九月二十五日も。

★★ 胡麻《ごま》をする

使い方

きげんをとるとき

「お母《かあ》さん、今日《きょう》は主婦《しゅふ》休みの日だから、わたしがそうじをするね」と**胡麻《ごま》をすって**、おこづかいをもらった。

意味

自分が得《とく》するために、人に気に入られるようなおこないをすること。

由来

胡麻《ごま》をすりばちですると、すりばちのあちこちにくっつくことから、人にべたべたするという意味《いみ》になった。

5月26日

東名高速道路全通記念日《とうめいこうそくどうろぜんつうきねんび》…東京都《とうきょうと》と愛知県《あいちけん》をむすぶ東名高速道《とうめいこうそくどう》路《ろ》が全線開通《ぜんせんかいつう》した日。

★ 道《みち》が開《ひら》ける

使い方

見通しが立ったとき

科学の進歩《しんぽ》によって宇宙旅《うちゅうりょ》行《こう》の**道《みち》が開《ひら》けた**と、テレビで科学者《かがくしゃ》が言っていた。ぼくもいつか行ってみたい。

意味

問題《もんだい》をかたづける方法《ほうほう》が見つかること。

5月27日

百人一首《ひゃくにんいっしゅ》の日…一二三五年、「小倉百人一首《おぐらひゃくにんいっしゅ》」という、百人の和歌《わか》を集《あつ》めた歌集《かしゅう》がつくられた日。かるたとして有名《ゆうめい》だ。

★★★ 二《に》の句《く》が継《つ》げない

使い方

びっくりして何も言えなくなったとき

部屋《へや》が同じ弟にそうじをするよう注意《ちゅうい》したら、きたないほうが落《お》ち着《つ》くと言われて、**二《に》の句《く》が継《つ》げなかった**。

意味

あきれたりおどろいたりして、次《つぎ》に言う言葉《ことば》が出てこないこと。

由来

「二の句《く》」とは、日本に古くから伝《つた》わる雅楽《ががく》という音楽で歌う曲《きょく》の後半部分《ぶぶん》。二の句《く》は急《きゅう》に音が高くなり、一人で歌わないといけないので、むずかしいことから。

5月 28日

テスト前日…明日《あす》はテスト。テストの前日にあわてて勉強《べんきょう》することを「一夜漬《いちやづ》け」というよ。

★★★

耳《みみ》が痛《いた》い

使い方

自分の弱みをつかれたとき

妹とけんかをしたとき、母に「お兄《にい》ちゃんなんだから、がまんしなさい」と言われるのが、いちばん**耳《みみ》が痛《いた》い**。

✕ 先生に、明日《あす》はテストだと言われた。**耳《みみ》が痛《いた》い**よ。

ただ、いやなことを聞くというだけではないよ。

意味

自分の悪《わる》いところや弱いところを言われて、聞くのがつらいということ。

5月 29日

呉服《ごふく》の日…五・二・九（ご・ふ・く）のごろ合わせ。呉服《ごふく》というのは、着物《きもの》のことだよ。

★★★

無《な》い袖《そで》は振《ふ》れぬ

使い方

お金がないとき

友だちに、おやつを買うお金をかしてと言われたけれど、わたしもお金がない。**無《な》い袖《そで》は振《ふ》れない**よ。

✕ よい考えがうかばない。**無《な》い袖《そで》は振《ふ》れない**なあ。

考えや意見《いけん》には使《つか》わないよ。

意味

持《も》っていないお金は、出してあげたくても出せないということ。

由来

袖《そで》は着物《きもの》の袖《そで》。昔《むかし》はさいふを着物《きもの》の袖《そで》に入れていたので、袖《そで》がなければお金もないことから。

5月 30日

★★ 善《ぜん》は急《いそ》げ

ごみゼロの日…五・三・〇（ご・み・ゼロ）のごろ合わせ。ごみをへらしたり再利用《さいりよう》したりすることを考える日。

使い方

よいことを思いついたとき

今日《きょう》はごみゼロの日だと聞いたから、家に帰ったらごみの分別《ぶんべつ》をきちんとやろう。**善《ぜん》は急《いそ》げ**だ。

意味

よいことを思いついたら、すぐにやろうということ。

にた言葉

・**思《おも》い立《た》ったが吉日《きちじつ》**

反対の言葉

・**急《せ》いてはことを仕損《しそん》じる** ↓149ページを見てね!

5月 31日

★★ 腹《はら》を決《き》める

世界禁煙《せかいきんえん》デー…世界保健機関《せかいほけんきかん》（WHO《ダブリューエイチオー》）が決《き》めた、禁煙《きんえん》（たばこをやめること）をすすめる日。

使い方

決心《けっしん》したとき

六年生の兄は、児童会長《じどうかいちょう》の選挙《せんきょ》に出ると**腹《はら》を決《き》めた**そうだ。わたしもおうえんしようと思う。

意味

決心《けっしん》すること。「腹《はら》」とは、心の中で考えていることをいう。

にた言葉

・**腹《はら》をかためる**
・**腹《はら》をくくる**
・**腹《はら》をすえる**

衣替《ころもが》え…夏服《なつふく》と冬服《ふゆふく》を入れかえること。六月一日は冬服《ふゆふく》から夏服《なつふく》へ、十月一日は夏服《なつふく》から冬服《ふゆふく》へ、制服《せいふく》などが変《か》わるところが多い。

★★
帯《おび》に短《みじか》したすきに長《なが》し

使い方

ぴったりなものがないとき

発表会《はっぴょうかい》に着《き》ていく服《ふく》を選《えら》んでいたら、デザインはかわいいけれど小さすぎたり、大きさは合うけれど色がイマイチだったり。どれも、**帯《おび》に短《みじか》したすきに長《なが》し**だなあ。

✕ きみは、**帯《おび》に短《みじか》したすきに長《なが》し**で、何をやってもだめだねえ。

人に対《たい》して使《つか》う言葉《ことば》ではないよ。

意味

中途半端《ちゅうとはんぱ》で役《やく》に立《た》たないこと。

由来

布《ぬの》が、帯《おび》にするには短《みじか》すぎ、たすきにするには長《なが》すぎるということ。たすきというのは、和服《わふく》を着《き》ているとき、手を自由《じゆう》に動《うご》かせるように、そでをたくしあげるのに使《つか》うひも。肩《かた》からわきの下に通し、背中《せなか》で十字になるようにしてむすぶ。

にた言葉

- **帯《おび》に短《みじか》し褌《ふんどし》に長《なが》し**
- **帯《おび》に短《みじか》し回《まわ》しに長《なが》し**
- **褌《ふんどし》には短《みじか》し手拭《てぬぐ》いには長《なが》し**

言葉ノート

一口メモ　着物のことわざ

●**つじつまを合《あ》わせる**…話のすじみちがきちんと通るようにすること。(「つじ」は着物《きもの》のぬい目が十字に合うところ、「つま」は着物《きもの》のすその左右の合う部分《ぶぶん》)

●**無《な》い袖《そで》は振《ふ》れぬ**…88ページを見てね！

一口メモ　着物の下着って？

昔《むかし》は、今のようなパンツがなかった。男の人は、褌《ふんどし》という布《ぬの》をまいてパンツのかわりにしていた。女の人は、腰巻《こしまき》という布《ぬの》をまいていただけで、パンツのようなものははいていなかったんだって。

6月
2日

★★ 飼《か》い犬《いぬ》に手《て》をかまれる

裏切《うらぎ》りの日…一五八二年、織田信長《おだのぶなが》という武将《ぶしょう》が家来《けらい》の明智光秀《あけちみつひで》に裏切《うらぎ》られて殺《ころ》された「本能寺の変《ほんのうじのへん》」がおこった日。

使い方

裏切《うらぎ》られたとき

おやつをつまみ食いしたとき、弟にも分けてあげたのに、母に言いつけられた。**飼《か》い犬《いぬ》に手《て》をかまれたよ。**

意味

ペットの犬に手をかまれるように、日ごろからかわいがっていた人に裏切《うらぎ》られたり、ひどい目にあわされたりすること。その人やその人の家族《かぞく》に面《めん》と向《む》かって言うと失礼《しつれい》になるので注意《ちゅうい》しよう。

にた言葉

・**恩《おん》を仇《あだ》で返《かえ》す**

6月
3日

★★ 大目《おおめ》に見《み》る

測量《そくりょう》の日…一九四九年に、測量法《そくりょうほう》ができた日。測量《そくりょう》というのは、土地や建物《たてもの》などの長さや大きさをはかること。

使い方

せめないでゆるすとき

はじめてのちこくだから、今回は**大目《おおめ》に見《み》る**けれど、次《つぎ》からはゆるさないよ。

意味

「大目《おおめ》」とは、大ざっぱなこと。人の失敗《しっぱい》や悪《わる》いことを、きびしくせめないで、思いやりをもつことをいう。

にた言葉

・**水《みず》に流《なが》す** ↓126ページを見てね!
・**目《め》をつぶる**

6月4日

★★★

歯《は》が立《た》たない

歯《は》と口の健康《けんこう》週間開始《かいし》…六月四〜十日。歯《は》の健康《けんこう》を考える週間。昔《むかし》は六・四（む・し）で虫歯予防《むしばよぼう》デーとされていた。

使い方

かなわないとき

クラスの坂井《さかい》さんは、小学生そろばんチャンピオンで、その計算力は、おとなでも**歯《は》が立《た》たない**。

意味

相手《あいて》の力が自分より上で、勝《か》ち目《め》がないこと。食べ物《もの》がかたくてかむことができないという意味もある。

にた言葉

・太刀打《たちう》ちができない

6月5日

★

腹《はら》を抱《かか》える

落語《らくご》の日…六・五（らく・ご）のごろ合わせ。また、六月の第一《だいいち》月曜日は「寄席《よせ》の日」。寄席《よせ》とは、落語《らくご》をする場所《ばしょ》のこと。

使い方

とてもおかしいとき

父と母はけんかをしていたが、テレビのバラエティー番組が始《はじ》まると、二人とも**腹《はら》を抱《かか》えて**笑《わら》い出《だ》し、きげんが直った。

意味

ものすごく大笑《おおわら》いすること。

にた言葉

・腹《はら》の皮《かわ》がよじれる

まだまだあるよ

歯・口のことわざ・慣用句

119ページには「顔」のことわざ・慣用句《かんよう》があるよ。

★

歯《は》が浮《う》く

使い方 父の会社の人に、「かわいいですね」「りこうそうですね」などと言われた。そんな**歯《は》が浮《う》く**ようなおせじ、ぜんぜんうれしくない。

意味 軽《かる》はずみでしらじらしい言葉《ことば》や態度《たいど》に、気分が悪《わる》くなること。

★

奥《おく》歯《ば》に物《もの》が挟《はさ》まったよう

意味 思っていることをはっきりと言わないで、何かをかくしているような言い方をすること。

反対の言葉
・歯《は》に衣着《きぬき》せぬ⬇174ページを見てね！

★

歯《は》の根《ね》が合《あ》わない

意味 寒《さむ》さやおそろしさのために、ぶるぶるとふるえて、歯《は》がちがち鳴るようなようす。

★★★

口《くち》が堅《かた》い

使い方 のりおくんは**口《くち》が堅《かた》くて**信用《しんよう》できる。

意味 言うべきでないことを、ほかの人に言わないこと。ひみつをもらさないこと。

反対の言葉
・口《くち》が軽《かる》い

★★

口《くち》が滑《すべ》る

使い方 だれにも言わないでと言われていたのに、みんなでおしゃべりしているときに**口《くち》が滑《すべ》って**、友だちのひみつをしゃべってしまった。

意味 ついうっかり、言ってはいけないことを言ってしまうこと。

★★

口《くち》が減《へ》らない

使い方 弟はぼくの言うことにいちいち言《い》い返《かえ》してくる。**口《くち》が減《へ》らない**やつだ。

意味 いつまでもあれこれ理屈《りくつ》をならべて言《い》い返《かえ》すこと。「減《へ》らず口《ぐち》をたたく」ともいう。

かえるの日…蛙《かえる》の鳴き声の「けろ（六）・けろ（六）」のごろ合わせ。

★★ 蛙《かえる》の面《つら》に水《みず》

使い方

何を言ってもむだなとき

そうじをさぼってばかりの男子に、女子がどんなに文句《もんく》を言っても**蛙《かえる》の面《つら》に水《みず》**なので、先生に言いつけた。

✕ 高野《たかの》くんは、中学生にからまれても**蛙《かえる》の面《つら》に水《みず》**で、たのもしい。

よい意味《いみ》では使《つか》わないよ。

意味

何を言われたりされたりしても、平気《へいき》でいること。ずぶとい人のこと。

由来

蛙《かえる》は水があるところで生活しているので、顔に水がかかってもなんともないことから。

にた言葉

・**痛《いた》くもかゆくもない**

・**牛《うし》の角《つの》を蜂《はち》が刺《さ》す**→42ページを見てね！

反対の言葉

・**青菜《あおな》に塩《しお》**→124ページを見てね！

・**鳩《はと》に豆鉄砲《まめでっぽう》**

とつぜんのことにびっくりして、目を丸くすること。

言葉ノート

一口メモ **蛙のことわざ**

●**蛇《へび》ににらまれた蛙《かえる》**…強いものやとても苦手《にがて》なものを前にして、おそろしくて身動《みうご》きできなくなるようす。蛇《へび》は蛙《かえる》を食べるので、蛇《へび》を目の前にした蛙《かえる》は、こわくて動《うご》けなくなってしまうことから。「蛇《へび》に見込《みこ》まれた蛙《かえる》」ともいう。

●**蛙《かえる》の子《こ》は蛙《かえる》**…子どもは親ににるものだということ。また、ふつうの人の子は、成長《せいちょう》してもふつうの人にしかならないということ。あまりよい意味《いみ》では使《つか》われない。

（使い方） ぼくは体育《たいいく》が苦手《にがて》だけれど、お父《とう》さんもスポーツはあまりできなかったらしい。蛙《かえる》の子《こ》は蛙《かえる》だね。

（反対の言葉） ●**鳶《とび》が鷹《たか》を生《う》む**…80ページを見てね！

6月
7日

水道週間最終日《さいしゅうび》…六月一～七日は「水道週間」。水道の大切さを見直し、水を通して国民《こくみん》のくらしについて考える期間《きかん》。

★★ 上手《じょうず》の手《て》から水《みず》が漏《も》れる

あら？ご飯かたいわね…
水の量まちがえたかな？
上手の手から水が漏れるだね

使い方

名人が失敗《しっぱい》したとき

大工仕事《だいくしごと》が得意《とくい》な父が、かなづちで手をたたいてしまい、けがをした。**上手《じょうず》の手《て》から水《みず》が漏《も》れる**だね。

意味

名人でも、失敗《しっぱい》をすることがあるということ。

にた言葉

- **河童《かっぱ》の川流《かわなが》れ**↓134ページを見てね！
- **弘法《こうぼう》にも筆《ふで》の誤《あやま》り**↓204ページを見てね！
- **猿《さる》も木《き》から落《お》ちる**↓85ページを見てね！

6月
8日

避難訓練《ひなんくんれん》…火事《かじ》や地震《じしん》などの災害《さいがい》がおきたとき、あわてず安全《あんぜん》に避難《ひなん》できるようにおこなう。

★★★ 転《ころ》ばぬ先《さき》の杖《つえ》

避難訓練は転ばぬ先の杖なんだよ
へ～なるほど
先生！避難訓練中はしゃべっちゃダメですよ！

使い方

あらかじめ用意《ようい》するとき

地震《じしん》にそなえて、水や食《た》べ物《もの》を用意《ようい》しておこう。**転《ころ》ばぬ先《さき》の杖《つえ》**だ。

意味

何かあってもこまらないように、しっかり用意《ようい》しておくことが大切だということ。

由来

転《ころ》ぶ前に、杖《つえ》を持《も》っておくようにということから。

にた言葉

- **備《そな》えあれば憂《うれ》いなし**↓13ページを見てね！
- **濡《ぬ》れぬ先《さき》の傘《かさ》**↓97ページを見てね！

6月
9日

我《わ》が家《や》のカギを見直すロックの日…六・九（ロッ・ク）のごろ合わせ。家の鍵《かぎ》を英語《えいご》でロック（lock）という。

★ 鍵《かぎ》を握《にぎ》る

使い方

重要《じゅうよう》なことをさすとき

佐藤《さとう》さんと田中《たなか》さんがけんかした。仲直《なかなお》りさせる**鍵《かぎ》を握《にぎ》る**のは、二人と仲《なか》がよい金子《かねこ》さんだ。

意味

問題《もんだい》をといたり、物事《ものごと》がどうなるかを決《き》めたりする、大事《だいじ》な手がかりをもつこと。

由来

「鍵《かぎ》」とは、物事《ものごと》を解決《かいけつ》するための大切なことや物《もの》のこと。「キーになる」などともいう。

6月
10日

時の記念日《きねんび》…六七一年に、日本ではじめての時計がかねを鳴らした日。その時計は、水を流《なが》して時間を知る水時計だった。

★★★ 時《とき》は金《かね》なり

使い方

時間を大切にするとき

することがないからって、ぼんやりテレビを見ているなんてもったいない。**時《とき》は金《かね》なり**というでしょう。

意味

時間はお金と同じように大事《だいじ》なものだから、大切に使《つか》うべきだということ。

由来

英語《えいご》のことわざ「タイム イズ マネー（Time is money.）」を日本語にしたもの。

6月11日

★濡《ぬ》れぬ先《さき》の傘《かさ》

傘《かさ》の日…このころ、こよみの上で、「入梅《にゅうばい》」といって、雨がふる日がつづく梅雨《つゆ》に入ることが多いので。

使い方

あらかじめ用意《ようい》をするとき

きょうは算数の予習《よしゅう》をしてきたから、当てられてもだいじょうぶ。まさに、**濡《ぬ》れぬ先《さき》の傘《かさ》**だね。

意味

失敗《しっぱい》しないように、前もって用意《ようい》をしておくことが大《だい》事《じ》だということ。

由来

雨がふってぬれる前に、傘《かさ》の用意《ようい》をしておくことから。

にた言葉

・**転《ころ》ばぬ先《さき》の杖《つえ》**↓95ページを見てね！

・**備《そな》えあれば憂《うれ》いなし**↓13ページを見てね！

まだまだあるよ 雨のことわざ・慣用句

★★ 雨《う》後《ご》の筍《たけのこ》

使い方 何もなかったうめ立て地に、**雨後《うご》の筍《たけのこ》**のようにマンションがどんどん建《た》った。

意味 同じような物事《ものごと》が次々《つぎつぎ》とあらわれること。筍《たけのこ》は、雨がふったあとに、どんどん出てくることから。

★ 雨《あめ》が降《ふ》ろうが槍《やり》が降《ふ》ろうが

使い方 **雨《あめ》が降《ふ》ろうが槍《やり》が降《ふ》ろうが**、毎日のジョギングはかならずつづけようと思う。

意味 どんなにたいへんなことが待《ま》っていたとしても、かならずやりとげるということ。

★ 雨《あま》垂《だ》れ石《いし》をうがつ

使い方 毎朝ジョギングをつづけていたら、**雨垂《あまだ》れ石《いし》をうがつ**で、駅伝《えきでん》の選手《せんしゅ》に選《えら》ばれた。

意味 小さなことをこつこつとつづけていれば、いつかは成功《せいこう》するということ。

由来 軒下《のきした》からポタポタと落《お》ちる雨垂《あまだ》れでも、長い間同じところに落《お》ちつづければ、石にでも穴《あな》をあけることができるということ。

にた言葉

・**塵《ちり》も積《つ》もれば山《やま》となる**↓133ページを見てね！

6月
12日

日記の日…『アンネの日記』で有名《ゆうめい》なアンネ・フランクが、日記を書《か》き始《はじ》めた日。

★継続《けいぞく》は力《ちから》なり

使い方

習慣《しゅうかん》にしたいことを始《はじ》めるとき

今日《きょう》から毎日、漢字《かんじ》ドリルを一ページやることにした。**継続《けいぞく》は力《ちから》なり**というから、がんばってつづけるぞ。

意味

つづけることがとても大切だというたとえ。小さな努《ど》力《りょく》が積《つ》み重《かさ》なって、大きな力になるということ。

にた言葉

- **雨垂《あまだ》れ石《いし》をうがつ**→97ページを見てね！
- **千里《せんり》の道《みち》も一歩《いっぽ》から**→65ページを見てね！
- **塵《ちり》も積《つ》もれば山《やま》となる**→133ページを見てね！

6月

6月
13日

小さな親切運動《しんせつうんどう》スタートの日…「小さな親切《しんせつ》」運動本部《うんどうほんぶ》ができた日。東京大学の卒業式《そつぎょうしき》での学長の言葉《ことば》がきっかけになった。

★★情《なさ》けは人《ひと》のためならず

使い方

人に親切にするとき

道で会ったおばあさんの荷物《にもつ》を持《も》ってあげたら、お礼《れい》におかしをもらった。**情《なさ》けは人《ひと》のためならず**だね。

✕ 山田《やまだ》くんがわすれ物《もの》をしてこまっていても、**情《なさ》けは人のためならず**だから、助《たす》けてはいけない。

情《なさ》けは人のためにならない、という意味《いみ》ではないよ。おとなの人もまちがって使《つか》うことが多いんだよ。

意味

人に情《なさ》けをかけると、その人のためになるだけでなく、自分にも情《なさ》けがかえってくるということ。

6月 14日

五輪《ごりん》旗《き》制定《せいてい》の日…五色の五つの輪《わ》がつながった五輪《ごりん》（オリンピック）マークの旗《はた》が決《き》められた日。

★一旗《ひとはた》揚《あ》げる

使い方

成功《せいこう》をめざすとき

ぼくのおじいさんは、わかいとき、**一旗《ひとはた》揚《あ》げる**と言って東京に行き、新しい会社をつくったそうだ。

意味

成功《せいこう》をめざして、新しく商売《しょうばい》などを始《はじ》めること。

由来

「一旗《ひとはた》」というのは一本の旗《はた》のこと。昔《むかし》のさむらいが戦《いくさ》のとき、自分の軍《ぐん》の旗《はた》を揚《あ》げたことから。

にた言葉

- **故郷《こきょう》へ錦《にしき》を飾《かざ》る**
- **一花咲《ひとはなさ》かせる**

6月 15日

オウムとインコの日…〇・六（オー・む）、一・五（いん・こ）のごろ合わせ。ペットの鳥を大事《だいじ》にしようという日。

★鸚鵡返《おうむがえ》し

使い方

人の言うことをくり返《かえ》すとき

妹は、わたしの言ったことを**鸚鵡返《おうむがえ》し**するばかりなので、腹《はら》が立つ。

意味

ほかの人が言ったことを、そのまま言《い》い返《かえ》すこと。

由来

鳥のオウムが、人間の言うことをまねすることから。もとは、人のつくった和歌《わか》の一部《いちぶ》を変《か》えて、自分の和《わ》歌をつくって相手《あいて》に返事《へんじ》をすることをいった。

6月

16日

和菓子《わがし》の日…平安時代《へいあんじだい》に悪《わる》い病気《びょうき》がはやったとき、天皇《てんのう》が、六月十六日に十六このおかしを神様《かみさま》にそなえていのったという「嘉祥《かしょう》の日」から、全国和菓子協会《ぜんこくわがしきょうかい》が決めた。

★★★

舌鼓《したつづみ》を打《う》つ

使い方

おいしいものを食べたとき

今日《きょう》は家族《かぞく》でレストランに行った。おいしいスパゲティーに**舌鼓《したつづみ》を打《う》ったよ。**

✕ ケーキ屋《や》さんで、おいしそうなケーキがならんでいるのを見て、**舌鼓《したつづみ》を打《う》った。**食べる前には使《つか》わないよ。

意味

とてもおいしくて、舌《した》を鳴らすこと。鼓《つづみ》というのは、日本に昔《むかし》からある楽器《がっき》だよ。

6月

17日

おまわりさんの日…一八七四年のこの日、日本ではじめて「おまわりさん」が登場《とうじょう》した。

★★★

泥棒《どろぼう》を捕《と》らえて縄《なわ》をなう

使い方

おそすぎるとき

プラモデルを作《つく》り終《お》わってから、部屋《へや》に置《お》く場所《ばしょ》がないのに気がついた。**泥棒《どろぼう》を捕《と》らえて縄《なわ》をなうだ。**

意味

何かがおこってからあわてて用意《ようい》を始《はじ》めること。一部《いちぶ》の言葉《ことば》だけをとって「泥縄《どろなわ》」ともいう。

由来

「縄《なわ》をなう」とは、縄《なわ》を作るということ。泥棒《どろぼう》をつかまえてからしばるための縄《なわ》を作るということから。

地震 雷
火事……
ママ！
パパがおこったら
ほんとは
ママより
こわいのよ！
ニヤリ

★地《じ》震《しん》雷《かみなり》火《か》事《じ》親《おや》父《じ》

父の日…六月の第三《だいさん》日曜日。父へのありがとうの気持《きも》ちを伝《つた》える日。アメリカで生まれた記念日《きねんび》で、黄色いハンカチやスポーツシャツなどをプレゼントするという。

使い方

こわいものを言うとき

地震雷火事親父《じしんかみなりかじおやじ》というように、父は昔《むかし》、祖父《そふ》のことが、とてもこわかったらしい。でも、ぼくは父がぜんぜんこわくない。

意味

この世《よ》の中《なか》でこわいものを順番《じゅんばん》にならべて、リズムよくいったもの。

由来

昔《むかし》の日本は、家を守《まも》ることが大切だった。父親は家長《かちょう》といって、とても強い力をもっていたため、こわいものとされた。最後《さいご》の言葉《ことば》は「親父《おやじ》」ではなく、台風をあらわす「大山嵐《おおやまあらし》（おおやまじ）」で、それが「おやじ」に変《か》わったともいわれている。

ことわざをつくろう！

昔《むかし》は「雷親父《かみなりおやじ》」といわれるほど、お父《とう》さんはこわい人だった。でも今のお父《とう》さんは、やさしくてあまりこわくないよね。

そこで、「地震雷火事親父《じしんかみなりかじおやじ》」の「親父《おやじ》」を自分がこわいと思う言葉《ことば》に変《か》えて、新しいことわざをつくってみよう！

〈例《れい》〉・**地震雷火事母《じしんかみなりかじかあ》さん**　・**地震雷火事《じしんかみなりかじ》おばけ**

言葉ノート

一口メモ　災害から身を守る言い伝え

昔《むかし》から伝《つた》わる、災害《さいがい》から身《み》を守《まも》る言《い》い伝《つた》えは、各地《かくち》にあるよ。

●**地震《じしん》のときは竹やぶににげろ**…竹は根《ね》が張《は》っているので、たおれることがなく、安全《あんぜん》だということ。

●**津波《つなみ》てんでんこ**…津波《つなみ》がきたときは、みんなで同じ方《ほう》向《こう》へにげるのではなく、ばらばらににげれば、だれかは生きのこれるということ。

●**二階建《にかいだ》ての家は、一階《いっかい》より二階《にかい》が安全《あんぜん》**…地震《じしん》のときは一階《いっかい》がつぶれてしまうことが多いので、二階《にかい》にいたほうがよいということ。

●**稲《いな》むらの火**…183ページを見てね！

6月19日

朗読《ろうどく》の日…六・十・九（ろう・ど・く）のごろ合わせ。朗読《ろうどく》というのは、文章《ぶんしょう》を声に出して気持《きも》ちをこめて読むことだよ。

★声《こえ》をそろえる

ごんぎつねというきつねがいました
みんなピッタリ感動♥

使い方

みんなで言うとき

吉川《よしかわ》さんの作文はとてもよく書けていると、先生たちは、**声《こえ》をそろえて**ほめた。

× テレビで歌っている歌手に**声《こえ》をそろえたら**、にているとほめられた。

ものまねをするという意味《いみ》ではないよ。

意味

あることについて、みんなが同じことを言うこと。

にた言葉
・口《くち》をそろえる
・声《こえ》を合《あ》わせる

6月20日

プール開《びら》き…学校で、その年、はじめてプールを使《つか》って水泳《すいえい》の授業《じゅぎょう》をする日。

★★水《みず》を得《え》た魚《うお》

あいつ いつも おとなしい のにな

使い方

のびのびしているとき

いつもはおとなしい村田《むらた》くんが、プールでみごとなクロールで泳《およ》いでいて、**水《みず》を得《え》た魚《うお》**のようだった。

意味

自分に合った場所《ばしょ》や得意《とくい》なことなどで、生き生きと活やくしているようす。水がなければ魚は生きられないことから。

反対の言葉
・陸《おか》へ上《あ》がった河童《かっぱ》

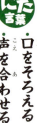

6月 21日

夏至《げし》…一年でいちばん、昼の時間が長い日。六月二十一～二十二日ごろが多い。

★★

飛《と》んで火《ひ》に入《い》る夏《なつ》の虫《むし》

ただいまー
なかなか暗く
ならないから
よく遊んだよ
これ
かくしてたでしょ！
0点

使い方

危険《きけん》に飛《と》びこんだとき

家に帰ると、ぼくの成績《せいせき》のことで、父と母がけんかをしているところだった。**飛《と》んで火《ひ》に入《い》る夏《なつ》の虫《むし》**だ。

意味

自分から、きけんな場所《ばしょ》やめんどうな場面《ばめん》の中に飛《と》びこんでいくこと。

由来

虫は光に向《む》かって飛《と》ぶ習性《しゅうせい》があるので、自分から火の中に飛《と》びこんできて、焼《や》け死《し》んでしまうことから。

6月 22日

夏の健康《けんこう》を守《まも》る運動《うんどう》月間…六月二十一日～七月二十日。食中毒《しょくちゅうどく》をふせぐため、手あらいなどをしっかりしようという運動《うんどう》。

★★★

濡《ぬ》れ手《て》で粟《あわ》

濡れ手で
泡《あわ》！
泡じゃなくて
粟ね！

使い方

楽にもうかったとき

祖父《そふ》が友だちの家に行くと言うのでついていったら、おこづかいをもらった。**濡《ぬ》れ手《て》で粟《あわ》**だ。

意味

何の苦労《くろう》もしないで、もうけること。

由来

粟《あわ》というのは、米ににた穀物《こくもつ》。濡《ぬ》れた手で粟《あわ》をつかむと、手にたくさんくっついてくることから。

反対の言葉

・骨折《ほねお》り損《ぞん》のくたびれもうけ⬇15ページを見てね！

6月
23日

オリンピックデー…一八九四年のこの日、オリンピックを開《ひら》いている国際《こくさい》オリンピック委員会《いいんかい》（IOC《アイオーシー》）ができた。

★★ 胸《むね》がいっぱいになる

使い方

とてもうれしかったり悲《かな》しかったりしたとき

マラソン大会でビリでゴールしたとき、クラスのみんながゴール前で出むかえてくれた。うれしくて、**胸《むね》がいっぱいになった。**

✕ かけっこのスタートで転《ころ》んでしまい、はずかしさで**胸《むね》がいっぱいになった。**

はずかしいときは使《つか》わないよ。

意味

「胸《むね》」とは心のこと。喜《よろこ》びや悲《かな》しみで、ほかのことが考えられなくなること。

6月
24日

UFO《ユーフォー》の日…一九四七年のこの日、アメリカではじめて空飛《そらと》ぶ円盤《えんばん》が目撃《もくげき》され、UFO《ユーフォー》（未確認飛行物体《みかくにんひこうぶったい》）と名づけられた。

★★★ 目《め》を見張《みは》る

使い方

びっくりしたとき

まちを歩いていたら、ライオンみたいな大きい犬が歩いていて、**目《め》を見張《みは》った。**

✕ 刑事《けいじ》は、犯人《はんにん》があらわれないかと、**目《め》を見張《みは》って**待《ま》っていた。

注意《ちゅうい》して見ていることではないよ。

意味

おどろいたり、おこったり、感動《かんどう》したりして、目を大きく見開《みひら》くこと。

6月

25日

★★★

釘《くぎ》を刺《さ》す

住宅《じゅうたく》デー…サグラダ・ファミリア教会などで有名《ゆうめい》なスペインの建築家《けんちくか》、アントニオ・ガウディの誕生日《たんじょうび》。住宅《じゅうたく》の建築《けんちく》がどういう仕事《しごと》なのかを知ってもらう日。

サグラダファミリアは工事に百年以上かかっています
すごいなぼくも建築家になる!
グサッ
まずは宿題やってしまいなさい

使い方

先に注意《ちゅうい》するとき

お母《かあ》さんのお手伝《てつだ》いで買《か》い物《もの》に行くと言うと、「おかしは一つだけだからね」と**釘《くぎ》を刺《さ》された。**

✕ 母が大事《だいじ》にしている花びんをわってしまって、**釘《くぎ》を刺《さ》された。**

おこられるという意味《いみ》ではないよ。

意味

あとで問題《もんだい》がおこらないように、あらかじめ注意《ちゅうい》しておくこと。

由来

昔《むかし》の大工《だいく》さんは、釘《くぎ》を使《つか》わずに、木をうまく組《く》み合わせて家を建《た》てていたが、念《ねん》のために釘《くぎ》を打《う》つようになったことから。

にた言葉

・**先手《せんて》を打《う》つ**⬇198ページを見てね!
・**念《ねん》を押《お》す**

関連する言葉

・**後手《ごて》に回《まわ》る**
相手《あいて》が先にやってしまい、自分が動《うご》けなくなってしまうこと。

言葉ノート

一口メモ 「刺す」の慣用句

●**止《とど》めを刺《さ》す**…完全《かんぜん》に相手《あいて》が立ち上がれないように、最《さい》後《ご》の一撃《いちげき》をくわえること。
●**肌《はだ》を刺《さ》す**…とても寒《さむ》さがきびしいこと。「冷《つめ》たい風が肌《はだ》を刺《さ》す」などと使《つか》う。
●**骨《ほね》を刺《さ》す**…いたみや寒《さむ》さを強く体に感《かん》じること。「肌《はだ》を刺《さ》す」とほとんど同じ意味《いみ》。
●**胸《むね》を刺《さ》す**…悲《かな》しみなどで、心がとてもショックを受《う》けること。
●**寸鉄人《すんてつひと》を刺《さ》す**…短《みじか》い言葉《ことば》で、人のいやなことを言ったり、いたいところをついたりすること。

6月
26日

★★
雷《かみなり》が落《お》ちる

雷記念日《かみなりきねんび》…九三〇年、京都《きょうと》の天皇《てんのう》の住《す》まいに雷《かみなり》が落《お》ちた日。罪《つみ》をきせられて九州《きゅうしゅう》に追放《ついほう》された菅原道真《すがわらのみちざね》のたたりといわれ、道真《みちざね》は「天神様《てんじんさま》」としてまつられるようになった。

使い方

すごくおこられたとき

家の中で弟とふざけていたら、「うるさい！」と、おじいちゃんの**雷《かみなり》が落《お》ちた**。

✕ぼくが弟をからかっていたら、弟の**雷《かみなり》が落《お》ちた**。
目下の人からおこられたときは使《つか》わないよ。

意味

大声でどなりつけられて、しかられること。大声を雷《かみなり》の音にたとえている。

6月
27日

★★★
立《た》て板《いた》に水《みず》

演説《えんぜつ》の日…一八七四年、日本初《はつ》の演説会《えんぜつかい》がおこなわれた日。「演説《えんぜつ》」という言葉《ことば》は福沢諭吉《ふくざわゆきち》（一万円札《いちまんえんさつ》の人）がつくった。

使い方

ぺらぺらと話すとき

ユミちゃんにちょっともんくを言ったら、**立《た》て板《いた》に水《みず》**で言《い》い返《かえ》してきた。ユミちゃんには口ではかなわない。

意味

つっかえることなく、すらすらと流《なが》れるように話すこと。

由来

立てかけてある板《いた》に水を流《なが》すと、止まらずにすーっと流《なが》れていくことから。

6月28日

貿易記念日《ぼうえききねんび》…一八五九年、長い間外国とのつきあいを制限《せいげん》していた日本が、自由《じゆう》に貿易《ぼうえき》を始《はじ》めた日。

★★ 所《ところ》変《か》われば品《しな》変《か》わる

使い方

別《べつ》の土地へ行ったとき

お父《とう》さんの仕事《しごと》でアメリカに転校《てんこう》したら、車が道路《どうろ》の右側《みぎがわ》を走っていてびっくり。**所《ところ》変《か》われば品《しな》変《か》わる**だね。

✕ 北海道《ほっかいどう》ではジンギスカンが、沖縄県《おきなわけん》ではパイナップルが名物《めいぶつ》だ。**所《ところ》変《か》われば品《しな》変《か》わる**だね。

そこにしかない名物《めいぶつ》などのことをいうのではないよ。

意味

場所《ばしょ》が変《か》われば、習慣《しゅうかん》や決《き》まりごとなども変《か》わるということ。言葉《ことば》が変《か》わり、品物《しなもの》のよび方も変《か》わる。

6月29日

星の王子さまの日…『星の王子さま』を書いたフランスの作家、サン・テグジュペリの誕生日《たんじょうび》。

★★ 隣《となり》の花《はな》は赤《あか》い

使い方

うらやましいとき

二組にきた新しい先生は、きれいでやさしそう。そう言うと二組の子に、「**隣《となり》の花《はな》は赤《あか》いのよ**」と言われた。

意味

他人《たにん》のものは自分のものよりよく見えるということ。

6月30日

ハーフタイムデー…一年間の半分の日。一年の折《お》り返《かえ》しの日に、この半年をふりかえろう。

★ 話半分《はなしはんぶん》

使い方

話を聞くとき

佐藤《さとう》さんの話はおおげさなことが多いので、**話半分《はなしはんぶん》**に聞いておこう。

意味

話の半分ぐらいはうそで、本当のことは半分ぐらいだということ。「話半分に聞く」のように使うよ。

7月1日

銀行《ぎんこう》の日…一八九三年、日本で銀行《ぎんこう》の制度《せいど》ができた日。

★ 金《かね》は天下《てんか》の回《まわ》りもの

使い方

お金がないとき

今はうちにお金がなくても、**金《かね》は天下《てんか》の回《まわ》りもの**だから、心配《しんぱい》しなくていいよ。

意味

今、お金がない人でもいつか手に入れることができるし、お金持《かねも》ちでも失《うしな》うこともあるということ。お金は一つのところにとどまるものではなく、世《よ》の中《なか》をめぐっているものという考え方から生まれた言葉《ことば》。

7月2日

タコを食べる日…夏至《げし》から数えて十一日目を「半夏生《はんげしょう》」といい、関西《かんさい》では豊作《ほうさく》をねがって、この日にタコを食べる風習《ふうしゅう》がある。

★★★ 耳《みみ》にたこができる

使い方

同じことばかり言われたとき

毎日、家に帰るとお母《かあ》さんに「勉強《べんきょう》しなさい」って言われて、もう**耳《みみ》にたこができる**よ。

意味

同じ話を何度《なんど》もされていやになること。

由来

「たこ」とは、海にすんでいる生《い》き物《もの》のタコではなく、手の指《ゆび》や足のうらにできるたこのこと。同じことを何《なん》度《ど》も聞かされると耳がこすれて、たこができそうだということから。

7月

7月
3日

波《なみ》に乗《の》る

波《なみ》の日《ひ》…七・三（な・み）のごろ合わせ。海やサーフィンへの関心《かんしん》を深《ふか》める日。

使い方 1

流行《りゅうこう》に乗《の》るとき

友だちがみんなネコをかい始《はじ》めた。わたしもかわないと、**波《なみ》に乗《の》りおくれちゃうよ。**

✖ みんながごみをポイ捨《す》てしていたので、ぼくも**波《なみ》に乗《の》って**ポイ捨《す》てしてしまった。

人のまねをすることではないよ。

使い方 2

いきおいがあるとき

そのJ《ジェー》リーガーは今日《きょう》三得点《とくてん》。今、**波《なみ》に乗《の》っている**選手《せんしゅ》だ。

✖ 前の試合《しあい》で負《ま》けた**波《なみ》に乗《の》って、**連敗《れんぱい》してしまった。

よくない方向《ほうこう》に流《なが》されることではないよ。

意味

1 そのときよいとされていることに合わせること。流行《りゅうこう》に乗《の》ること、乗《の》りおくれないようにすること。

2 いきおいがあること。

由来

「波《なみ》」は、変化《へんか》するもののこと。変化《へんか》しているものに合わせれば、物事《ものごと》がよい方向《ほうこう》に進《すす》むということから。

言葉ノート

一口メモ　「波」のことわざ・慣用句

●**波《なみ》に千鳥《ちどり》**…絵になるような、とてもにあっているもののこと。千鳥《ちどり》とは海岸《かいがん》などにいる鳥のなかま。

（にた言葉） ●**梅《うめ》に鶯《うぐいす》**…24ページを見てね！

●**波風《なみかぜ》を立《た》てる**…めんどうなことをしたり言ったりして、もめごとや争《あらそ》いごとがおきるようにすること。

●**波《なみ》を切《き》る**…船などが、波《なみ》をかきわけて進《すす》んでいくこと。

●**波紋《はもん》を呼《よ》ぶ**…物事《ものごと》がまわりに大きな影響《えいきょう》をあたえること。波紋《はもん》とは、水面《すいめん》に石などを投《な》げたとき、波《なみ》が輪《わ》のように広がるもの。

（使い方） 教室の黒板《こくばん》に「ナミちゃんはカイトくんが好《す》き」と書かれていて、クラスに波紋《はもん》を呼《よ》んだ。

7月 4日

梨《なし》の日…七・四（な・し）のごろ合わせ。梨《なし》が多く出回るのは秋だが、早いものは七月ごろから出始《ではじ》める。

★

梨《なし》のつぶて

使い方

便《たよ》りがないとき

文通をしている子に自分の写真《しゃしん》を送《おく》ったら、そのあと、**梨《なし》のつぶて**だ。ショック！

意味

連絡《れんらく》をしたのに返事《へんじ》がないこと。まったく連絡《れんらく》がないこと。

由来

「つぶて」とは、投《な》げるための小石のこと。投《な》げた小石はもどってこないことから。「梨《なし》」は「無《な》し」のごろ合わせ。

7月 5日

ビキニスタイルの日…一九四六年、フランスのデザイナーが世《せ》界《かい》でもっとも小さい水着《みずぎ》としてビキニスタイルを発表《はっぴょう》した日。

★★★

眉《まゆ》をひそめる

使い方

いやな気分のとき

父がごはんのときにおならをして、家族《かぞく》みんなが**眉《まゆ》をひそめた。**

意味

心配《しんぱい》したり、いやな気持《きも》ちになったりして、眉《まゆ》にしわをよせること。

にた言葉

・**顔《かお》をしかめる**
・**眉根《まゆね》を寄《よ》せる**

7月6日

ピアノの日…一八二三年、ドイツからやってきた医師《いし》、シーボルトが日本にはじめてピアノを持《も》ってきた日。

★★ 腕《うで》を上《あ》げる

使い方

上手《じょうず》になったとき

幼稚園《ようちえん》からずっとピアノを習《なら》っているが、自分でもずいぶん**腕《うで》を上《あ》げた**と思う。

✕がんばって勉強《べんきょう》したので、算数の**腕《うで》が上《あ》がった**。

勉強《べんきょう》には使《つか》わないよ。

意味

習《なら》いごとや料理《りょうり》などの腕前《うでまえ》が上達《じょうたつ》すること。

関連する言葉

・**腕《うで》を磨《みが》く**／腕前《うでまえ》が上達《じょうたつ》するようにがんばること。

7月7日

七夕《たなばた》…願《ねが》いごとを書いた短冊《たんざく》を笹竹《ささたけ》につるしていのる行事《ぎょうじ》。おり姫《ひめ》とひこ星が一年に一度《いちど》出会う日という伝説《でんせつ》がある。

★★★ 虫《むし》がいい

使い方

自分勝手《じぶんかって》なこと

シンジくんは、この前、ぼくがまんがをかしてと言うとことわったくせに、ぼくにゲームをかしてと言うなんて、そんな**虫《むし》のいい**話はないよ。

意味

自分に都合《つごう》のよいことばかり考えること。

由来

「虫」とは、人間の体の中にあって、その人の気持《きも》ちを決《き》めると考えられていたもの。虫がやりたいことを、ほかのことは考えずにやってしまうことから。

なわの日…七・八（な・わ）のごろ合わせ。なわとび運動《うんどう》で健《けん》康《こう》になろうという日。

★★★

七転《ななころ》び八《や》起《お》き

使い方

あきらめないこと

とび箱《ばこ》がうまくとべなくてもあきらめないで。**七転《ななころ》び八《や》起《お》き**で何度《なんど》でもちょうせんだ。

✕ 夏かぜをひいてしまい、頭がいたくて、**七転《ななころ》び八《や》起《お》き**してしまった。

具合《ぐあい》が悪《わる》くて、ねたり起《お》きたりするという意味《いみ》ではないよ。

意味

七回転《かいころ》んでも八回起《お》き上《あ》がることから、何度失敗《なんどしっぱい》しても、あきらめないでがんばること。

ジェットコースターの日…一九五五年、東京の後楽園《こうらくえん》ゆうえんちに日本初《はつ》のジェットコースターができた日。

★★

二《に》の足《あし》を踏《ふ》む

使い方

ためらうとき

おばけやしきに入ろうと思ったら、中からすごい悲鳴《ひめい》が聞こえてきたので、**二《に》の足《あし》を踏《ふ》んだ。**

✕ 石につまずいて、**二《に》の足《あし》を踏《ふ》んで**しまった。

転《ころ》びそうになることではないよ。

意味

決心《けっしん》がつかなくて、まようこと。一歩を踏《ふ》み出《だ》したが、二歩目を踏《ふ》み出《だ》せなくてまようことから。

7月10日

納豆《なっとう》の日…七・十（なっ・とう）のごろ合わせ。納豆《なっとう》がおいしくて健康《けんこう》にもよいことを広める日。

★ 陰《かげ》で糸《いと》を引《ひ》く

使い方

人をあやつるとき

ミステリー小説《しょうせつ》を読んでいて、**陰《かげ》で糸《いと》を引《ひ》く**人物《じんぶつ》がだれなのか、最後《さいご》までわからずにはらはらした。

✕ 子どもたちで父の誕生《たんじょう》パーティーを開《ひら》いたけれど、**陰《かげ》で糸《いと》を引《ひ》いていた**のは母だった。
よいことで人を動《うご》かすときには使《つか》わないよ。

意味 表《おもて》に出ないで、うらから人を思うように動《うご》かすこと。

由来 あやつり人形は、お客《きゃく》から見えないような場所《ばしょ》に人がいて、糸を引いて人形を動《うご》かすことから。

7月11日

真珠記念日《しんじゅきねんび》…真珠《しんじゅ》は、貝の中にできる宝石《ほうせき》。一八九三年に、御《み》木本幸吉《きもとこうきち》がはじめて真珠《しんじゅ》の養殖《ようしょく》に成功《せいこう》した日。

★★ 玉《たま》にきず

使い方

ちょっと残念《ざんねん》なとき

斉藤《さいとう》さんは、とても美人《びじん》でやさしいけれど、おしゃべりなのが**玉《たま》にきず**だ。

意味 とてもりっぱでほとんど完全《かんぜん》なのに、ほんの少しだけ欠点《けってん》があること。

由来 「玉」というのは宝石《ほうせき》のこと。宝石《ほうせき》についた「きず」ということから。

7月12日

洋食器《ようしょっき》の日…洋食器《ようしょっき》の一つであるナイフから、七・一・二（な・い・ふ）のごろ合わせ。

★★★ 匙《さじ》を投《な》げる

使い方

あきらめるとき

ペットの犬にお手を教えようとしたけれど、ぜんぜん覚《おぼ》えてくれなくて、**匙《さじ》を投《な》げた**。

意味

もうだめだと思って、見切りをつけて手を引くこと。

由来

昔《むかし》の医者《いしゃ》は、匙《さじ》（スプーン）を使《つか》って薬《くすり》の材料《ざいりょう》を計り、まぜ合わせていた。その薬《くすり》を計る匙《さじ》を投《な》げ出《だ》して治療《ちりょう》をやめ、病人《びょうにん》を見放《みはな》すことから。

7月13日

ナイスの日…七・一・三（な・い・す（りー））のごろ合わせ。ちょっとしたすてきな（ナイスな）ことを見つけようという日。

★★★ 胸《むね》が躍《おど》る

使い方

わくわくするとき

明日《あす》は、家族《かぞく》みんなで動物園《どうぶつえん》にパンダを見にいく日だ。**胸《むね》が躍《おど》る**なあ。

意味

よいことが起《お》こる予感《よかん》がして、期待《きたい》したり気持《きも》ちが高ぶったりして、どきどきすること。

にた言葉《ことば》

・**心《こころ》が弾《はず》む**

7月 14日

ゼリーの日…この日はフランスの大事《だいじ》な祝日《しゅくじつ》で、ゼリーにかかせないゼラチンがフランスのおかしや料理《りょうり》によく使《つか》われるため。

★★ 型《かた》にはまる

使い方

ありふれているとき

作文は、**型《かた》にはまった**文章《ぶんしょう》ではなく、自由《じゆう》にのびのびと書いてください。

× 父は、**型《かた》にはまった**考え方をするまじめな人です。
しっかりしている人をほめるときには使《つか》わないよ。

意味

決《き》まりきった形式《けいしき》におさまっていて、くふうやおもしろみがないこと。

反対の言葉 ・型《かた》を破《やぶ》る

7月 15日

ファミコンの日…一九八三年、任天堂《にんてんどう》が家庭用《かていよう》ゲーム機《き》「ファミリーコンピューター（ファミコン）」を発売《はつばい》した日。

★ 鬼《おに》の居《い》ぬ間《ま》に洗濯《せんたく》

使い方

息《いき》ぬきをするとき

いつも勉強《べんきょう》しなさいと口うるさい母が出かけているあいだに、大好《だいす》きなまんがを読んだ。**鬼《おに》の居《い》ぬ間《ま》に洗濯《せんたく》**だ。

× 母が出かけているあいだに、よごした服《ふく》をあらってしまおう。**鬼《おに》の居《い》ぬ間《ま》に洗濯《せんたく》**だ。
わからないように洗濯《せんたく》することではないよ。

意味

こわい人がいないあいだに、気晴らしをすること。

由来

「洗濯《せんたく》」は「命《いのち》の洗濯《せんたく》」のことで、のんびり楽しむこと。こわい鬼《おに》がいないうちにのんびりすることから。

★★★ 雨《あめ》降《ふ》って地《じ》固《かた》まる

虹《にじ》の日…七・一・六（なな・い・ろ）のごろ合わせと、梅雨《つゆ》明《あ》けで虹《にじ》が出ることが多い時期《じき》であることから。

使い方

けんかして仲直《なかなお》りしたとき

ミクちゃんとは前から意見《いけん》が合わなくて、ついに大げんかしたけれど、本音《ほんね》を言い合ったので相手《あいて》のことがよくわかり、とてもなかよくなった。**雨《あめ》降《ふ》って地《じ》固《かた》まる**だ。

✕ みんなで協力《きょうりょく》してクラスのお楽しみ会をしたら、クラスがとてもまとまった。**雨《あめ》降《ふ》って地《じ》固《かた》まる**だね。

ただなかよくなるだけでなく、悪《わる》いことがあったために、さらになかよくなった場合に使《つか》うよ。

意味

争《あらそ》いごとなど悪《わる》いことがあったあとに、前よりもよい関係《かんけい》になること。

由来

雨が降《ふ》ると地面《じめん》がやわらかくどろどろになってしまうが、雨がやんだあとの地面《じめん》は、雨が降《ふ》る前よりもかたくしっかりして、よくなることから。

にた言葉

- **苦《く》は楽《らく》の種《たね》**
- **喧嘩《けんか》の後《あと》の兄弟名乗《きょうだいなの》り**
- **禍《わざわい》を転《てん》じて福《ふく》となす**

言葉ノート

一口メモ　雨についての言い伝え

昔《むかし》から、こんなときには雨が降《ふ》るという言《い》い伝《つた》えがあるよ。

- ネコが顔をあらうと雨
- カエルが鳴くと雨
- ツバメが低《ひく》く飛《と》ぶと雨
- 太陽《たいよう》や月に輪《わ》がかかると雨かくもり（輪《わ》がかかるとは、うすい雲がかかっていること）
- 朝焼《あさや》けは雨、夕焼《ゆうや》けは晴れ
- 遠くの音が聞こえやすいと雨
- 雲が速《はや》く動《うご》くときは天気が悪《わる》くなる
- うろこ雲が出た次《つぎ》の日は雨または風

7月17日

海の日…七月の第三《だいさん》月曜日。国民《こくみん》の祝日《しゅくじつ》。海のめぐみに感謝《かんしゃ》して、海洋国《かいようこく》日本がよりよい国になることをねがう日。

★★★ 井《い》の中《なか》の蛙《かわず》大海《たいかい》を知《し》らず

使い方

世間知《せけんし》らずなとき

ぼくはクラスでいちばん泳《およ》ぐのが速《はや》いけれど、水泳教室《すいえいきょうしつ》に通《かよ》い始《はじ》めたら、もっと速《はや》い子がたくさんいた。**井《い》の中《なか》の蛙大海《かわずたいかい》を知《し》らず**だったなあ。

意味

自分のまわりのせまい世界《せかい》しか知らないで得意《とくい》になっていること。

由来

「井《い》」は井戸《いど》のこと。井戸《いど》の中にすんでいるカエルは、大きな海を知らないで、自分のすむ世界《せかい》で満足《まんぞく》していることから。

まだまだあるよ 海のことわざ・慣用句

★大《たい》海《かい》の一滴《いってき》

使い方 **大海《たいかい》の一滴《いってき》**かもしれないけれど、災害《さいがい》の被災者《ひさいしゃ》にぼくのおこづかいを寄付《きふ》しよう。

意味 ひじょうに広いところにある、とても小さいもののこと。

にた言葉
・**滄海《そうかい》の一粟《いちぞく》**
大海原《おおうなばら》の中の一つぶの粟《あわ》ということから。

★海《うみ》に千年《せんねん》山《やま》に千年《せんねん》

使い方 **海《うみ》に千年《せんねん》山《やま》に千年《せんねん》**のだがし屋《や》のおばさんは、見ただけで、その子の好《す》きなおかしがわかる。

意味 いろいろな経験《けいけん》をしてずるがしこくなること。「海千山千《うみせんやません》」ともいう。

由来 海に千年、山に千年すんだヘビは竜《りゅう》になるという、中国《ちゅうごく》の言《い》い伝《つた》えから。

★貝殻《かいがら》で海《うみ》をはかる

使い方 大石《おおいし》くんはあまり本を読まないのに、この本の作者《さくしゃ》は天才《てんさい》だと、**貝殻《かいがら》で海《うみ》をはかる**ようなことを言っている。

意味 物事《ものごと》をよく知らないのに、大きなことを議論《ぎろん》したり言ったりすること。

由来 小さな貝殻《かいがら》で海の水をくんで、水の量《りょう》をはかることから。

にた言葉
・**針《はり》の穴《あな》から天《てん》をのぞく**
↓25ページを見てね!

7月
18日

光化学《こうかがく》スモッグの日……一九七〇年、東京で、日本ではじめて光《こう》化学《かがく》スモッグが発生《はっせい》した日。光化学《こうかがく》スモッグとは、夏の天気のよい日におこる公害《こうがい》で、体調《たいちょう》が悪《わる》くなることがある。

★★ さわらぬ神《かみ》に祟《たた》りなし

使い方

かかわりたくない人がいたとき

母のきげんが悪《わる》いみたいだ。**さわらぬ神《かみ》に祟《たた》りなし**だから、話しかけるのはやめておこう。

意味

よけいなことにかかわり合わなければ、わざわいを受《う》けることもないということ。

由来

神様《かみさま》とかかわりをもたなければ、祟《たた》られることもないということから。

7月
19日

女性大臣誕生《じょせいだいじんたんじょう》の日……一九六〇年、中山《なかやま》マサさんが厚生《こうせい》（今の厚《こう》生労働《せいろうどう》）大臣《だいじん》に選《えら》ばれ、日本初《はつ》の女性大臣《じょせいだいじん》が誕生《たんじょう》した日。

★★★ 顔《かお》が広《ひろ》い

使い方

よく知られているとき

村上《むらかみ》くんは**顔《かお》が広《ひろ》くて**、一年生から六年生まで、たくさんの友だちがいる。

✕ 山下《やました》さんはテレビにうつったことがあるから、**顔《かお》が広《ひろ》い**。

たくさんの人がその人のことを知っているだけでなく、本人もいろいろな人を知っているときに使《つか》うよ。

意味

さまざまな人とつきあい、知り合いが多いこと。

7月

まだまだあるよ

顔のことわざ・慣用句

148ページには「頭」のことわざ・慣用《かんよう》句《く》があるよ。

★★★ 顔《かお》に泥《どろ》を塗《ぬ》る

使い方 今度《こんど》の水泳大会《すいえいたいかい》で負《ま》けたら、コーチをしている父の**顔《かお》に泥《どろ》を塗《ぬ》る**ことになるから、負《ま》けられない。

意味 自分が何か失敗《しっぱい》などをして、別《べつ》の人にはじをかかせること。

にた言葉
・顔《かお》をつぶす

★★★ 顔《かお》が利《き》く

使い方 利根川《とねがわ》くんは六年生のお兄《にい》さんがいるので、上級生《じょうきゅうせい》に**顔《かお》が利《き》く**。

意味 相手《あいて》によく知られていて信用《しんよう》されていたり、力があったりして、多少の無理《むり》も聞いてもらえること。

関連する言葉
・顔《かお》が広《ひろ》い➡118ページを見てね！

★ 顔《かお》を立《た》てる

使い方 しんせきのおじさんが来る日、友だちと遊《あそ》ぶ約束《やくそく》をしていたけれど、母の**顔《かお》を立《た》てて**、家にいることにした。

意味 相手《あいて》の立場や体面《たいめん》をきずつけないようにすること。

★ 合《あ》わせる顔《かお》がない

使い方 なかよしのともきくんと遊《あそ》ぶ約束《やくそく》をわすれて、家族《かぞく》で出かけてしまった。ともきくんに**合《あ》わせる顔《かお》がない**よ。

意味 はずかしかったり、悪《わる》いことをしたりして、相手《あいて》に会いに行けないこと。

★ 顔《かお》で笑《わら》って心《こころ》で泣《な》く

使い方 大切にしていたフィギュアを妹がこわしてしまった。妹が泣《な》いてあやまるので、ぼくは「だいじょうぶだよ」と言ったけれど、**顔《かお》で笑《わら》って心《こころ》で泣《な》いた**。

意味 とてもつらくて本当は泣《な》きたいのに、がまんして楽しそうにしていること。

7月
20日

月面着陸《げつめんちゃくりく》の日…一九六九年、アメリカのアポロ十一号《ごう》が月に着《ちゃく》陸《りく》し、人類《じんるい》がはじめて月面《げつめん》におりたった日。

★★ 月《つき》とすっぽん

使い方

とても差《さ》があるとき

松田《まつだ》くんとぼくは同じサッカー教室に通っているけれど、実力《じつりょく》は**月《つき》とすっぽん**だ。ぼくもがんばりたい。

意味

ぱっと見るとにているが、くらべものにならないほど、二つのものの差《さ》が大きいこと。

由来

すっぽんはカメににた動物《どうぶつ》で甲羅《こうら》が丸い。月もすっぽんも形は丸いが、美《うつく》しさがまったくちがうことから。

にた言葉

・**提灯《ちょうちん》に釣《つ》り鐘《がね》**／物事《ものごと》のつりあいがとれないこと。提灯《ちょうちん》と釣《つ》り鐘《がね》の重《おも》さがちがいすぎることから。

7月
21日

日本三景《さんけい》の日…日本三景《さんけい》の松島《まつしま》（宮城県《みやぎけん》）、天橋立《あまのはしだて》（京都《きょうと》府《ふ》）、宮島《みやじま》（広島県《ひろしまけん》）の美《うつく》しさを知ってもらう日。

★★★ 息《いき》をのむ

使い方

どきっとしたとき

テレビドラマを見ていたとき、主役《しゅやく》の女の人のあまりの美《うつく》しさに、ぼくは思わず**息《いき》をのんだ**。

意味

美《うつく》しさなどにびっくりして、息《いき》が止まりそうになること。「のむ」は、出そうになるものをおさえること。

にた言葉

・**声《こえ》をのむ**
・**言葉《ことば》を失《うしな》う**

7月
22日

下駄《げ た》の日…下駄《げ た》のサイズを表《あらわ》すのに「七寸《すん》七分《ぶ》」のように七がよく使《つか》われることと、下駄《げ た》で歩いたあとが「二二」に見えることから。日本の伝統的《でんとうてき》なはきものである下駄《げ た》のよさを見直す日。

★ 下駄《げ た》を預《あず》ける

パパに
下駄を預けたから
あとは よろしく～
レッツゴー

使い方

おまかせするとき

クラスの女子の誕生日《たんじょうび》に、何をプレゼントしたらよいかわからなかったぼくは、母に**下駄《げ た》を預《あず》ける**ことにした。

✕ わたしは、母に**下駄《げ た》を預《あず》けて**くらしている。
生活すべてをまかせることではないよ。

意味
相手《あいて》に物事《ものごと》をお願《ねが》いして、すべてまかせること。

由来
はいていた下駄《げ た》を預《あず》けてしまうと、自分ではどこにも行けなくなることから。

7月
23日

一学期終業式《いちがっきしゅうぎょうしき》…一学期最後《がっきさいご》の日。明日《あす》から夏休みだ。

★★★ 身《み》から出《で》た錆《さび》

夏休みの宿題がんばれ～
身から出た錆だな
ガーン
通知表

使い方

自分のせいのとき

雨の日にサッカーをして遊《あそ》び、服《ふく》をどろだらけにして、母にしかられた。**身《み》から出《で》た錆《さび》**だ。

✕ ぼくはいくら勉強《べんきょう》しても成績《せいせき》が上がらない。**身《み》から出《で》た錆《さび》**だ。
悪《わる》いことをしていないときは、使《つか》わないよ。

意味
自分の悪《わる》いおこないのために、自分が苦《くる》しむこと。

由来
「身《み》」は刀の刃《は》の部分《ぶぶん》。武士《ぶし》が刀の手入れをきちんとしないと、錆《さび》が出て必要《ひつよう》なときに使《つか》えないことから。

7月24日

夏休み開始《かいし》…夏休みは、学校でいちばん長い休み。地域《ちいき》によって期間《きかん》がちがうけれど、だいたい一か月ぐらいある。

★★★

首《くび》を長《なが》くする

使い方

まだかまだかと待《ま》っているとき

首《くび》を長《なが》くして待《ま》っていた夏休みが始《はじ》まった。海に行ったり、山に行ったりと、楽しみなことがたくさんある。

✕ 先生から、放課後《ほうかご》教室に残《のこ》っていなさいと言われた。おこられそうだけれど、先生が来るのを**首《くび》を長《なが》くして**待《ま》っていた。

いやなことを待《ま》つときに使《つか》う言葉《ことば》ではないよ。

意味

とても楽しみにして待《ま》ちこがれること。楽しみで待《ま》ちきれないときは、首が前に出ることから。

7月25日

土用《どよう》の丑《うし》の日…夏のこの日に鰻《うなぎ》を食べると夏を元気に乗《の》りきれるといわれる日。年に二回ある年もある。

★★

鰻《うなぎ》登《のぼ》り

使い方

どんどん上がっていくとき

その店は、テレビで紹介《しょうかい》されてから、人気が**鰻登《うなぎのぼ》り**で、いつも行列《ぎょうれつ》ができている。

意味

人気や気温《きおん》、品物《しなもの》のねだんなどがすごいいきおいで上がっていくこと。

由来

鰻《うなぎ》が、つかまえようとすると手をすりぬけて上に登《のぼ》るようすと、急流《きゅうりゅう》を登《のぼ》っていくようすから。

7月

7月 26日

幽霊《ゆうれい》の日…一八二五年、「東海道四谷怪談《とうかいどうよつやかいだん》」という、お岩《いわ》さんが出てくる怪談《かいだん》のお芝居《しばい》が、上演《じょうえん》された日。

★★★ 肝《きも》をつぶす

意味

とつぜんのことで、とてもおどろくこと。「肝《きも》」とは、物事《ものごと》に動《どう》じない心のこと。

使い方

びっくりしたとき

ゴキブリを追《お》いつめたら、こっちに向《む》かって飛《と》んできて、**肝《きも》をつぶした。**

✕ 知らない人に連《つ》れていかれそうになって、大声を出して助《たす》かったけれど、**肝《きも》をつぶした。**

こわい気持《きも》ちが強かったときは「肝《きも》を冷《ひ》やす」というよ。

まだまだあるよ こわい ことわざ・慣用句

★幽霊《ゆうれい》の正体《しょうたい》見《み》たり枯《か》れ尾花《おばな》

使い方 心霊写真《しんれいしゃしん》かと思ったけれど、よく見ると、窓《まど》ガラスに人がうつりこんでいるだけだった。**幽霊《ゆうれい》の正体《しょうたい》見《み》たり枯《か》れ尾花《おばな》**だね。

意味 こわいこわいと思っていると、何でもないものでも、こわいものに見えるということ。また、こわいと思っていても、正体《しょうたい》を知ると何ともないということ。

由来 「枯《か》れ尾花《おばな》」は、枯《か》れたススキの穂《ほ》のこと。幽霊《ゆうれい》かと思いこわがっていたが、よく見ると枯《か》れたススキがゆれていたということから。

★草木《くさき》も眠《ねむ》る丑三《うしみ》つ時《どき》

使い方 **草木《くさき》も眠《ねむ》る丑三《うしみ》つ時《どき》**に目がさめてしまい、そのあとこわくてなかなか眠《ねむ》れなかった。

意味 とてもひっそりと静《しず》まり返《かえ》って、お化《ば》けでも出そうな気味《きみ》の悪《わる》い真夜中《まよなか》のこと。

由来 「丑三《うしみ》つ時《どき》」というのは、昔《むかし》の時間で夜中の二時から二時半ごろのことをいい、お化《ば》けがよく出るといわれる時間のこと。動物《どうぶつ》だけでなく草や木も眠《ねむ》っているというたとえ。

★身《み》の毛《け》がよだつ

使い方 こわい犬に追《お》いかけられたときのことを思い出し、**身《み》の毛《け》がよだった。**

意味 とてもおそろしくて、体の毛がさかだつほどぞっとすること。

7月27日

瓜《うり》二《ふた》つ

★★

スイカの日…スイカのしまもようをつなにたとえて、二・七（つ・な）と読むごろ合わせ。

使い方

そっくりなとき

わたしと姉は、**瓜《うり》二《ふた》つ**だとよくいわれる。

意味

二人の人物《じんぶつ》や二つの物《もの》のすがた形がそっくりなこと。

由来

瓜《うり》を二つに切ると、切り口がほとんど同じであることから。

スイカと瓜二つだね!
うれしくない…

7月28日

青菜《あおな》に塩《しお》

★★

菜《な》っ葉《ぱ》の日…七・二・八（な・ツー・ぱ）のごろ合わせ。

使い方

元気がなくなること

いばっていたがき大将《だいしょう》は、お母《かあ》さんにしかられると、**青《あお》菜《な》に塩《しお》**で、泣《な》きべそをかいた。

意味

元気だった人が、元気がなくなって、しゅんとなってしまうこと。

由来

「青菜《あおな》」は菜《な》っ葉《ぱ》のこと。青菜《あおな》に塩《しお》をかけるとしおれることから。

塩でしおしお～

7月29日

親《した》しき仲《なか》にも礼儀《れいぎ》あり

★★★

林間学校…山などの自然《しぜん》の中で、子どもたちみんなでとまって、野外活動《やがいかつどう》などをする学校行事《がっこうぎょうじ》。

林間学校は楽しいな～♪
そうだね～…ん?! あ!オレのタオル!
アハハハ
いいじゃ～～ん友だちだろ～～?
ダメ! 親しき仲にも礼儀あり!

使い方

親しいとき

いくらお母《かあ》さんでも、ぼくの日記を勝手《かって》に読んではいけないと思う。**親《した》しき仲《なか》にも礼儀《れいぎ》あり**だよ。

意味

どんなに仲《なか》がよくても、礼儀《れいぎ》は守《まも》らなければいけないということ。なれなれしくなると、それがけんかのもとになるので、親しいからとあまえてはいけない。

にた言葉

・**親《した》しき中《なか》に垣《かき》をせよ**

「垣《かき》」は、自分の家の庭《にわ》ととなりの家の庭《にわ》の間にある竹や木のしきり。

7月

7月
30日

花火大会…日本初《はつ》の花火大会は、一七三三年に東京の両国《りょうごく》でおこなわれた。今も隅田川《すみだがわ》の花火大会として七月におこなわれる。

★★ 芋《いも》を洗《あら》うよう

使い方

人ごみがすごいとき

夏休みに市民《しみん》プールに行ったら、**芋《いも》を洗《あら》うようなすごい**人で、あまり泳《およ》げなかった。

プールや海などの人ごみで使《つか》うことが多いよ。

意味 せまいところに、たくさんの人がいるようす。

由来 どろのついた里芋《さといも》を洗《あら》うとき、水を入れたおけに入れ、ぼうでかきまぜて洗《あら》ったことから。

7月
31日

蓄音機《ちくおんき》の日…一八七七年、発明家《はつめいか》のエジソンが蓄音機《ちくおんき》の特許《とっきょ》をとった日。蓄音機《ちくおんき》は、レコード（今のCD《シーディー》）から音を出す機械《きかい》。

★★ 音《ね》を上《あ》げる

使い方

降参《こうさん》するとき

水泳《すいえい》教室での練習《れんしゅう》がきびしくて、ぼくは三日で**音《ね》を上《あ》げ**てしまった。

✕ がんばって発表《はっぴょう》したけれど、聞こえないと言われたので、**音《ね》を上《あ》げて**もう一度《いちど》話した。

音量《おんりょう》を上げる、声を大きくするという意味《いみ》ではないよ。

意味 たえられなくて悲鳴《ひめい》を上げること。弱音《よわね》をはくこと。

由来 「音《ね》」は、人の声のこと。泣《な》き声《ごえ》を上げるということから。

★★★

水《みず》に流《なが》す

水の日…水の重要《じゅうよう》さを考える日。八月一〜七日は、「水の週間」。

0点のテストも水に流してしまおう
流せません!!
0点
0点

使い方

仲直《なかなお》りするとき

一学期《がっき》のはじめに竹田《たけだ》くんとけんかをして、ずっと口を聞かなかったけれど、もう**水《みず》に流《なが》して**、またいっしょに遊《あそ》びたいよ。

× ぼくはこれまでのいたずらを**水《みず》に流《なが》した**のに、相手《あいて》はゆるしてくれない。

自分が悪《わる》いことをして、自分から水に流《なが》すという使《つか》い方《かた》はまちがいだよ。

意味

それまでにあったわだかまり（争《あらそ》いごとや不信感《ふしんかん》など）を、なかったことにすること。

由来

昔《むかし》の人は、「みそぎ」といって、川や滝《たき》の水で体をきよめて、自分の体についた悪《わる》いことをあらい流《なが》していた。そのように、悪《わる》いことを水であらい流《なが》してきれいにすることから。

にた言葉

・**帳消《ちょうけ》しにする**

言葉ノート

一口メモ 「流す」の慣用句

●**汗水《あせみず》を流《なが》す**…いっしょうけんめい働《はたら》くこと。「汗《あせ》を流《なが》す」「汗水《あせみず》たらす」ともいう。

（使い方）ぼくは夏休みになってから、祖父《そふ》の畑仕事《はたけしごと》の手伝《てつだ》いに汗水《あせみず》を流《なが》している。

●**車軸《しゃじく》を流《なが》す**…大雨がふるようす。「車軸《しゃじく》を下《くだ》す」ともいう。車軸《しゃじく》とは車のタイヤがついている軸《じく》のことで、車軸《しゃじく》のような太い雨がふるということから。

●**浮《う》き名《な》を流《なが》す**…恋愛《れんあい》についてのうわさが広まること。「浮《う》き名《な》」とは恋愛《れんあい》のうわさという意味《いみ》だが、もともとは、悪《わる》いうわさという意味《いみ》だった。

●**血《ち》を流《なが》す**…戦《たたか》いなどでけが人や死人《しにん》が出ること。

まだまだあるよ 水のことわざ・慣用句

97ページには「雨」、117ページには「海」のことわざ・慣用句《かんようく》があるよ。

★★★

水《みず》の泡《あわ》

使い方
水泳大会《すいえいたいかい》の選手《せんしゅ》に選《えら》ばれたので毎日がんばって泳《およ》いでいたら、大会当日、熱《ねつ》を出して休んでしまい、苦労《くろう》が**水《みず》の泡《あわ》**になった。

意味
今までの努力《どりょく》や苦労《くろう》が、すべてむだになること。

由来
水面《すいめん》にできる水の泡《あわ》は、消《き》えてなくなるものなので。

★★★

水《みず》を打《う》ったよう

使い方
百メートル走のスタートの瞬間《しゅんかん》、競技場《きょうぎじょう》は**水《みず》を打《う》ったよう**に静《しず》まり返《かえ》った。

意味
たくさんの人がいるところで、みんなが静《しず》まり返《かえ》ること。シーンとなること。

由来
「水《みず》を打《う》つ」は、「打《う》ち水《みず》」といって、地《じ》面《めん》に水をまくこと。水をまくと砂《すな》ぼこりがおさえられて静《しず》まることから。

★★★

水《みず》を差《さ》す

使い方
楽しく遊《あそ》んでいるところに**水《みず》を差《さ》す**ようだけど、もうそろそろ日がくれるので、家に帰ったほうがいいよ。

意味
仲《なか》のよい人の関係《かんけい》を悪《わる》くすること。または、物事《ものごと》のじゃまをすること。

★★

水《みず》をあける

意味
競争相手《きょうそうあいて》との差《さ》を大きく広げて、有利《ゆうり》になること。反対《はんたい》に、大きく引きはなされて不利《ふり》なことは、「水をあけられる」という。

由来
水泳《すいえい》やボートレースなど、水上での競技《きょうぎ》で使《つか》われる言葉《ことば》。相手《あいて》と大きな差《さ》をつけて、人と人、ボートとボートの間に水だけの空間ができることをいう。

★★★

焼《や》け石《いし》に水《みず》

使い方
十対《たい》〇で負《ま》けている試合《しあい》で、最終回《さいしゅうかい》にホームランが一本出たけれど、**焼《や》け石《いし》に水《みず》**だった。

意味
助《たす》けが少なすぎて、ほとんど役《やく》に立《た》たないこと。

由来
焼《や》けてとても熱《あつ》くなった石に少し水をかけても、すぐに水は蒸発《じょうはつ》して、石は熱《あつ》いままであることから。

8月 2日

パンツの日…八・二（パ（ン）・ツー）のごろ合わせ。だれかにパンツをプレゼントしようという日。

★ 人《ひと》の褌《ふんどし》で相撲《すもう》を取《と》る

使い方

人を利用《りよう》するとき

姉の自由研究《じゆうけんきゅう》をまねしようとしたら、母に**人《ひと》の褌《ふんどし》で相撲《すもう》を取《と》っ**てはいけないとしかられた。

意味

ほかの人のものを利用《りよう》して、自分の役《やく》に立《た》てること。褌《ふんどし》は、お相撲《すもう》さんのしめている「まわし」のことだ。

褌はむかしのパンツだよ

8月 3日

はちみつの日…八・三（はち・みつ）のごろ合わせ。はちみつはあまくて栄養《えいよう》もたっぷりだ。

★★ 虻《あぶ》蜂《はち》取《と》らず

使い方

よくばったとき

お気に入りの服《ふく》とくつを見つけたが、どちらを先に買うかまよっている間に両方《りょうほう》売れてしまった。**虻蜂《あぶはち》取《と》らずだ。**

意味

二つの物《もの》を手に入れようとして、結局《けっきょく》どちらも手に入れられないこと。クモが巣《す》にかかった虻《あぶ》と蜂《はち》の両方《りょうほう》を取《と》ろうとして、結局《けっきょく》どちらにもにげられることから。

ゲ〜〜
あまくしすぎた…
ジャム
蜂蜜

8月 4日

箸《はし》の日…八・四（は・し）のごろ合わせ。正しい箸《はし》の使《つか》い方《かた》などについて考える日。

★ 箸《はし》にも棒《ぼう》にもかからない

あーまた…
棒ならかかるかも!

使い方

どうしようもなくだめなとき

このケーキは、**箸《はし》にも棒《ぼう》にもかからない**ほどまずい。

✕ さいふを落《お》として、近所《きんじょ》をさがし回ったけれど、**箸《はし》にも棒《ぼう》にもかからず**、見つからなかった。手がかりがないということではないよ。

意味

あまりにもひどすぎてどうにもできないこと。細い箸《はし》にも、太い棒《ぼう》にも、ひっかからないことから。

にた言葉

・**煮《に》ても焼《や》いても食《く》えない**

8月 5日

★★★ 早起《はやお》きは三文《さんもん》の徳《とく》

ラジオ体操《たいそう》…国民《こくみん》の健康《けんこう》を考えて、一九二八年に生まれた体《たい》操《そう》。夏休みの朝、毎日おこなっているところもあるよ。

使い方

早起《はや お》きをするとき

毎朝ラジオ体操《たいそう》に行くとき、早朝ジョギングをしているすてきなお姉《ねえ》さんに会って、友だちになった。**早起《はやお》きは三文《さんもん》の徳《とく》**だね。

意味

早く起《お》きることは健康《けんこう》にもよく、得《とく》をすることがあるということ。「三文《もん》」は昔《むかし》のお金で、今の七十五円くらい。「徳《とく》」は「得《とく》」とも書く。少しの得《とく》ということ。

8月 6日

★ 胸《むね》が張《は》り裂《さ》ける

広島平和記念日《ひろしまへいわきねんび》…一九四五年、広島市《ひろしまし》に原子爆弾《げんしばくだん》が落《お》とされた日。十四万人もの死者《ししゃ》が出た。その後もあわせると、三十万人をこえる人がなくなり、今でも苦《くる》しんでいる人がいる。

使い方

とても悲《かな》しいとき

昔《むかし》、広島《ひろしま》に原爆《げんばく》が落《お》とされたときの話を先生から聞いた。おおぜいの人がなくなったことを思うと、**胸《むね》が張《は》り裂《さ》ける**ようだ。

意味

悲《かな》しさやくやしさで、胸《むね》がやぶれるほどの苦《くる》しい気持《きも》ちになること。

にた言葉

・**断腸《だんちょう》の思《おも》い**／はらわたがたち切れるほど悲《かな》しいこと。

鼻《はな》の日…八・七（は・な）のごろ合わせ。鼻《はな》の健康《けんこう》を考える日。

★★★ 鼻《はな》を明《あ》かす

使い方

人をあっと言わせるとき

となりのクラスとドッジボールをして、大負《おおま》けしてしまった。もっと練習《れんしゅう》して、次《つぎ》は**鼻《はな》を明《あ》かして**やりたい。

✕ きらいなニンジンを食べて、お母《かあ》さんの**鼻《はな》を明《あ》かした。**

おどろかせるだけでなく、相手《あいて》に思い知らせるようなときに使《つか》うよ。

意味

人を出しぬいて、おどろかせること。

まだまだあるよ 鼻のことわざ・慣用句

★★★ 鼻《はな》にかける

使い方 新井《あらい》くんは、親が有名人《ゆうめいじん》なのを**鼻《はな》にかけて**いばるので、あまりいっしょに遊《あそ》びたくない。

意味 じまんすること。

★★ 鼻《はな》を折《お》る

使い方 足が速《はや》いことをじまんしてくる足立《あだち》くんにかけっこで勝《か》って、**鼻《はな》を折《お》って**やった。

意味 えらそうにしている人の心をくじくこと。「鼻《はな》をへし折《お》る」「鼻柱《はなばしら》を折《お》る」ともいう。

★★ 鼻《はな》で笑《わら》う

使い方 覚《おぼ》えた英語《えいご》を外国人の前で話したら、**鼻《はな》で笑《わら》われて**、発音《はつおん》を直された。

意味 相手《あいて》をばかにしたように、ふん、と鼻先《はなさき》で笑《わら》うこと。

★ 鼻《はな》持《も》ちならない

使い方 金子《かねこ》くんは先生の前ではいい顔をして、**鼻持《はなも》ちならない。**

意味 とてもいやな気分にさせるようなことを言ったりしたりするので、がまんできないこと。

8月
8日

蝶々《ちょうちょう》の日…8を横《よこ》にすると蝶《ちょう》に見えることと、蝶《ちょう》は葉《は》っぱを食べることから、八・八（はっ・ぱ）のごろ合わせ。蝶《ちょう》の美《うつく》しさを伝《つた》える記念日《きねんび》。

★蝶《ちょう》よ花《はな》よ

蝶よ花よ
早く大きくなってこの服を着て出かけよう

使い方

子どもをかわいがるとき

カナちゃんは、**蝶《ちょう》よ花《はな》よ**と育《そだ》てられたせいか、ちょっとわがままなところがある。

意味

親がとても子どもをかわいがって大切に育《そだ》てるようす。とくに、女の子に対《たい》して使《つか》われることが多い。

由来

蝶《ちょう》や花のように、美《うつく》しいものを大事《だいじ》にすることから。「ちやほやする」という言葉《ことば》は、「蝶《ちょう》よ花《はな》よ」という言葉《ことば》からきたといわれる。

8月
9日

ながさき平和《へいわ》の日…一九四五年、長崎市《ながさきし》に原子爆弾《げんしばくだん》が落《お》とされた日。七万人もの死者《ししゃ》が出て、広島《ひろしま》と同じく、その後もおおぜいの人がなくなり、十七万人もの犠牲者《ぎせいしゃ》が出ている。

★怒《いか》り心頭《しんとう》に発《はっ》する

広島…そして長崎も…

使い方

ひじょうにおこったとき

妹といっしょに遊《あそ》んでいたら、友だちに妹の悪口《わるぐち》を言われて、**怒《いか》り心頭《しんとう》に発《はっ》した。**

意味

とてもはげしくおこること。「怒《いか》り心頭《しんとう》」とだけ使《つか》われることもある。「怒《いか》り心頭《しんとう》に達《たっ》する」だと思っている人がとても多いが、「発《はっ》する」が正しい。

由来

心の中からいかりを出す（発《はっ》する）ということから。

8月10日

帽子《ぼうし》の日…帽子《ぼうし》を英語《えいご》でいうと、「ハット」。八・十（ハッ・ト（ウ））のごろ合わせ。

★★★ 頭隠《あたまかく》して尻隠《しりかく》さず

使い方

ちゃんと隠《かく》せていないとき

ごはんの前にこっそりケーキを食べた。お皿《さら》はあらったけれど、服《ふく》にクリームがついていた。**頭隠《あたまかく》して尻隠《しりかく》さず**で、母にばれてしまった。

意味

悪《わる》いことや後ろめたいことをしたとき、一部《いちぶ》だけを隠《かく》して、全部《ぜんぶ》を隠《かく》したつもりでいること。

由来

キジという鳥が隠《かく》れるとき、草むらに頭をつっこむだけで、しっぽが出ているようすから。キジは日本の国鳥だ。

8月11日

山の日…山に親しんで、山のめぐみをありがたく思う日。二〇一六年から国民《こくみん》の祝日《しゅくじつ》になった。

★★ 山《やま》をかける

使い方

幸運《こううん》をねらって、予想《よそう》するとき

テスト問題《もんだい》の**山《やま》をかけて**勉強《べんきょう》したら、ばっちりその問題《もんだい》が出て、いい点が取《と》れた。

意味

もしかしたらうまくいくかもと思って何かをすること。こうなるだろうと予想《よそう》して用意《ようい》すること。

由来

山とは、金・銀《ぎん》などの鉱物《こうぶつ》がうまっている山のことで、金や銀《ぎん》を見つけるのは、運《うん》まかせであることから。

まだまだあるよ 山のことわざ・慣用句

117ページには「海」のことわざ・慣用《かんよう》句《く》があるよ。

★★ 後《あと》は野《の》となれ山《やま》となれ

意味 今のことが終《お》われば、後《あと》のことはどうなってもかまわないということ。

由来 自分が立《た》ち去《さ》ったあとは、野になろうが山になろうがかまわないということから。

反対の言葉
・**立《た》つ鳥跡《とりあと》を濁《にご》さず**➡51ページを見てね！

★★★ 塵《ちり》も積《つ》もれば山《やま》となる

使い方 毎日十円ずつ貯金《ちょきん》すれば、**塵《ちり》も積《つ》もれば山《やま》となる**で、一年で三千六百五十円になるぞ。

意味 小さいことでも積《つ》み重《かさ》ねれば大きなことになるということ。

由来 塵《ちり》のようなほんの小さなものでも、積《つ》もれば山のように大きくなることから。

にた言葉
・**雨垂《あまだ》れ石《いし》をうがつ**➡97ページを見てね！

★★ 他《た》山《ざん》の石《いし》

意味 他人《たにん》のやったことは、まちがっていることでも、自分のために役立《やくだ》てることができるということ。

由来 昔《むかし》の中国《ちゅうごく》の書物《しょもつ》にある「他山《たざん》の石、もって玉《たま》をおさむべし」（よその山の質《しつ》の悪《わる》い石でも、自分の宝石《ほうせき》をみがく砥石《といし》にすることができるということ）から。

にた言葉
・**人《ひと》のふり見《み》て我《わ》がふり直《なお》せ**➡172ページを見てね！

★ 一《ひと》山《やま》当《あ》てる

使い方 父は、サラリーマンをやめて自分で会社をつくり、新しい商売《しょうばい》で**一《ひと》山《やま》当《あ》てた**。

意味 万に一つのことにみごとに成功《せいこう》して、大もうけすること。

由来 「山」とは、鉱山《こうざん》（金や銀《ぎん》などがうもれている山）のこと。鉱山《こうざん》をほり当てることから。

★ 氷《ひょう》山《ざん》の一角《いっかく》

意味 見えている部分《ぶぶん》は、全体《ぜんたい》のほんの少しでしかないということ。あまりよいことには使《つか》わない。

由来 「氷山《ひょうざん》」というのは、海にうかんでいる大きな氷《こおり》のかたまりのこと。ほとんどが海水の下にしずんでいて、海の上に出て見えているのは一部《いちぶ》であることから。

8月
12日

君《きみ》が代《よ》記《き》念《ねん》日《び》…一八九三年、小学校の祝日《しゅくじつ》などの唱歌《しょうか》（お祝《いわ》いの式などで歌う歌）に「君《きみ》が代《よ》」など八曲《きょく》が決《き》められた日。

★★ 君《くん》子《し》危《あや》うきに近《ちか》寄《よ》らず

使い方

危《き》険《けん》を感《かん》じたとき

川でつりをしたとき、泳《およ》ごうと言われたけれど、流《なが》れが速《はや》かったので、**君子《くんし》危《あや》うきに近《ちか》寄《よ》らず**で泳《およ》がなかった。

意味

りっぱな人は、自分からあぶないところには近づかないということ。「君子《くんし》」とは、かしこくて人格《じんかく》もすぐれた人のことをいう。

ワンワン

8月
13日

左《ひだり》利《き》きの日…イギリスの、左利《ひだりき》き専用《せんよう》の物《もの》を売るお店が提案《ていあん》。だれもが安全《あんぜん》に使《つか》える道具《どうぐ》の開発《かいはつ》をよびかける日。

★★ 左《ひだり》団《う》扇《ち》で暮《く》らす

使い方

のんびり生活するとき

うちのおじいちゃんは、定年《ていねん》後、**左団《ひだりうち》扇《わ》で暮《く》らしている。**

意味

生活の苦労《くろう》をせずに、ゆったりと暮《く》らすこと。

由来

右利《みぎき》きの人が、利《き》き手《て》ではない左手に団扇《うちわ》を持《も》ってあおぐことから。

8月
14日

水《す》泳《いえい》の日…一九五三年に国民《こくみん》みんなが泳《およ》げるようにと定《さだ》められた「国民皆泳《こくみんかいえい》の日」が、二〇一五年に「水泳《すいえい》の日」になった。

★★★ 河《かっ》童《ぱ》の川《かわ》流《なが》れ

ほんとの
河童の
川流れ
だ！
あ〜
れ〜〜

使い方

得《と》意《くい》なことを失敗《しっぱい》したとき

水泳《すいえい》の代表選手《だいひょうせんしゅ》が海でおぼれて、まわりの人に助《たす》けられた。**河童《かっぱ》の川流《かわなが》れ**だね。

意味

泳《およ》ぐのが得意《とくい》な河童《かっぱ》が川に流《なが》されるように、どんな名人でも失敗《しっぱい》することがあるということ。

にた言葉

- **弘法《こうぼう》にも筆《ふで》の誤《あやま》り**⬇204ページを見てね！
- **猿《さる》も木《き》から落《お》ちる**⬇85ページを見てね！
- **上手《じょうず》の手《て》から水《みず》が漏《も》れる**⬇95ページを見てね！

8月
15日

★★ 兜《かぶと》を脱《ぬ》ぐ

終戦記念日《しゅうせんきねんび》…一九四五年、日本が降伏《こうふく》して、太平洋戦争《たいへいようせんそう》が終《お》わった日。

黙祷《もくとう》
日本は兜を脱いだんだね

使い方

降参《こうさん》するとき

アメリカから転校《てんこう》してきた原《はら》くんは、英語《えいご》の発音《はつおん》がとても上手《じょうず》で、英語《えいご》の先生も**兜《かぶと》を脱《ぬ》いだ**。

意味

完全《かんぜん》に降参《こうさん》すること。相手《あいて》にかなわないことをみとめること。

由来

昔《むかし》の武士《ぶし》は、戦《いくさ》で負《ま》けたとき、敵《てき》の前でかぶっている兜《かぶと》を脱《ぬ》いで、負《ま》けをみとめたことから。

8月
16日

★ 盆《ぼん》と正月《しょうがつ》が一緒《いっしょ》に来《き》たよう

お盆《ぼん》…夏、先祖《せんぞ》の霊《れい》をむかえて供養《くよう》する行事《ぎょうじ》。七月のところもあるが、全国的《ぜんこくてき》には八月十三～十六日が多い。

にぎやかね
盆と正月が一緒に来たみたい

使い方

よいことがつづいたとき

親せきが集《あつ》まり、ごちそうを食べたうえに、みんなからおこづかいをもらった。**盆《ぼん》と正月《しょうがつ》が一緒《いっしょ》に来《き》たようだ。**

意味

にぎやかで楽しいことが重《かさ》なること。または、いそがしいことがつづくこと。

由来

昔《むかし》の奉公人《ほうこうにん》（お店に住《す》みこんで働《はたら》く人）は、お盆《ぼん》とお正月しか休みがもらえなかったため、両方《りょうほう》いっしょに来るととてもうれしいことから。また、この二つの行事《ぎょうじ》はいろいろとあわただしいことから。

8月
17日

パイナップルの日…八・一・七〔パ・イ・ナ（ップル）〕のごろ合わせ。

★★ 穴《あな》のあくほど

使い方

じーっと見るとき

夏休みの登校日《とうこうび》にひさしぶりに会ったハナちゃんは、日《ひ》に焼《や》けて別人《べつじん》のようで、**穴《あな》のあくほど**顔を見てしまった。

✕ 工事《こうじ》の音がうるさくて、耳に**穴《あな》のあくほど**だ。
見るときだけに使《つか》うよ。

意味

目をそらさずに、じっと見つめるようす。じっと見る力で見ているものに穴《あな》があくぐらいということ。

8月
18日

高校野球記念日《こうこうやきゅうきねんび》…一九一五年、第一回全国中等学校優勝野球大会《だいいっかいぜんこくちゅうとうがっこうゆうしょうやきゅうたいかい》（今の夏の甲子園大会《こうしえんたいかい》）が開会《かいかい》された日。

★★ 手《て》に汗《あせ》を握《にぎ》る

使い方

ハラハラドキドキするとき

その映画《えいが》は**手《て》に汗《あせ》を握《にぎ》る**大冒険《だいぼうけん》のストーリーで、とてもおもしろかった。

✕ 暑《あつ》がりの父は、いつも**手《て》に汗《あせ》を握《にぎ》っている**。
暑《あつ》くて出る汗《あせ》には使《つか》わないよ。

意味

何かを見たり聞いたりしながら、緊張《きんちょう》したり興奮《こうふん》したりすること。興奮《こうふん》してにぎった手に汗《あせ》がにじんでくることから。

8月

8月 19日

★★ エンジンがかかる

バイクの日…八・一・九（バ・イ・ク）のごろ合わせ。バイクの交通事故《こうつうじこ》をなくすために定《さだ》められた日。

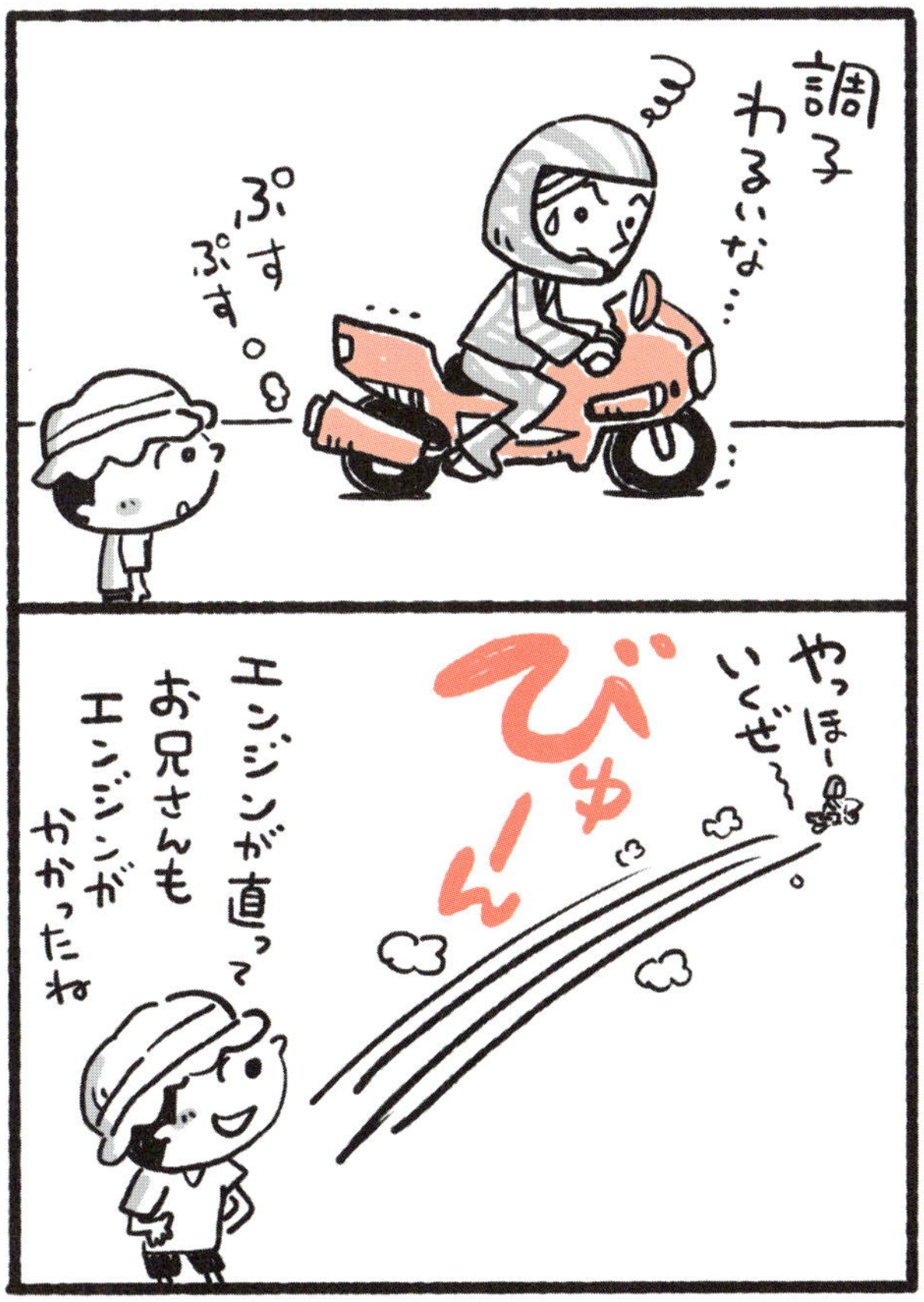

使い方

やっとやる気が出てきたとき

夏休みものこりあと十日というところで、ようやく**エンジンがかかり**、宿題《しゅくだい》を半分ぐらい終《お》わらせた。

意味

物事《ものごと》がうまく進《すす》みはじめ、調子《ちょうし》が出てくること。悪《わる》かった調子《ちょうし》がよくなってくること。

由来

「エンジン」は、乗《の》り物《もの》を動《うご》かす力をつくり出すしくみ。自動車《じどうしゃ》のエンジンがかかることから。

8月 20日

★★ 短気《たんき》は損気《そんき》

交通信号設置記念日《こうつうしんごうせっちきねんび》…一九三一年、日本ではじめて、赤・黄・青の三色の信号機《しんごうき》ができた日。

使い方

短気《たんき》をおこしたとき

横断歩道《おうだんほどう》で信号《しんごう》がなかなか青にならないので、まだ赤なのにわたろうとしたら、車にひかれそうになった。**短気《たんき》は損気《そんき》だ。**

意味

気の短《みじか》い人は、けんかをしたり、あぶない目にあったりして、損《そん》をするということ。

にた言葉

・急《せ》いてはことを仕損《しそん》じる↓149ページを見てね！

8月
21日

献血記念日《けんけつきねんび》…一九六四年、献血《けんけつ》（健康《けんこう》な人が血《ち》をすすんで提供《ていきょう》すること）で輸血《ゆけつ》の血液《けつえき》をまかなうことが決《き》められた日。

★ 血《ち》が通《かよ》う

体の中の血ってあったかいんだよね
献血する人の気持ちもあたたかいですよね

使い方

ぬくもりがあるとき

旅行《りょこう》に行ったとき、旅館《りょかん》の人の**血《ち》が通《かよ》った**おもてなしに感動《かんどう》した。

意味

決《き》められたとおりに動《うご》くのではなく、あたたかく、人間味《にんげんみ》があるということ。「生きている」ということの別《べつ》の言い方でもあるよ。

由来

生きているものには、あたたかい血《ち》が流《なが》れていることから。

8月
22日

チンチン電車の日…一九〇三年、東京ではじめて路面電車《ろめんでんしゃ》が走った日。ちなみに日本ではじめて路面電車《ろめんでんしゃ》が走ったのは京都《きょうと》だ。

★★ 目《め》と鼻《はな》の先《さき》

発車します
まもなく目鼻駅
もう駅！

使い方

とても近いとき

わたしの家は、学校から**目《め》と鼻《はな》の先《さき》**にあるのに、ちこくしてしまう。

✕ 近眼《きんがん》の父は、物《もの》を**目《め》と鼻《はな》の先《さき》**まで近づけて見ている。本当の目と鼻《はな》に近づけることではないよ。

意味

きょりがとても近いこと。

由来

目と鼻《はな》の間が、とても近いことから。

8月
23日

昆虫採集《こんちゅうさいしゅう》…夏休みの自由研究《じゆうけんきゅう》でおこなうことも多いが、つかまえた虫は、正しくかって観察《かんさつ》して記録《きろく》してみよう。

★★★
一寸《いっすん》の虫《むし》にも五分《ごぶ》の魂《たましい》

使い方

小さくて弱いとき

何をやっても勝《か》てなかった兄に、はじめて水泳《すいえい》で勝《か》った。**一寸《いっすん》の虫《むし》にも五分《ごぶ》の魂《たましい》**だ。

意味

小さくて弱いものにも、それなりの意地《いじ》や考えがあるのだから、ばかにしてはいけないということ。

由来

「一寸《いっすん》」は昔《むかし》の長さの単位《たんい》でとても小さいこと。「五《ご》分《ぶ》」は一寸《いっすん》の半分の長さ。小さい虫にも体の半分の大きさの魂《たましい》があるということ。

8月
24日

大噴火《だいふんか》の日…二千年ほど前、イタリアで火山が噴火《ふんか》して、ポンペイという町がうまってしまったという、歴史的《れきしてき》に有名《ゆうめい》な大噴《だいふん》火《か》があった日。

★★
大山鳴動《たいざんめいどう》して鼠一匹《ねずみいっぴき》

使い方

大さわぎしたとき

父が夕食を作ると言って、たくさん買《か》い物《もの》をしてきたけれど、三時間かかって出てきたのは、インスタントラーメンだった。**大山鳴動《たいざんめいどう》して鼠一匹《ねずみいっぴき》**だ。

意味

大さわぎしたわりに、結果《けっか》が小さいこと。

由来

「山がお産《さん》をしそうになって、おかしなネズミが一匹《ぴき》産《う》まれた」という意味《いみ》の外国のことわざから。

8月

25日

即席《そくせき》ラーメンの日…一九五八年、世界初《せかいはつ》のインスタントラーメン、「チキンラーメン」が発売《はつばい》された日。

★★ 蛇足《だそく》

使い方

むだだったとき

手紙にあとから書きくわえた一言《ひとこと》は**蛇足《だそく》**だったと、出したあとで気がついた。

意味

つけくわえる必要《ひつよう》のないこと。

由来

昔《むかし》、中国《ちゅうごく》で、蛇《へび》の絵をかく競争《きょうそう》をして、最初《さいしょ》にかき終《お》えた人が蛇《へび》の足までかいたが、蛇《へび》に足はないので負《ま》けたという話から。

にた言葉

・無用《むよう》の長物《ちょうぶつ》

8月

26日

レインボーブリッジの日…一九九三年、東京都《とうきょうと》に東日本で最大《さいだい》のつり橋《ばし》、レインボーブリッジが開通《かいつう》した日。

★★ 石橋《いしばし》をたたいて渡《わた》る

使い方

用心深《ようじんぶか》いとき

明日《あす》の集合時間《しゅうごうじかん》をもう一度《いちど》たしかめよう。**石橋《いしばし》をたたいて渡《わた》る**だ。

意味

ものすごく用心をすること。

由来

石でできた橋《はし》はがんじょうなのに、それをたたいてこわれないかたしかめてから渡《わた》るということから。

8月

27日

宿題《しゅくだい》の追《お》いこみ…夏休みもあと少し。宿題《しゅくだい》は終《お》わったかな？

★★ 高《たか》をくくる

使い方

見くびるとき

まだ時間があると**高《たか》をくくって**のんびりしていたら、友だちとの約束《やくそく》におくれてしまった。

意味

たいしたことはないだろうと、軽《かる》く考えること。

にた言葉

・甘《あま》く見《み》る

テレビCM《シーエム》の日…日本初《はつ》のテレビコマーシャルが放送《ほうそう》された日。最初《さいしょ》のCM《シーエム》は、服部時計店《はっとりとけいてん》（今のセイコー）のものだった。

★★ 矛《む》盾《じゅん》

使い方

つじつまが合わないとき

父は、けんかをしてはいけないと言うくせに、けんかに負《ま》けて帰ったとき、「やり返《かえ》してこい！」と言った。**矛《む》盾《じゅん》**している。

意味

すじが通っていないこと。

由来

昔《むかし》、中国《ちゅうごく》で、「どんなものでも通す矛《ほこ》（やり）」と、「どんなものでもふせぐ盾《たて》」を売っている商人《しょうにん》がいて、「では、その矛《ほこ》でその盾《たて》を突《つ》いたらどうなるか」と聞かれ、返事《へんじ》にこまったという話から。

まだまだあるよ 故事成語

★★ 背水《はいすい》の陣《じん》

使い方 一点負《ま》けている試合《しあい》の最終回《さいしゅうかい》、最後《さいご》のバッターボックスに立った。**背水《はいすい》の陣《じん》**で、

意味 あとがないという必死《ひっし》のかくごで、物事《ものごと》に取《と》り組むこと。

由来 戦《たたか》いのとき、川などの水を背《せ》にして陣《じん》（軍隊《ぐんたい》）をおけば、逃《に》げ場《ば》がないので兵《へい》が必死《ひっし》で戦《たたか》い、戦《たたか》いに勝ったという話から。

★★ 助長《じょちょう》

使い方 九九ができない弟に無理《むり》やり覚《おぼ》えさせようとしたら、算数ぎらいを**助長《じょちょう》**してしまった。

意味 助《たす》けになると思って無理《むり》にやらせて、かえってだめにしてしまうこと。

由来 農夫《のうふ》が苗《なえ》の成長《せいちょう》を助《たす》けようとくきを引っぱったら、かれてしまったという話から。

★★ 守株《しゅしゅ》

使い方 家事《かじ》をするのは女の人という古い考え方を**守株《しゅしゅ》**するのはやめてほしい。

意味 古いしきたりにこだわって、進歩《しんぽ》しないこと。

由来 木の切《き》り株《かぶ》にぶつかって死《し》んだウサギを手に入れた農夫《のうふ》が、それから、仕事《しごと》を休んで切《き》り株《かぶ》ばかり見はっていた（守《まも》っていた）という話から。

8月 29日

焼《や》き肉《にく》の日…八・二・九（や（き）・に・く）のごろ合わせ。夏バテの人に焼《や》き肉《にく》で体力をつけてもらう日。

★★ やせの大食《おおぐ》い

使い方

たくさん食べるとき

やせの大食《おおぐ》いというけれど、テレビで見る大食《おおぐ》いタレントは、ほんとに太っていない人が多いね。

✕ 母は、**やせの大食《おおぐ》い**をしているうちに、太ってしまった。

やせている人が、たくさん食べて太ったときは使《つか》わないよ。

意味

やせているのに大食《おおぐ》いの人のこと。また、やせている人のほうが思いのほか大食《おおぐ》いの場合が多いということ。

8月 30日

冒険家《ぼうけんか》の日…一九六五年、日本の探検隊《たんけんたい》が世界《せかい》ではじめてアマゾン川をボートで下った日。また、一九八九年、堀江謙一《ほりえけんいち》という冒険家《ぼうけんか》が小型《こがた》ヨットに乗《の》って一人で太平洋《たいへいよう》を往復《おうふく》した日。

★ 当《あ》たって砕《くだ》けろ

使い方

思いきってやってみるとき

一人でいなかのおじいちゃんの家に行くことになった。電車の乗りかえなど、ちょっと不安《ふあん》だけれど、**当《あ》たって砕《くだ》けろ**だ。何とかなるだろう。

意味

どうなるかわからないけれど、やるだけやってみろということ。やってみればうまくいくかもしれない。

にた言葉

・**駄目《だめ》で元々《もともと》**

8月
31日

早く
やっておけば
よかった〜〜
後悔
先に立たず
だよ
夏休み

★★★
後悔先《こうかいさき》に立《た》たず

夏休み最後《さいご》の日…もっと早いところもあるが、夏休み最後《さいご》の日に、宿題《しゅくだい》が終《お》わっていない人が大あわてなのは同じだね。

使い方

後悔《こうかい》するとき

そのゲームを持《も》っているとうそをついてしまったら、今度《こんど》、かしてほしいと言われて、こまっている。どうしよう。**後悔先《こうかいさき》に立《た》たず**だ。

✖ **後悔先《こうかいさき》に立《た》たず**だから、何かするのをまよったときは、やらないようにしよう。

後悔《こうかい》したくないからやらないという意味《いみ》では使《つか》わないよ。

意味

終《お》わったことは、あとからどんなにくやんでも、取《と》り返《かえ》しがつかないこと。また、取《と》り返《かえ》しがつかないので、最初《さいしょ》からよく考えて行動《こうどう》しようというときにも使《つか》う。「後《あと》の後悔先《こうかいさき》に立《た》たず」ともいうよ。

にた言葉

・**後《あと》の祭《まつ》り**⬇39ページを見てね！

・**覆水盆《ふくすいぼん》に返《かえ》らず**
こぼしてしまった水は入《い》れ物《もの》の中にもどらないように、やってしまったことは取《と》り返《かえ》しがつかないということ。

言葉ノート

一口メモ **後悔しないためのことわざ**

「後悔先《こうかいさき》に立《た》たず」とならないためのことわざだよ。

●**念《ねん》には念《ねん》を入《い》れよ**…物事《ものごと》をやるときには、注意《ちゅうい》したうえにさらに注意《ちゅうい》を重《かさ》ねるべきだということ。

●**雉《きじ》も鳴《な》かずば撃《う》たれまい**…言わなくてよいことを言ってしまったために、よくないことがおこるということ。

この本の中にもあるよ。

●**石橋《いしばし》をたたいて渡《わた》る**…140ページを見てね！

●**急《いそ》がば回《まわ》れ**…191ページを見てね！

●**君子危《くんしあや》うきに近寄《ちかよ》らず**…134ページを見てね！

●**初心忘《しょしんわす》るべからず**…6ページを見てね！

●**備《そな》えあれば憂《うれ》いなし**…13ページを見てね！

9月 1日

防災《ぼうさい》の日…一九二三年、関東大震災《かんとうだいしんさい》がおこった日。また、こよみの上で、台風が多い二百十日にあたることから。

★天災《てんさい》は忘《わす》れた頃《ころ》にやってくる

使い方

災害《さいがい》にそなえるとき

大地震《おおじしん》から時間がたってみんな忘《わす》れかけているけれど、**天災《てんさい》は忘《わす》れた頃《ころ》にやってくる**というから、用心しなければいけない。

✕ **天災《てんさい》は忘《わす》れた頃《ころ》にやってくる**んだから、何をしたって、しようがないよ。

いつ来るかわからないからあきらめよう、ということではないよ。

意味

地震《じしん》や台風などの天災《てんさい》は、それがおこったのを忘《わす》れたころにまたおこるということ。いつも天災《てんさい》がおこるかもしれないと思って用心しておくべきだということ。「災害《さいがい》は忘《わす》れた頃《ころ》にやってくる」という場合もある。

由来

物理学者《ぶつりがくしゃ》で随筆家《ずいひつか》の寺田寅彦《てらだとらひこ》（一八七八〜一九三五年）が言った言葉《ことば》。

言葉ノート

一口メモ **格言のことわざ**

作家や歴史上《れきしじょう》の人物《じんぶつ》の言葉《ことば》が広く知られるようになったことわざもある。有名《ゆうめい》なものを集《あつ》めてみたよ。

●**天《てん》は人《ひと》の上《うえ》に人《ひと》を造《つく》らず人《ひと》の下《した》に人《ひと》を造《つく》らず**…人はすべて平等《びょうどう》だということ。一万円札《さつ》にかかれている福沢諭吉《ふくざわゆきち》（1834〜1901年）の『学問《がくもん》のすすめ』という本の中の言葉《ことば》。

●**智《ち》に働《はたら》けば角《かど》が立《た》つ**…知恵《ちえ》だけで働《はたら》こうと思うと人との関係《かんけい》がうまくいかないということ。作家の夏目《なつめ》漱石《そうせき》（1867〜1916年）の『草枕《くさまくら》』という作品の中の言葉《ことば》。

●**和《わ》をもって貴《とうと》しとなす**…73ページを見てね！

9月 2日

宝《たから》くじの日…九・二（く・じ）のごろ合わせ。当選《とうせん》した宝《たから》くじのお金をもらうのを、わすれないことをめざす日。

★★★ 取《と》らぬ狸《たぬき》の皮算用《かわざんよう》

使い方

勝手《かって》に期待《きたい》するとき

テストで百点取《と》ったら好《す》きなごちそうを作ってあげると言われて、勉強《べんきょう》もしないで何を作ってもらおうかと考えていた。**取《と》らぬ狸《たぬき》の皮算用《かわざんよう》**だ。

意味

まだ、手に入るかどうかわからないのに、手に入れたものとして、あれこれ考えること。

由来

狸《たぬき》をつかまえる前に、狸《たぬき》の毛皮《けがわ》を売ることを計画して、いくらもうかるかなどと考えた話から。

9月 3日

ベッドの日…九・三（グッ・スリー）で、「ぐっすり（ねむる）」のごろ合わせ。

★★ 果報《かほう》は寝《ね》て待《ま》て

使い方

待《ま》つしかないとき

読書感想文《どくしょかんそうぶん》コンクールの発表《はっぴょう》はだいぶ先だから、あとは静《しず》かに結果《けっか》を待《ま》っていよう。**果報《かほう》は寝《ね》て待《ま》て**というからね。

✕ **果報《かほう》は寝《ね》て待《ま》て**というから、何もしないで寝《ね》ていれば、よいことがあるかもしれない。

何もしないで待《ま》っていればよいということではないよ。

意味

幸福《こうふく》が来るのは、人の力ではどうにもならないものだから、やるべきことをやったら、あせらずに待《ま》つほうがよいということ。「果報《かほう》」はよい知らせの意味。

にた言葉

・**待《ま》てば海路《かいろ》の日和《ひより》あり**➡196ページを見てね！

反対の言葉

・**まかぬ種《たね》は生《は》えぬ**➡59ページを見てね！

9月4日

くしの日…九・四（く・し）のごろ合わせ。

★ 間髪《かんはつ》をいれず

使い方

すぐに返事《へんじ》をすること

給食《きゅうしょく》の時間、「おかわりする人？」と聞かれたので、**間髪《かんはつ》をいれず**に手をあげた。

意味

ほんの少しの時間もないこと。

由来

間《かん》に髪《かみ》の毛《け》一本も入るゆとりがないということから。「間《かん》、髪《はつ》をいれず」と区切《くぎ》ると、わかりやすい。

9月5日

国民栄誉賞《こくみんえいよしょう》の日…一九七七年、ホームラン数の世界新記録《せかいしんきろく》をつくった王貞治選手《おうさだはるせんしゅ》が第一回国民栄誉賞《だいいっかいこくみんえいよしょう》を受賞《じゅしょう》した日。

★★ 白羽《しらは》の矢《や》が立《た》つ

使い方

選《えら》ばれたとき

運動会《うんどうかい》で演奏《えんそう》する鼓笛隊《こてきたい》の指揮者《しきしゃ》は、ぼくに**白羽《しらは》の矢《や》が立《た》った。**

意味

おおぜいの中から特別《とくべつ》に選《えら》ばれること。よいことにも悪《わる》いことにも使《つか》われる。

由来

昔《むかし》、神様《かみさま》への生けにえにされる犠牲者《ぎせいしゃ》の家に矢を立てたことから。

9月6日

黒の日…九・六（く・ろ）のごろ合わせ。着物《きもの》を黒くそめる、黒ぞめの伝統技術《でんとうぎじゅつ》を広める日。

★★★ 腹《はら》が黒《くろ》い

使い方

悪《わる》だくみをするとき

姉は、母の大切にしているお皿《さら》をわったのを弟のせいにしておいて、母の前では弟をかばうふりをする。なんて**腹《はら》が黒《くろ》い**やつだ。

✕ あのがき大将《だいしょう》は、けんかばかりしていて**腹《はら》が黒《くろ》い。**
ただ、乱暴《らんぼう》ものとかいたずらっ子とかではなく、考えることがとてもあくどい場合に使《つか》うよ。

意味

悪《わる》いことをたくらんでいるようす。また、意地《いじ》の悪《わる》いこと。「腹黒《はらぐろ》い」ともいう。腹《はら》は「心の中」の意味《いみ》。

9月

★★★
どんぐりの背比《せいくら》べ

夏休み作品展
どれもどんぐりの背比べだな…
う〜ん…
なんで全部どんぐり…?

夏休み作品展《さくひんてん》…夏休みに作った工作や自由研究《じゆうけんきゅう》などを、みんなに見てもらう、学校行事《がっこうぎょうじ》。

使い方

どれも同じくらいのとき

運動会《うんどうかい》の百メートル走の選手《せんしゅ》は、**どんぐりの背比《せいくら》べ**だから、ぼくでも一着《ちゃく》になるチャンスはあるよ。

✕ 陸上《りくじょう》のオリンピック代表選手《だいひょうせんしゅ》を決《き》める大会で、日本記録《きろく》をぬりかえる人がたくさん出て、**どんぐりの背比《せいくら》べ**なのでこまっているそうだ。

どれも同じくらいすぐれているときは使《つか》わない。この場合は「甲乙《こうおつ》つけがたい」というよ。

意味

どれもにたりよったりで、飛《と》びぬけてすぐれたものがいないということ。

由来

どんぐりは形も大きさもほとんど同じなので、背比《せいくら》べをしても変《か》わりがないということから。

にた言葉

- **五十歩百歩《ごじっぽひゃっぽ》** ⬇47ページを見てね!
- **似《に》たり寄《よ》ったり**

言葉ノート

一口メモ **木の実のことわざ**

●**禁断《きんだん》の木《こ》の実《み》**…やってはいけないが、とてもやってみたくなるようなおもしろそうなこと。神様《かみさま》から食べてはいけないといわれていた木《こ》の実《み》を、アダムとイブという世界《せかい》で最初《さいしょ》の人間が、ゆうわくに負《ま》けて食べてしまい、楽園から追《お》い出《だ》されたという話から。

●**花《はな》も実《み》もある**…見た目だけではなく、中身《なかみ》もすばらしいこと。花が美《うつく》しいうえに実《み》までなることから。

●**山椒《さんしょう》は小粒《こつぶ》でもぴりりと辛《から》い**…体は小さいが、するどいところがあり、とてもすぐれていること。山椒《さんしょう》の実《み》は小さいが、とても辛《から》いことから。

●**桃栗三年柿八年《ももくりさんねんかきはちねん》**…175ページを見てね!

テスト…好《す》きな人はいないだろうけど、勉強《べんきょう》したことがちゃんとわかっているかたしかめるためにやるんだよ。

★★ 頭《あたま》を抱《かか》える

使い方

こまったとき

学級会《がっきゅうかい》でみんなの意見《いけん》がぜんぜんまとまらなくて、司会《しかい》者《しゃ》は**頭《あたま》を抱《かか》えて**しまった。

✕ 図工の時間、ねんどで何を作ろうかと思い、**頭《あたま》を抱《かか》えて**アイデアを思いついた。

よく考えることではないよ。

意味

心配《しんぱい》なことやこまったことがあって、どうしようかとなやむこと。

まだまだあるよ 頭 のことわざ・慣用句

★★ 頭《あたま》が下《さ》がる

使い方 まみちゃんはだれにでもやさしく親切で、本当に**頭《あたま》が下《さ》がる**。

意味 感心《かんしん》して、尊敬《そんけい》の気持《きも》ちを表《あらわ》すこと。

★ 頭《あたま》が固《かた》い

使い方 うちの父は**頭《あたま》が固《かた》い**ので、スマホは子どもに必要《ひつよう》ないと言って、買ってくれない。

意味 昔《むかし》からの考え方を通して、新しいことを考えられないこと。まじめで応用《おうよう》がきかないこと。

★ 頭《あたま》に血《ち》がのぼる

使い方 仲《なか》がいい友だちの悪口《わるぐち》を言われて、**頭《あたま》に血《ち》がのぼって**しまった。

意味 かっとしてわけがわからなくなること。興奮《こうふん》すること。

★ 頭《あたま》を冷《ひ》やす

使い方 けんかになる前に、**頭《あたま》を冷《ひ》やして**考えるようにしよう。

意味 かっとなった気持《きも》ちをおさえること。気持《きも》ちが冷静《れいせい》になること。

9月 9日

救急《きゅうきゅう》の日…九・九（きゅう・きゅう）のごろ合わせ。救急車《きゅうきゅうしゃ》の正しい利用法《りようほう》など、救急医療《きゅうきゅういりょう》について考える日。

★★ 急《せ》いてはことを仕損《しそん》じる

使い方

急《いそ》いでいるとき

朝、友だちがむかえに来たのであわてて家を出たら、体操着《たいそうぎ》をわすれてしまった。**急《せ》いてはことを仕損《しそん》じる**だ。

意味

何事《なにごと》もあわててやると失敗《しっぱい》することが多いので、落《お》ち着《つ》いて行動《こうどう》しようということ。

にた言葉

・**急《いそ》がば回《まわ》れ** ⬇191ページを見てね!

反対の言葉

・**善《ぜん》は急《いそ》げ** ⬇89ページを見てね!

9月 10日

世界自殺予防《せかいじさつよぼう》デー…自殺《じさつ》について考え、自殺《じさつ》を防止《ぼうし》する国際《こくさい》デー。この日から一週間は、「自殺予防《じさつよぼう》週間」だ。

★★ 命《いのち》あっての物種《ものだね》

使い方

命《いのち》の大切さを知ってほしいとき

命《いのち》がけの冒険《ぼうけん》もいいけれど、**命《いのち》あっての物種《ものだね》**だから、無《む》茶《ちゃ》はしないほうがいいよ。

意味

「物種《ものだね》」は物《もの》のもと。なんでも命《いのち》があってこそできるので、命《いのち》を大切にしなければいけないということ。

にた言葉

・**死《し》んで花実《はなみ》が咲《さ》くものか**

かれた木が花も実《み》もつけないように、人も死《し》んだら何もできないので、生きているほうがよいということ。

9月 11日

公衆電話《こうしゅうでんわ》の日…一九〇〇年、東京の上野駅《うえのえき》と新橋駅《しんばしえき》に、日本初《はつ》の公衆電話《こうしゅうでんわ》がおかれた日。

★★★ 相《あい》づちを打《う》つ

使い方

相手《あいて》の話に合わせるとき

お父《とう》さんは、ぼくの話に**相《あい》づちを打《う》っている**けれど、ちゃんと聞いていないでしょ。

意味

相手《あいて》の話に合わせて、受《う》け答《こた》えをしたり、うなずいたりすること。

由来

「相《あい》づち」とは、かじ屋《や》が刀をつくるとき、師匠《ししょう》と弟子《てし》がつち（ハンマー）で、かわりばんこに熱《ねっ》して赤くなった鉄《てつ》を打《う》つこと。相手《あいて》に合わせてリズムよく打《う》つことから、相手《あいて》の話に合わせるという意味《いみ》になった。

9月 12日

秋の遠足…秋はすごしやすい季節《きせつ》なので、遠足などの校外活動《こうがいかつどう》がおこなわれる。

★★ 魚心《うおごころ》あれば水心《みずごころ》

使い方

なかよくしたいとき

友だちを信《しん》じてなかよくすれば、相手《あいて》も信《しん》じてくれるよ。**魚心《うおごころ》あれば水心《みずごころ》**だからね。

✕ 兄に宿題《しゅくだい》を教えてとたのんだら、**魚心《うおごころ》あれば水心《みずごころ》**だろうと言われて、おやつのケーキを要求《ようきゅう》された。

自分が何かをしてあげるかわりに、相手《あいて》に何かをもらうという意味《いみ》ではないよ。

意味

自分が相手《あいて》に好意《こうい》をもてば、相手《あいて》も自分に好意《こうい》をもってくれること。自分の心のもち方しだいということ。

由来

魚が水に親しもうとする心をもてば、水もそれにこたえようとするということから。

9月13日

世界法《せかいほう》の日…一九六五年に決《き》まった、「法《ほう》の支配《しはい》」（どんな人も法律《ほうりつ》にしたがうこと）による世界平和《せかいへいわ》をめざす日。

★★ にらみを利《き》かせる

使い方

勝手《かって》にさせないとき

先生は、そうじの時間にみんながさぼらないよう、**にらみを利《き》かせて**いる。

意味

ほかの人をおさえつけて、勝手《かって》なことをさせないようにすること。すみずみまでにらみつけて、こわがらせることから。

関連する言葉

・**眼《がん》をつける**／相手《あいて》の顔をじっと見つめて、言いがかりをつけること。「眼《がん》を飛《と》ばす」ともいう。

9月14日

コスモスの日…ホワイトデーから半年目。プレゼントにコスモスの花をそえておくり、愛《あい》をたしかめる日。

★★ 言《い》わぬが花《はな》

使い方

言わないほうがいいとき

今日《きょう》の夕食は、味《あじ》がうすすぎると思ったけれど、お母《かあ》さんの前では、**言《い》わぬが花《はな》だ。**

意味

口に出さずだまっているほうが、花のようにおもむきがある。また、さしさわりがないということ。

9月15日

シルバーシート記念日《きねんび》…一九七三年の敬老《けいろう》の日に、電車にはじめてシルバーシートができた。そのあと、「優先席《ゆうせんせき》」となった。

★ 席《せき》を譲《ゆず》る

使い方

地位《ちい》を譲《ゆず》るとき

おじいちゃんは会社の社長だけれど、引退《いんたい》して、若《わか》い人《ひと》に**席《せき》を譲《ゆず》る**ことにしたそうだ。

意味

会社などで、自分の今の地《ち》位《い》をしりぞいて、地位《ちい》が下の人をつけるということ。

9月
16日

壁新聞発表会《かべしんぶんはっぴょうかい》…調《しら》べたことをまとめた壁新聞《かべしんぶん》を発表《はっぴょう》する。校内だけでなく、地域《ちいき》の人もよんでおこなうところもある。

★★★ 鼻《はな》が高《たか》い

使い方

ほこらしいとき

お父《とう》さんが人助《ひとだす》けをして警察《けいさつ》から感謝状《かんしゃじょう》をもらった。ぼくも**鼻《はな》が高《たか》い**よ。

意味

ほこりに思うこと。自慢《じまん》に思うこと。

にた言葉

・**鼻高々《はなたかだか》**／得意《とくい》そうなようすをさす。

9月
17日

モノレール開業記念日《かいぎょうきねんび》…一九六四年に、浜松町《はままつちょう》〜羽田空港《はねだくうこう》の間に東京モノレールが開業《かいぎょう》した日。

★★ 牛《うし》の歩《あゆ》み

使い方

ゆっくりしているとき

弟がひらがなの練習《れんしゅう》をしている。**牛《うし》の歩《あゆ》み**だけれど、少しずつ書けるようになっているよ。

意味

進《すす》み方《かた》がおそいこと。「牛歩《ぎゅうほ》」ともいう。

関連する言葉

・**牛《うし》の歩《あゆ》みも千里《せんり》**／歩くのがおそい牛でも、歩きつづければとても遠くまで行けるように、毎日少しずつ努力《どりょく》していれば、大きなことを成《な》しとげられるということ。「千里」はとても長いきょり。

9月
18日

敬老《けいろう》の日…国民《こくみん》の祝日《しゅくじつ》。九月の第三《だいさん》月曜日。お年寄《としよ》りを大切にする日。

★★

亀《かめ》の甲《こう》より年《とし》の功《こう》

マジックでかいた落書きは歯みがき粉で消せるんだよ
すごーい!

使い方

年上の人がすごいとき

泣《な》きやまない赤ちゃんをおばあちゃんがだっこしたら、ぴたりと泣《な》きやんだ。さすが、**亀《かめ》の甲《こう》より年《とし》の功《こう》**だね。

意味

年を取《と》った人はたくさんの経験《けいけん》をつんでいるので、その人たちの意見《いけん》や技術《ぎじゅつ》は大切だということ。

由来

「亀《かめ》の甲《こう》」は「亀《かめ》のこうら」、「年の功《こう》」は「長い年月」ということ。「こう」と読む字をならべたもので、「年《とし》の功《こう》は大事《だいじ》だ」という意味《いみ》。

まだまだあるよ お年寄り のことわざ・慣用句

★寄《よ》る年《とし》波《なみ》には勝《か》てぬ

使い方 祖父《そふ》は、最近《さいきん》つかれやすくなって、「**寄《よ》る年《とし》波《なみ》には勝《か》てない**なあ」とさびしそうに言った。

意味 年を取《と》ることにはさからえないということ。

★年寄《としよ》りの冷《ひ》や水《みず》

使い方 祖父《そふ》が電車に乗《の》ろうと階段《かいだん》をかけおりて転《ころ》び、けがをした。「**年寄《としよ》りの冷《ひ》や水《みず》**なんだから」と母におこられていた。

意味 お年寄《としよ》りが、自分の年を考えずに、冷《つめ》たい水をあびるような無理《むり》なことをすること。

★老《お》いたる馬《うま》は道《みち》を忘《わす》れず

使い方 「おばあちゃんの料理《りょうり》おいしいね」とほめたら、「**老《お》いたる馬《うま》は道《みち》を忘《わす》れず**だからね」とてれていた。

意味 年を取《と》って経験《けいけん》をつんでいる人は、やるべきことがよくわかっているということ。

由来 年を取《と》った馬は、いろいろな道を知っているので、まよわずに正しい道を行くということから。

にた言葉
・**亀《かめ》の甲《こう》より年《とし》の功《こう》**➡上を見てね!

9月
19日

苗字《みょうじ》の日…一八七〇年、それまで一部《いちぶ》の人しかつけられなかった苗字《みょうじ》を、だれでもつけることをゆるされた日。

★★ 名《な》は体《たい》を表《あらわ》す

使い方

名前がよく合っているとき

クラスの福《ふく》くんは、いつもにこにこしていて福《ふく》の神《かみ》みたいだ。**名《な》は体《たい》を表《あらわ》す**という通りだなあ。

意味

名前というのは、その人や物《もの》の本質《ほんしつ》をよく表《あらわ》しているということ。「体」は「からだ」でなく「たい」と読む。「名《な》は態《たい》を表《あらわ》す」とは書かないので注意《ちゅうい》してね。

反対の言葉・名《な》ばかり

9月
20日

空の日…日本ではじめてエンジンつきの飛行機《ひこうき》が飛《と》んだ日で、航空《こうくう》への理解《りかい》と関心《かんしん》を高める日。

★ 天《てん》高《たか》く馬《うま》肥《こ》ゆる秋《あき》

使い方

秋になったとき

ナシ、ブドウ、秋はおいしいものがいっぱい！　**天高《てんたか》く馬肥《うまこ》ゆる秋《あき》**というけれど、わたしも太ってしまいそう。

意味

秋は、空がすみきって高く見え、食《た》べ物《もの》がおいしく馬も大きくなるような、さわやかなよい季節《きせつ》だということ。手紙などで季節《きせつ》のあいさつとして使《つか》われるよ。

由来

もともとは中国《ちゅうごく》の言葉《ことば》で、「馬が大きくなる秋は、馬に乗《の》って敵《てき》がせめてくるので気をつけろ」ということだったが、やがて、今のような意味《いみ》になった。

まだまだあるよ 秋のことわざ・慣用句

「読書の秋」「スポーツの秋」「食欲《しょくよく》の秋」といろいろな秋がある。ここでは、ことわざ・慣用句《かんようく》の「秋」を味《あじ》わおう。

★秋《あき》の日《ひ》は釣瓶《つるべ》落《お》とし

意味
秋は、日がくれ始《はじ》めるとすぐに暗《くら》くなるということ。

由来
釣瓶《つるべ》というのは、井戸《いど》の水をくむための、なわがついたおけのこと。釣瓶《つるべ》が井戸《いど》の中に落《お》ちるように、夕方になるとすぐに暗《くら》くなるということから。

★秋《あき》茄子《なす》は嫁《よめ》に食《く》わすな

意味
おいしい秋の茄子《なす》は嫁《よめ》に食べさせるなといういじわるな言葉《ことば》。または、茄子《なす》は体を冷《ひ》やすので嫁《よめ》には食べさせないほうがよいという、お嫁《よめ》さんを大切に思う言葉《ことば》。二つの意味《いみ》がある。

★女心《おんなごころ》と秋《あき》の空《そら》

使い方
あの子は、この間までぼくのことを好《す》きだと言っていたのに、今はハルくんのことが好《す》きらしい。**女心《おんなごころ》と秋《あき》の空《そら》**というけれど、その通りだなあ。

意味
秋の空は天気が変《か》わりやすいが、そのように女の人は気まぐれだということ。「男心《おとこごころ》と秋《あき》の空《そら》」ともいう。

★一葉《いちよう》落《お》ちて天下《てんか》の秋《あき》を知《し》る

使い方
一葉《いちよう》落《お》ちて天下《てんか》の秋《あき》を知《し》るというが、小さな地震《じしん》がつづいているので大地震《おおじしん》にそなえて用意《ようい》しておこう。

意味
ほんの少しの前ぶれから、その後におこることをいち早く予測《よそく》すること。

由来
木《こ》の葉《は》が一枚《いちまい》落《お》ちるのを見て、秋がきたと感《かん》じることから。

★物言《ものい》えば唇《くちびる》寒《さむ》し秋《あき》の風《かぜ》

意味
よけいなことを言うと、災《わざわ》いをまねくことが多いということ。

由来
松尾芭蕉《まつおばしょう》という江戸時代《えどじだい》の有名《ゆうめい》な俳人《はいじん》の句《く》。人の悪口《わるぐち》を言うと、口が寒々《さむざむ》とするようなさびしい気持《きも》ちがするということ。

にた言葉
・口《くち》は禍《わざわい》の門《かど》
➡36ページを見てね！

★馬子《まご》にも衣装《いしょう》

ファッションショーの日…一九二七年に東京の三越呉服店《みつこしごふくてん》（今の三越《みつこし》）で日本初《はつ》のファッションショーがおこなわれた日。

使い方

おしゃれした人をからかうとき

ピアノの発表会《はっぴょうかい》のとき新しいワンピースを着《き》たら、父に、「おひめ様《さま》みたい、**馬子《まご》にも衣《い》装《しょう》だね**」と言われた。

✕ホテルで結婚式《けっこんしき》をやっていた。ウエディングドレスを着《き》た花嫁《はなよめ》さんはとてもきれいで、**馬子《まご》にも衣装《いしょう》**だと思った。

目上の人や親しくない人に対《たい》して使《つか》うと、失《しっ》礼《れい》だよ。

意味

どんな人でも、身《み》なりがきちんとしていればりっぱに見えるということ。「孫《まご》にも衣《い》装《しょう》」とは書かないので注意《ちゅうい》。

由来

「馬子《まご》」は馬の世話《せわ》をする人。ふだんはきれいな服《ふく》を着《き》ていない馬子《まご》でも、きちんとした衣装《いしょう》を着《き》ればりっぱに見えることから。

にた言葉

・**鬼瓦《おにがわら》にも化粧《けしょう》**

反対の言葉

・**衣《ころも》ばかりで和尚《おしょう》はできぬ**⬇言葉ノートを見てね！

言葉ノート

一口メモ　衣服のことわざ・慣用句

●**紺屋《こうや》の白袴《しろばかま》**…人のことばかりに手をかけて働《はたら》き、自分のことは後回しになること。「紺屋《こうや》」とは、袴《はかま》などを青くそめる人のことで、紺屋《こうや》が自分の袴《はかま》に手が回らなくて、白い袴《はかま》をはいていることから。

●**衣食《いしょく》足《た》りて礼節《れいせつ》を知《し》る**…「衣食《いしょく》」とは着《き》るものと食べるもの。これが足りていると、生活にゆとりができ、はじめて礼儀《れいぎ》を知ることができるということ。

●**衣《ころも》ばかりで和尚《おしょう》はできぬ**…かっこうをまねしただけでは何の役《やく》にも立《た》たないということ。

●**帯《おび》に短《みじか》したすきに長《なが》し**…90ページを見てね！

●**人《ひと》の褌《ふんどし》で相撲《すもう》を取《と》る**…128ページを見てね！

9月
22日

虫の音鑑賞会《ねかんしょうかい》…コオロギやスズムシなどの虫の声を聞いて楽しむイベント。秋に公園などでおこなわれる。

★★ 虫《むし》の知《し》らせ

使い方

悪《わる》い予感《よかん》がするとき

母が熱《ねつ》を出した。出張中《しゅっちょうちゅう》の父には知らせなかったのに、急《きゅう》に予定《よてい》を変《か》えて帰ってきた。**虫《むし》の知《し》らせ**だったのかな。

✕ 下校中に急《きゅう》に思いついて回り道をしたら、大好《だいす》きな子にばったり会った。**虫《むし》の知《し》らせ**だね。

よいことには使《つか》わないよ。

意味
よくないことがおこりそうな予感《よかん》がすること。

由来
人の体の中にいる虫が、悪《わる》いことを知らせるということから。

まだまだあるよ 虫 のことわざ・慣用句

★★★ 虫《むし》の居所《いどころ》が悪《わる》い

使い方
母は今、**虫《むし》の居所《いどころ》が悪《わる》い**ようなので、もどってきたテストを見せるのはあとにしよう。

意味
きげんが悪《わる》くいらいらしていて、ちょっとしたことでもおこり出しそうなようす。体の中にいる虫の居場所《いばしょ》が悪《わる》いと、人は不《ふ》きげんになるということから。

★★ 蓼《たで》食《く》う虫《むし》も好《す》き好《ず》き

使い方
ゆみちゃんは、いつもぼーっとしている田中《たなか》くんが好《す》きらしい。**蓼食《たでく》う虫《むし》も好《す》き好《ず》き**だ。

意味
人の好《この》みはいろいろだということ。

由来
とてもからい蓼《たで》という植物《しょくぶつ》の葉《は》を好《この》んで食べる虫もいるように、好《この》みもそれぞれだということから。

★★ 虫《むし》が好《す》かない

使い方
クラスの坂井《さかい》くんは女子に人気があるけれど、なんだか気取《きど》っていて、わたしはどうも**虫《むし》が好《す》かない**。

意味
なんとなく気に入らないということ。体の中にいる虫が、その人のことを好《す》きになれないということ。

9月23日

秋分《しゅうぶん》の日…秋のお彼岸《ひがん》の中日。国民《こくみん》の祝日《しゅくじつ》。先祖《せんぞ》の霊《れい》をうやまう日で、お墓参《はかまい》りなどをする。九月二十三日ごろにあたる。

★★ 暑《あつ》さ寒《さむ》さも彼岸《ひがん》まで

使い方

暑《あつ》いとき、または寒《さむ》いとき

暑《あつ》さ寒《さむ》さも彼岸《ひがん》までというのに、まだまだ暑《あつ》いですねえ。

おとなの人が、あいさつするときや手紙などによく使《つか》うよ。

意味

夏の暑《あつ》さは秋の彼岸《ひがん》まで、冬の寒《さむ》さは春の彼岸《ひがん》までで おさまって、それからはすごしやすくなるということ。「彼岸《ひがん》」というのは、春は春分《しゅんぶん》の日、秋は秋分《しゅうぶん》の日の前後の一週間のこと。

9月24日

畳《たたみ》の日…一九九七年、「清掃《せいそう》の日」であるこの日と、このとき「みどりの日」だった四月二十九日が、畳《たたみ》の日とされた。

★ 畳《たたみ》の上《うえ》の水練《すいれん》

使い方

役《やく》に立《た》たないとき

料理《りょうり》をしたことがない父が、料理番組《りょうりばんぐみ》を見てフランス料理《りょうり》のフルコースを作ろうなんて、**畳《たたみ》の上《うえ》の水練《すいれん》**だ。

意味

りくつやり方を知っているだけで、実際《じっさい》にやってみていないので、役《やく》に立《た》たないこと。

由来

「水練《すいれん》」は水泳《すいえい》の練習《れんしゅう》。畳《たたみ》の上で水泳《すいえい》の練習《れんしゅう》をしていても、実際《じっさい》に水の中に入ったら泳《およ》げないことから。

にた言葉

- **絵《え》に描《か》いた餅《もち》**→10ページを見てね！
- **机上《きじょう》の空論《くうろん》**

9月 25日

★★★

足《あし》を引《ひ》っ張《ぱ》る

運動会《うんどうかい》の練習《れんしゅう》…運動会《うんどうかい》の一か月前ぐらいから練習《れんしゅう》が始《はじ》まる。とくにダンスなどはしっかり練習《れんしゅう》して覚《おぼ》えよう。

使い方

じゃまするとき

もうすぐ運動会《うんどうかい》。苦手《にがて》なダンスでみんなの**足《あし》を引《ひ》っ張《ぱ》らないように**、がんばって練習《れんしゅう》しよう。

✕ 委員長《いいんちょう》になって、みんなの**足《あし》を引《ひ》っ張《ぱ》って**いくぞ。リーダーとして引《ひ》っ張《ぱ》っていくということではないよ。

意味

人の成功《せいこう》のじゃまをしたり、物事《ものごと》の進行《しんこう》をおくらせたりすること。足を引《ひ》っ張《ぱ》って前に進《すす》ませないことから。

9月 26日

★

嵐《あらし》の前《まえ》の静《しず》けさ

台風がよく来るといわれる日…九月十七日と二十六日に台風がいちばん多く来るといわれているよ。

使い方

静《しず》かになったとき

泣《な》いていた赤ちゃんが泣《な》きやんだのでよかったと思っていたら、しばらくして、すごい大声で泣《な》き出《だ》した。**嵐《あらし》の前《まえ》の静《しず》けさ**だった。

意味

大きな事件《じけん》や異変《いへん》がおこる前に、一時的《いちじてき》に静《しず》かになって、ぶきみなようすをいう。

由来

大きな嵐《あらし》がおこる前には、それまでふっていた雨や風が一時的《いちじてき》にやんで静《しず》かになることから。

世界観光《せかいかんこう》の日…一九七〇年、世界的《せかいてき》な観光《かんこう》についての決《き》まりができた日。各国《かっこく》で観光《かんこう》に来てもらための活動《かつどう》がおこなわれる。

★★★

百聞《ひゃくぶん》は一見《いっけん》にしかず

ハワイなつかしいね～
海がキレイだったな～
ステーキおいしかったね～
ハワイサイコ～
また行こう
百聞は一見にしかず!!
ボクも行きたーい!!

使い方

見たほうがいいとき

両親《りょうしん》がわかいときに行ったハワイの話をしてくれたけれど、**百聞《ひゃくぶん》は一見《いっけん》にしかず**なので、ぼくも行ってみたい。

意味

物事《ものごと》は、耳で何度《なんど》も聞くより、一度《いちど》目で見るほうがたしかだということ。

由来

昔《むかし》の中国《ちゅうごく》で、皇帝《こうてい》が戦《いくさ》の作戦《さくせん》を相談《そうだん》したところ、将軍《しょうぐん》が、「まず敵《てき》を見にいかせてください」と答えたという話から。

まだまだあるよ 数字のことわざ・慣用句

★★★

二《に》階《かい》から目《め》薬《ぐすり》

使い方

学級委員《がっきゅういいん》の川村《かわむら》さんは声が小さいので、クラスのみんなに静《しず》かにするように注意《ちゅうい》しても、**二階《にかい》から目薬《めぐすり》**だ。

意味

物事《ものごと》がまわりくどくて、あまり効果《こうか》がないこと。また、物事《ものごと》がうまくいかず、もどかしいこと。

由来

二階《にかい》から一階《いっかい》にいる人に向《む》かって目薬《めぐすり》をさそうとしても、遠すぎてうまくさせないことから。

★★

一《いっ》杯《ぱい》食《く》わす

使い方

父は、骨董品屋《こっとうひんや》さんに**一杯食《いっぱいく》わされて**、安物《やすもの》の焼《や》き物《もの》に高いお金をはらってしまった。

意味

人をだますこと。

★★

百《ひゃく》も承知《しょうち》

使い方

アイドルが好《す》きな大山《おおやま》さんに、今日《きょう》のテレビにアイドルが出ると教えてあげたら、**百《ひゃく》も承知《しょうち》**と言われた。

意味

わざわざ言われなくても、よくわかっているということ。さらに調子《ちょうし》よく、「百《ひゃく》も承知《しょうち》二百《にひゃく》も合点《がってん》」ともいう。

9月 28日

パソコン記念日《きねんび》…一九七九年、日本電気《にほんでんき》（NEC《エヌイーシー》）が日本ではじめてパーソナルコンピューターを発売《はつばい》した日。

★★ 一《いち》を聞《き》いて十《じゅう》を知《し》る

使い方

理解《りかい》が早いとき

林《はやし》くんは少し説明《せつめい》を聞いただけで、すぐにパソコンを使《つか》いこなせるようになった。**一《いち》を聞《き》いて十《じゅう》を知《し》るだ。**

意味

少し（一）聞いただけで、物事《ものごと》のすべて（十）がわかってしまう。とてもかしこいというたとえ。

9月 29日

招《まね》き猫《ねこ》の日…九・二九〔く（る）・ふく〕のごろ合わせ。招《まね》き猫《ねこ》とは、前足をあげて人を招《まね》くすがたをした猫《ねこ》の置物《おきもの》。

★★ 猫《ねこ》の首《くび》に鈴《すず》をつける

使い方

だれもできないとき

わがままな鈴木《すずき》くんを注意《ちゅうい》しようということになったけれど、だれも**猫《ねこ》の首《くび》に鈴《すず》をつけよう**と手をあげない。

意味

よいアイデアでも、実行《じっこう》する人がいないようなむずかしいこと。ネズミが猫《ねこ》の首に鈴《すず》をつける相談《そうだん》をしたが、だれもつけにいかないという、イソップ童話《どうわ》から。

9月 30日

クレーンの日…クレーンの安全《あんぜん》の決《き》まりができた日。クレーンは、大《おお》きい物《もの》をつり上げる、建設現場《けんせつげんば》で働《はたら》く車。

★★ 肩《かた》の荷《に》が下《お》りる

使い方

ほっとしたとき

運動会《うんどうかい》のリレーで、バトンパスがうまくいって、**肩《かた》の荷《に》が下《お》りた。**

意味

重《おも》い責任《せきにん》や負担《ふたん》がなくなって、楽になること。

由来

「荷《に》」は荷物《にもつ》のこと。肩《かた》にかついだ重《おも》い荷物《にもつ》を下ろすことから。

にた言葉

・**胸《むね》をなで下《お》ろす** ⬇44ページを見てね！

10月 1日

★目《め》がさえる

コーヒーの日…秋からコーヒーを飲《の》む量《りょう》がふえることから決《き》められた。国際《こくさい》コーヒーの日でもある。

使い方

ねむれないとき

夜、地震《じしん》があって起《お》きた。そのあとゆれはおさまったけれど、**目《め》がさえて**しまって、ねむれなくなった。

✕ 夜道を歩いていると、**目《め》がさえて**、遠くまでよく見えた。

暗《くら》やみでもよく見えるということではないよ。

意味

ねむれなくなること。または、ねむくなくなること。

10月 2日

★豆腐《とうふ》の角《かど》に頭《あたま》をぶつける

豆腐《とうふ》の日…十・二（とお・ふ）のごろ合わせ。豆腐《とうふ》はみそ汁《しる》やマーボー豆腐《どうふ》などの料理《りょうり》に使《つか》われ、体にもよい。

使い方

じょうだんで悪口《わるぐち》を言うとき

兄が言ったギャグがわからなくてきょとんとしていたら、**豆腐《とうふ》の角《かど》に頭《あたま》をぶつけろ**と笑《わら》われた。

意味

じょうだんが通じないような人を、ばかにする言葉《ことば》。

由来

落語《らくご》の中の言葉《ことば》。正しくは「豆腐《とうふ》の角《かど》に頭《あたま》をぶつけて死《し》ね」。やわらかい豆腐《とうふ》の角に頭をぶつけて死《し》ぬというじょうだんがわからない人は、本当に豆腐《とうふ》の角に頭をぶつけようとするのではないかということから。

10月3日

登山《とざん》の日…十・三〔と（お）・ざん〕のごろ合わせ。山に登《のぼ》ることで、自然《しぜん》のすばらしさを知る日。

★★

船頭《せんどう》多《おお》くして船山《ふねやま》に上《のぼ》る

使い方

リーダーが多いとき

監督《かんとく》や数人のコーチに投《な》げ方《かた》を教えてもらったが、**船頭《せんどう》多《おお》くして船山《ふねやま》に上《のぼ》る**で、いいピッチングはできなかった。

意味

さしずする人が多いと、物事《ものごと》はうまく運《はこ》ばないこと。

由来

「船頭」は船長のこと。船長がたくさんいて、それぞれがさしずすると、船は正しい方向《ほうこう》に進《すす》まず、目的地《もくてきち》ではない山に登《のぼ》ってしまうということから。

反対の言葉

・三人《さんにん》寄《よ》れば文殊《もんじゅ》の知恵《ちえ》

10月4日

お月見…十五夜《じゅうごや》、中秋《ちゅうしゅう》の名月などといわれ、満月《まんげつ》を見て楽しむ行事《ぎょうじ》。月見だんごやススキなどをかざる。

★★

月夜《つきよ》に提灯《ちょうちん》

使い方

必要《ひつよう》ないとき

ホテルにとまるのに寝袋《ねぶくろ》を持《も》っていくなんて、**月夜《つきよ》に提灯《ちょうちん》**だよ。

意味

役《やく》に立《た》たないもののこと。

由来

「提灯《ちょうちん》」というのは、夜道を照《て》らすもので、今の懐中《かいちゅう》電灯《でんとう》のようなもの。月夜は明るいので、提灯《ちょうちん》はいらないだけでなく、じゃまになることから。

10月 5日

★★

口《くち》を酸《す》っぱくする

レモンの日…詩人《しじん》、高村光太郎《たかむらこうたろう》の妻《つま》、智恵子《ちえこ》がなくなった日。詩集《ししゅう》『智恵子抄《ちえこしょう》』の「レモン哀歌《あいか》」という作品《さくひん》から。

使い方

何度《なんど》も言うとき

川で遊《あそ》んじゃだめって、母に**口《くち》を酸《す》っぱくして**言われたのに、遊《あそ》んでおぼれそうになった。ごめんなさい。

意味

お説教《せっきょう》など、何度《なんど》もくり返《かえ》して同じことを言うこと。

10月 6日

★★

息《いき》が合《あ》う

国際協力《こくさいきょうりょく》の日…一九五四年、日本がはじめて、まずしい国（発《はっ》展途上国《てんとじょうこく》）を助《たす》ける「コロンボ計画」に参加《さんか》した日。

使い方

調子《ちょうし》が合うとき

クラスみんなの**息《いき》が合《あ》った**、とてもよい合唱《がっしょう》だった。

意味

複数《ふくすう》の人の気《き》持《も》ちや調子《ちょうし》がぴったり合うこと。

にた言葉

- **馬《うま》が合《あ》う** ↓192ページを見てね！
- **波長《はちょう》が合《あ》う**

10月 7日

★★★

論《ろん》より証《しょう》拠《こ》

ミステリー記念日《きねんび》…一八四九年、アメリカの推理小説家《すいりしょうせつか》、エドガー・アラン・ポーがなくなった日。

使い方

証拠《しょうこ》を見せるとき

あの店のケーキはおいしいってみんなが言っている。**論《ろん》より証拠《しょうこ》**、買って食べてみよう。

意味

あれこれ言い合うより、一つの証拠《しょうこ》を出すほうがはっきりするということ。

にた言葉

- **百聞《ひゃくぶん》は一見《いっけん》にしかず** ↓160ページを見てね！

10月

10月8日

木の日…漢数字《かんすうじ》の十と八を組み合わせると、「木」の字になることから。

★★ うどの大木《たいぼく》

使い方

役《やく》に立《た》たないとき

あの子は、クラスで一番体が大きいのに、ドッジボールはとても弱い。**うどの大木《たいぼく》**だ。

× 父がピアノを買ったけれど、ぜんぜんひかないからじゃまなだけ。**うどの大木《たいぼく》**だ。

人以外《いがい》の物《もの》に対《たい》しては使《つか》わないよ。

意味

体ばかり大きくて、役《やく》に立《た》たない人のこと。

由来

うどは、生えてすぐ食べるとおいしい山菜《さんさい》。成長《せいちょう》するとくきが太くなり高さ二メートルにもなるが、くきがやわらかいので材木《ざいもく》としては役《やく》に立《た》たず、成長《せいちょう》すると食用にもならないことから。

反対の言葉

・**山椒《さんしょう》は小粒《こつぶ》でもぴりりと辛《から》い**↓147ページを見てね！

10月9日

体育《たいいく》の日…十月の第二《だいに》月曜日。国民《こくみん》の祝日《しゅくじつ》。もとは、一九六四年の東京オリンピックの開会式《かいかいしき》がおこなわれた十月十日だった。

★ 転《ころ》んでもただでは起《お》きない

使い方

したたかなとき

神田《かんだ》くんは、おつかいの帰りに生卵《なまたまご》を落《お》として割《わ》ってしまったけれど、それで卵焼《たまごや》きを作ってお母《かあ》さんにほめられたそうだ。**転《ころ》んでもただでは起《お》きない**男だ。

意味

失敗《しっぱい》したりこまったことがおきたりしても、かならず何か自分にとってよいものを手に入れようとすること。よくばりな人や、根性《こんじょう》のある人をさす。

由来

道で転《ころ》んでも、必《かなら》ず何かをひろって起《お》き上《あ》がることから。

10月
10日

目の愛護《あいご》デー…10・10を横《よこ》にしてならべると（一〇・一〇）、人の目とまゆ毛に見えることから。

★★★ 弱《よわ》り目《め》に祟《たた》り目《め》

使い方

不運《ふうん》が重《かさ》なるとき

もらったばかりのおこづかいの入ったさいふを落《お》として、がっかりして家に帰るとちゅうで、犬に追《お》いかけられた。**弱《よわ》り目《め》に祟《たた》り目《め》**だ。

意味

こまっているときに、さらにこまったことが重《かさ》なっておきること。

にた言葉

- **泣《な》きっ面《つら》に蜂《はち》**➡42ページを見てね！
- **踏《ふ》んだり蹴《け》ったり**

10月
11日

ウインクの日…10・11を横《よこ》にしてならべると（一〇・一一）、ウインクをしているように見えることから。朝起《お》きたとき、好《す》きな相手《あいて》の名前の文字数のウインクをすると思いが通じるそうだ。

★ 目《め》は口《くち》ほどに物《もの》を言《い》う

使い方

目を見ればわかるとき

何も言わなくても、目を見れば、あなたがうそをついていないのはわかる。**目《め》は口《くち》ほどに物《もの》を言《い》う**からね。

意味

目は、口で話すのと同じくらい気持《きも》ちを表《あらわ》す。ごまかそうとしても、目を見ればわかるということ。

にた言葉

- **目《め》は心《こころ》の鏡《かがみ》**
- **目《め》は心《こころ》の窓《まど》**

まだまだあるよ 目のことわざ・慣用句 2

17ページにも「目」のことわざ・慣用句《かんようく》があるよ。

★★ 目《め》くじらを立《た》てる

意味 他人《たにん》のほんのちょっとした欠《けっ》点《てん》を無理《むり》にさがして、せめること。

由来 「目くじら」は、目じり（目のはし）のことで、「目くじり」というのが変化《へんか》したもの。

★★ 目《め》の上《うえ》のたんこぶ

使い方 安田《やすだ》さんはクラスで一番の人気者《にんきもの》だったが、外国からの転校生《てんこうせい》が来たらみんなの人気がそちらにうつり、安田《やすだ》さんにとって**目《め》の上《うえ》のたんこぶ**になった。

意味 じゃまなもののこと。とくに、自分よりえらい人やすぐれている人に対《たい》して使《つか》うことが多い。

由来 目の上にたんこぶができたら、目ざわりなことから。

★ 目《め》を皿《さら》にする

使い方 **目《め》を皿《さら》にして**、落《お》としたお金をさがした。

意味 目を大きく見開《みひら》いてよく見ること。さがしものをするときなどに使《つか》われる。

由来 目を、皿《さら》を上から見たときのように丸くするということから。横《よこ》から見た皿《さら》のように目を細めると思っている人もいるが、それはまちがい。

★ 台風《たいふう》の目《め》

使い方 このチームは、今大会《こんたいかい》の**台風《たいふう》の目《め》**になりそうだ。

意味 物事《ものごと》の中心にいて、これからのことに大きな力をおよぼす人やこと。

由来 台風の雲の中心を「台風の目」ということから。

★ 目《め》の中《なか》に入《い》れても痛《いた》くない

使い方 おじいちゃんは、孫《まご》のぼくを「**目《め》の中《なか》に入《い》れても痛《いた》くない**」とよく言っている。

意味 子どもや孫《まご》などが、とてもかわいくてたまらないこと。

10月
12日

コロンブス・デー…一四九二年に、コロンブスがアメリカ大陸《たいりく》を発見《はっけん》した日。アメリカでは十月第二《だいに》月曜日をコロンブス・デーとし、祝日《しゅくじつ》にしている。

★コロンブスの卵《たまご》

使い方

思いもしない発見《はっけん》をしたとき

お母《かあ》さん、そんな料理《りょうり》、よく思いついたね。**コロンブスの卵《たまご》**みたいだ。

意味

かんたんそうに見えることでも、最初《さいしょ》にそれを思いついて実行《じっこう》するのはむずかしいということ。

由来

新大陸発見《しんたいりくはっけん》なんてだれでもできるといわれたコロンブスが、卵《たまご》を立ててみろと言い、だれもできなかったあと、卵《たまご》のおしりをつぶして立てたという話から。

10月
13日

さつまいもの日…昔《むかし》、焼《や》きいもはクリよりおいしいということで、「くり（九里）より（四里）うまい十三（九+四）里」と言われていたことから、十三日となった。

★芋《いも》づる式《しき》

使い方

次々《つぎつぎ》と明らかになるとき

むずかしくて、まったくわからなかった算数の問題《もんだい》だけれど、とき方が一つわかったら、**芋《いも》づる式《しき》**に、すべての問題《もんだい》がとけた。

意味

一つの出来事《できごと》をきっかけにして、次々《つぎつぎ》と新しいことがわかっていくこと。

由来

畑《はたけ》で芋《いも》のつるを引っぱると、土の中からどんどん芋《いも》がつながって出てくることから。

★★★

出《で》る杭《くい》は打《う》たれる

学芸会《がくげいかい》…劇《げき》や合唱《がっしょう》、合奏《がっそう》などを発表《はっぴょう》する学校行事《がっこうぎょうじ》。秋におこなわれることが多い。

どうもー
オニでーす
こわいでーす
目立ちすぎ…
日本一

使い方

目立つとき

学芸会《がくげいかい》で劇《げき》をやることになった。本当は主役《しゅやく》をやりたかったけれど、**出《で》る杭《くい》は打《う》たれる**というので、やめておいた。

✕ ぼくをたたいた伊藤《いとう》くんが、校長先生によばれておこられた。**出《で》る杭《くい》は打《う》たれる**だ。

悪《わる》いことをして罰《ばつ》を受《う》けるということではないよ。

意味

ほかの人よりすぐれていたり、目立ったりする人は、人からねたまれたり、悪《わる》く言われたりすることが多いということ。

由来

「杭《くい》」とは、建物《たてもの》を建《た》てるとき、ささえるために土の中に打《う》つ、棒《ぼう》のこと。ならべて打《う》ったときに一本だけ出ていたら、ほかの杭《くい》と高さをそろえるために、さらに打《う》ちこまれることから。

にた言葉

・**高木《こうぼく》は風《かぜ》に倒《たお》る**

言葉ノート

一口メモ **目立つ人のことわざ・慣用句**

●**頭角《とうかく》を現《あらわ》す**…才能《さいのう》が、ほかの人よりずばぬけてすぐれていること。「頭角《とうかく》」は頭の先のこと。

(使い方) いっしょに水泳《すいえい》を習《なら》い始《はじ》めた角田《すみだ》くんは、すぐに頭角《とうかく》を現《あらわ》して、上のクラスに上がった。

●**瑠璃《るり》も玻璃《はり》も照《て》らせば光《ひか》る**…すぐれた人はどこにいても目立つということ。「瑠璃《るり》」は青い宝石《ほうせき》、「玻璃《はり》」は水晶《すいしょう》という宝石《ほうせき》で、照《て》らせば美《うつく》しく光ることから。

●**嚢中《のうちゅう》の錐《きり》**…すぐれた人は目立つということ。「嚢《のう》」はふくろのことで、ふくろの中に入れた「錐《きり》（先がとがっていて、穴《あな》をあける道具《どうぐ》）」は、ふくろから先が飛《と》び出《で》ていることから。

★ 香《かお》り松茸味《まつたけあじ》しめじ

きのこの日…十月はきのこがもっともたくさんとれる月なので、月の真《ま》ん中《なか》の日の十五日がきのこの日とされた。

使い方

きのこを食べるとき

香《かお》り松茸味《まつたけあじ》しめじというように、松茸《まつたけ》はほんとうにいい香《かお》りだなあ。

意味

ものにはそれぞれよいところがあるということ。きのこの中で香《かお》りは松茸《まつたけ》が一番よくて、味《あじ》はしめじが一番よいということから。（しめじとは、ホンシメジという種類《しゅるい》で、よく店にあるものとは別《べつ》のもの。）

★★ 憎《にく》まれっ子《こ》世《よ》にはばかる

ボスの日…一九五八年にアメリカで決《き》められた、ボス（会社の上役《うわやく》の人）にありがとうの気持《きも》ちを伝《つた》えて、プレゼントをする記念日《きねんび》。

使い方

いやなやつがえらいとき

あの子はいつもえらそうにしているので、クラスの中のひょうばんはよくないけれど、演技《えんぎ》が上手《じょうず》なので、劇《げき》ではいつも主役《しゅやく》に選《えら》ばれる。**憎《にく》まれっ子《こ》世《よ》にはばかる**だ。

意味

「はばかる」は、好《す》き勝手《かって》にするという意味《いみ》。人にきらわれるような人ほど成功《せいこう》して、世《よ》の中《なか》ではいばってるものだということ。

10月17日

貯蓄《ちょちく》の日…この日は、伊勢神宮《いせじんぐう》で、神様《かみさま》にその年にとれた米で作ったお酒《さけ》をささげる、神嘗祭《かんなめさい》の日。その日にちなんで、お金を大事《だいじ》にしようと、日本銀行《にっぽんぎんこう》が決《き》めた。

★★

親《おや》のすねをかじる

使い方

親にやしなってもらうとき

「息子《むすこ》に**すねをかじられて**、老後《ろうご》のための貯金《ちょきん》もできない」と、近所《きんじょ》のおじさんがため息《いき》をついていた。

✕ 小学生のぼくは、**親《おや》のすねをかじっている**。

子どもは親にやしなってもらうのが当たり前だから、使《つか》わないよ。

意味

子がおとなになっても、親のお金でやしなってもらうこと。

10月18日

統計《とうけい》の日…一八七〇年のこの日、日本ではじめて府県《ふけん》ごとの特《とく》産物《さんぶつ》の統計《とうけい》が出されたことから、統計《とうけい》の大切さを学ぶ日。

★★

人《ひと》の噂《うわさ》も七十五日《しちじゅうごにち》

使い方

うわさを立てられたとき

クラスで、ぜんぜん好《す》きでもない人とうわさを立てられた。いやだけど、**人《ひと》の噂《うわさ》も七十五日《しちじゅうごにち》**というから、気にしないでおこう。

意味

うわさはずっとつづくわけではなく、だいたい七十五日ぐらいでわすれられてしまうものだということ。

由来

昔《むかし》のこよみでは、十五日を一節気《せっき》といい、一年を二十四節気《にじゅうしせっき》に分けていた。七十五日は五節気《せっき》にあたり、五節気《せっき》がすぎると季節《きせつ》も変《か》わることから。

10月
19日

バーゲンの日…東京のデパートが、はじめて、大売り出しをしたといわれている日。

★★★

安物買《やすものか》いの銭失《ぜにうしな》い

使い方

安《やす》い物《もの》を買ったとき

お母《かあ》さんはバーゲンセールで安《やす》いからとあれやこれや買ったけれど、使《つか》わない。**安物買《やすものか》いの銭失《ぜにうしな》いだ。**

✕ 百円ショップでたくさん買ったら、おこづかいがなくなってしまった。**安《やす》物買《ものか》いの銭失《ぜにうしな》い**だ。

安物《やすもの》を買いすぎてお金がなくなったということではないよ。

意味

安《やす》い物《もの》は品質《ひんしつ》が悪《わる》いことが多くて、使《つか》わなかったり直したりするので、高《たか》い物《もの》を買うよりも、損《そん》をすることになるということ。江戸《えど》かるたの「や」の札《ふだ》（江戸《えど》かるたについては180ページを見てね）。

にた言葉

・**安《やす》かろう悪《わる》かろう**

10月
20日

リサイクルの日…十・二十（ひとまわり・ふたまわり）というごろ合わせ。十月は「リサイクル推進《すいしん》月間」だ。

★★★

人《ひと》のふり見《み》て我《わ》がふり直《なお》せ

使い方

人の行動《こうどう》を見て考えるとき

となりの席《せき》の金田《かねだ》くんは、給食《きゅうしょく》のとき、口に物《もの》を入れたまましゃべってごはんをこぼす。**人《ひと》のふり見《み》て我《わ》がふり直《なお》せ**で、ぼくは食べながら話さないようにしている。

よいことにも悪《わる》いことにも使《つか》われるよ。

意味

他人《たにん》を見て、よいことは見習《みなら》い、悪《わる》いことは反省《はんせい》して、自分の行動《こうどう》を見直そうということ。

にた言葉

・**他山《たざん》の石《いし》**➡133ページを見てね！

10月 21日

蛍雪《けいせつ》の功《こう》

★★

あかりの日…一八七九年、エジソンが生活で使《つか》える白熱電球《はくねつでんきゅう》を発明《はつめい》した日。

使い方

苦労《くろう》して勉強《べんきょう》したとき

おじさんは、家がまずしくて働《はたら》きながら高校へいき、**蛍《けい》雪《せつ》の功《こう》**をつんで、大会社の社長になったそうだ。

意味

苦労《くろう》しながら勉強《べんきょう》をして、結果《けっか》を出すこと。

由来

昔《むかし》、中国《ちゅうごく》のまずしい二人の青年が、あかりをつける油《あぶら》を買うことができなくて、夏には蛍《ほたる》の光で、冬には雪明かりで勉強《べんきょう》した。この努力《どりょく》がむくわれて、二人ともりっぱな役人《やくにん》になったという話から。「蛍《ほたる》の光」という歌も、この話から作られたものだ。

10月 22日

住《す》めば都《みやこ》

★★

時代祭《じだいまつり》…平安神宮《へいあんじんぐう》のお祭《まつ》り。祇園祭《ぎおんまつり》、葵祭《あおいまつり》とともに京都三大《きょうとさんだい》祭《まつり》。昔《むかし》、京都《きょうと》へと都《みやこ》がうつされた日におこなわれる。

使い方

引っこしたとき

親の転勤《てんきん》で、海外でくらすことになった。最初《さいしょ》は不安《ふあん》だったけれど、**住《す》めば都《みやこ》**で、今はとても楽しい。

✕ **住《す》めば都《みやこ》**というから、おとなになったら東京でくらしたい。

「住《す》むのなら都会《とかい》のほうがいい」という意味《いみ》ではないよ。

意味

「都《みやこ》」とは、住《す》みやすい場所《ばしょ》のこと。どんな場所《ばしょ》でも、住《す》んでみれば、住《す》みなれて居心地《いごこち》がよくなるということ。

10月23日

電信電話記念日《でんしんでんわきねんび》…一八六九年、東京―横浜《よこはま》間で電信線《でんしんせん》（電報《でんぽう》を送《おく》るために必要《ひつよう》なもの）の工事《こうじ》が始《はじ》まった日。

★ 歯《は》に衣着《きぬき》せぬ

おたんじょう日
おめでとう
またひとつ
おばあちゃんになって
おめでたいかどうか
わからないけど
元気で長生き
してください
はると
歯に衣着せぬ
電報だね

使い方

ずけずけ言うとき

同じクラスでなかよしの原田《はらだ》くんは、上級生《じょうきゅうせい》に対《たい》しても**歯《は》に衣着《きぬき》せない**で話す。

意味 思ったことを、相手《あいて》のことを考えずに、えんりょしないではっきり言うこと。

由来 「衣《きぬ》」とは、着《き》る物《もの》のこと。歯《は》に何も着《き》せないということで、言葉《ことば》をかざらないという意味《いみ》。

反対の言葉
・**奥歯《おくば》に物《もの》が挟《はさ》まったよう**
⬇93ページを見てね！

10月24日

文鳥の日…文鳥は、なれると手に乗《の》ることから、十・二・四〔て（ん）・に・し（あわせ）〕のごろ合わせ。

★★★ 嘴《くちばし》を入《い》れる

今は
この子の番
きみは
あとね

使い方

よけいな口出しをするとき

これはうちのクラスの問題《もんだい》だから、よそのクラスのきみは、**嘴《くちばし》を入《い》れない**でください。

意味 自分とは関係《かんけい》のないことなのに、横《よこ》から口出しをすること。

にた言葉
・**嘴《くちばし》を挟《はさ》む**
・**口《くち》を挟《はさ》む**
⬇45ページを見てね！

10月 25日

★★ 長《なが》い物《もの》には巻《ま》かれよ

世界《せかい》パスタデー…一九九五年、イタリアで、第一回世界《だいいっかいせかい》パスタ会議《かいぎ》がおこなわれた日。

長い物に
巻かれるのは
楽ですが
長い物を巻くのは
むずかしいですね

使い方

さからってもむだなとき

学芸会《がくげいかい》でのクラスの出《だ》し物《もの》は、ぼくはマジックショーをやりたかったけれど、**長《なが》い物《もの》には巻《ま》かれよ**というから、みんなが言う合唱《がっしょう》に賛成《さんせい》した。

意味

力の強いものや、おおぜいが賛成《さんせい》することには、反対《はんたい》しないでしたがったほうが得《とく》だということ。

関連する言葉

・**鶏口《けいこう》となるも牛後《ぎゅうご》となるなかれ**
大きなまとまりで人に使《つか》われるよりも、小さなまとまりの上に立つ人になったほうがよい。

10月 26日

★ 桃栗三年柿八年《ももくりさんねんかきはちねん》

柿《かき》の日…一八九五年、俳人《はいじん》の正岡子規《まさおかしき》が、「柿《かき》食えば鐘《かね》が鳴るなり法隆寺《ほうりゅうじ》」という有名《ゆうめい》な俳句《はいく》をよんだ日。

ゴーン
桃栗三年
柿八年
でも食べるのは
たった三分

使い方

ゆめをかなえたいとき

将来《しょうらい》は音楽家になりたくて、バイオリンを習《なら》い始《はじ》めた。まだうまくひけないけれど、**桃栗三年柿八年《ももくりさんねんかきはちねん》**、あきらめないでがんばろう。

意味

物事《ものごと》をなしとげるためには、それなりに長い年月がかかるということ。

由来

成長《せいちょう》して実《み》がなるまでに、桃《もも》と栗《くり》は三年、柿《かき》は八年かかることから。

10月
27日

読書週間…十月二十七日から十一月九日までの二週間。読書をすすめるもよおしなどがおこなわれる。

★★ 目《め》から鱗《うろこ》が落《お》ちる

使い方

本質《ほんしつ》に気がついたとき

算数がきらいだったけれど、算数クイズをといて、**目《め》から鱗《うろこ》が落《お》ちた。**算数ってじつはおもしろいんだね。

意味

何かがきっかけになって、急《きゅう》に物事《ものごと》がよく見えるようになり、まちがいに気づいたり、まよいからさめたりすること。ただ「目《め》から鱗《うろこ》」ともいう。

由来

キリスト教をきらい、信者《しんじゃ》を苦《くる》しめていた者《もの》の目が見えなくなるが、イエス・キリストのつかいの人が来て祈《いの》りをささげると、目から鱗《うろこ》のようなものが落《お》ちて目が見えるようになったという、聖書《せいしょ》の中の話から。

10月
28日

パンダの日…一九七二年、日本にはじめて、ジャイアントパンダの「カンカン」と「ランラン」が、中国《ちゅうごく》から東京の上野《うえの》動物《どうぶつ》園《えん》に来た日。

★★ 目《め》を白黒《しろくろ》させる

使い方

苦《くる》しいとき

大福《だいふく》をあわてて食べたらのどにつまってしまって、**目《め》を白黒《しろくろ》させた。**

意味

のどに物《もの》がつかえて苦《くる》しくなり、目をはげしく動《うご》かすこと。おどろいた場合も同じようになることがある。

由来

目をはげしく動《うご》かして、白目にしたり黒目にしたりするようすから。

まだまだあるよ 色のことわざ・慣用句

色の名前を使《つか》ったことわざ・慣用句《かんようく》はたくさんある。ここではその中のいくつかを紹介《しょうかい》するよ。

★★ 青天《せいてん》の霹靂《へきれき》

使い方 担任《たんにん》の先生が結婚《けっこん》して、学年のとちゅうで学校をやめることになった。まさに**青天《せいてん》の霹靂《へきれき》**だ。

意味 予想《よそう》しなかったようなことが、急《きゅう》におこること。

由来 「青天」は青い空、「霹靂《へきれき》」は、かみなりの音のこと。空が晴れているのに、とつぜん、かみなりが鳴ることから。

★ 青《あお》は藍《あい》より出《い》でて藍《あい》より青《あお》し

意味 弟子《でし》が先生よりも優秀《ゆうしゅう》だということ。

由来 「藍《あい》」とは布《ぬの》をそめる草のこと。藍《あい》でそめた布《ぬの》は、もとの草の藍《あい》の色よりもきれいな青い色になることから、藍《あい》を先生、青を弟子《でし》にたとえた。

★★ 白紙《はくし》に戻《もど》す

使い方 学級会《がっきゅうかい》でクラスの目標《もくひょう》を決《き》めたけれど、ちゃんと守《まも》る人がほとんどいなかったので、**白紙《はくし》に戻《もど》して**決め直《なお》した。

意味 何もなかったもとの状態《じょうたい》に戻《もど》すこと。

由来 「白紙」は白い紙のことで、何も書いていないことから。

★ 黒白《こくびゃく》を争《あらそ》う

意味 どちらが正しいか、どちらがよいかをはっきりさせること。「白黒《しろくろ》つける」ともいう。裁判《さいばん》で争《あらそ》う場合などによく使《つか》われる。

★ 赤貧《せきひん》洗《あら》うがごとし

意味 とてもまずしいこと。

由来 「赤」は何もないという意味《いみ》。あらい流《なが》したように何も持《も》っていないということから。

10月29日

社会科見学…社会の授業《じゅぎょう》で、学校の外に出て、学校の授業《じゅぎょう》に関《かん》係《けい》する調《しら》べものや見学などをすること。

★★★ 聞《き》くは一時《いっとき》の恥《はじ》 聞《き》かぬは一生《いっしょう》の恥《はじ》

使い方

知らないことがあったとき

社会科見学のとき、お店の人にインタビューをするのがはずかしかったけれど、**聞《き》くは一時《いっとき》の恥《はじ》、聞《き》かぬは一生《いっしょう》の恥《はじ》**というので、思いきって聞いてみることにした。

意味

知らないことを聞くのははずかしいかもしれないが、聞かなければずっと物事《ものごと》を知らなくて、一生はずかしい思いをすることになる。だから、知らないことは、何でもすぐに聞いたほうがよいということ。

10月30日

香《かお》りの記念日《きねんび》…一九九二年、石川県七尾市《いしかわけんななおし》で「世界《せかい》の香《かお》りフェア・イン・能登《のと》」が開《ひら》かれたのを記念《きねん》して、七尾市《ななおし》が制定《せいてい》。

★★★ 鼻《はな》につく

使い方

うっとうしいとき

最初《さいしょ》はおもしろいと思っていたテレビコマーシャルも、何度《なんど》も流《なが》れていると、だんだん**鼻《はな》についてくる**。

意味

同じことが重《かさ》なって、あきていやになること。また、人の言動《げんどう》がうっとうしいこと。

由来

いやなにおいが鼻《はな》についてのこるということから。

関連する言葉

・**鼻《はな》が利《き》く**／においをかぎ分けるのが得意《とくい》なこと。

10月

31日

★★★ しっぽを出《だ》す

ハロウィン…もとはヨーロッパの古いお祭《まつ》り。カボチャのランタンをかざって、子どもたちが仮装《かそう》して近所《きんじょ》の家をまわっておかしをもらう行事《ぎょうじ》となっている。

使い方

ぼろを出したとき

姉のノートをやぶってしまい、だまっていたのに、つい「ノートだいじょうぶだった?」と聞いて、**しっぽを出《だ》して**しまった。

✕ お父《とう》さんの誕生日《たんじょうび》にあげようとマフラーをないしょであんでいたら、あんでいるのを見つかって、**しっぽを出した。**

よいことが相手《あいて》に知られることには使《つか》わない。悪《わる》いことに使《つか》う言葉《ことば》だよ。

意味

悪《わる》いことやかくしていたこと、ごまかしていたことが、明らかになること。

由来

昔《むかし》、キツネやタヌキは、人間などに化《ば》けて、人をだますものだと思われていた。人間に化《ば》けたキツネやタヌキの、しっぽが出てしまい、正体がばれてしまったという、昔話《むかしばなし》などから。

にた言葉

- **尻《しり》が割《わ》れる**
- **馬脚《ばきゃく》をあらわす**／劇《げき》で馬の脚《あし》の役《やく》の人がすがたを見せてしまうように、かくしていた正体がばれること。
- **化《ば》けの皮《かわ》がはがれる**

言葉ノート

一口メモ **しっぽの慣用句**

「しっぽ」がつく慣用句《かんようく》は、ほかにもあるよ。

●**しっぽを巻《ま》く**…負《ま》けをみとめること。けんかに負《ま》けた犬がしっぽを巻《ま》くことから、「しっぽを巻《ま》いてにげる」などと使《つか》うよ。

●**しっぽを振《ふ》る**…人に気に入られようとする犬がしっぽをふることから、相手《あいて》のきげんをとること。

●**しっぽをつかむ**…人に化《ば》けたキツネやタヌキのしっぽをつかむことから、人の弱みやひみつを見ぬくこと。また、悪《わる》いことをした証拠《しょうこ》をおさえること。

●**尾《お》を振《ふ》る犬《いぬ》はたたかれず**…181ページを見てね!

●**犬《いぬ》が西向《にしむ》きゃ尾《お》は東《ひがし》**…181ページを見てね!

★★★

犬《いぬ》も歩《ある》けば棒《ぼう》に当《あ》たる

犬の日…一一・一（ワンワン・ワン）で犬の鳴き声のごろ合わせ。犬のことを知り、犬をかわいがる日。

使い方1

やってみて失敗《しっぱい》したとき

デパートに行ったとき、お母《かあ》さんからはなれて一人でうろうろしていたら、こわそうな人にぶつかってどなられた。**犬《いぬ》も歩《ある》けば棒《ぼう》に当たる**だなあ。

使い方2

やってみてよかったとき

ごみ拾《ひろ》いのボランティアに参加《さんか》したら、さいふを拾《ひろ》い、持《も》ち主《ぬし》が出てきてお礼《れい》をもらった。**犬《いぬ》も歩《ある》けば棒《ぼう》に当《あ》たる**だ。

意味

1 何かをしようとすれば、災難《さいなん》にあうということ。

2 行動《こうどう》すれば、思わぬ幸運《こううん》にあうことがあるということ。

ぜんぜんちがう二つの意味《いみ》がある。昔《むかし》は、1の意味《いみ》だけだったが、だんだん2の意味《いみ》でも使《つか》われるようになった。

由来

昔《むかし》、犬がうろうろしていると、人に棒《ぼう》でたたかれたということから。

言葉ノート

一口メモ **いろはかるた②**

32ページの言葉《ことば》ノートで説明《せつめい》したように、いろはかるたは、京都《きょうと》、大阪《おおさか》、名古屋《なごや》、江戸《えど》（東京《とうきょう》）と、地方によって、札《ふだ》の種類《しゅるい》がちがう。

「犬《いぬ》も歩《ある》けば棒《ぼう》に当《あ》たる」から始《はじ》まるのが、江戸《えど》（東《とう》京《きょう》）のいろはかるた。最初《さいしょ》にくるこのことわざから、江戸《えど》かるたは、「犬棒《いぬぼう》かるた」ともいわれる。ちなみに、次《つぎ》の「ろ」は「論《ろん》より証拠《しょうこ》」（164ページ）、「は」は「花《はな》より団子《だんご》」（53ページ）だよ。（表紙《ひょうし》うらに、すべての札《ふだ》が紹介《しょうかい》されているよ。）

いろは47文字のほかに、「京《きょう》」という札《ふだ》を入れて48枚《まい》にしているいろはかるたもあるよ。

まだまだあるよ

犬のことわざ・慣用句

★★負《ま》け犬《いぬ》の遠吠《とおぼ》え

使い方 ドッジボール大会で負《ま》けて相手《あいて》チームの悪口《わるぐち》を言うなんて、**負《ま》け犬《いぬ》の遠吠《とおぼ》え**だからやめよう。

意味 才能《さいのう》やカが相手《あいて》より下の者《もの》が、かげで悪口《わるぐち》や負《ま》け惜《お》しみを言うこと。

由来 遠吠《とおぼ》えというのは、犬やオオカミが、遠くから吠《ほ》えること。

★犬《けん》猿《えん》の仲《なか》

使い方 川野《かわの》先生と山中《やまなか》先生は**犬猿《けんえん》の仲《なか》**だとみんな思っていたのに、なんと結婚《けっこん》するそうだ。

意味 とても仲《なか》が悪《わる》いこと。犬と猿《さる》は、仲《なか》が悪《わる》いといわれていることから。

★夫婦《ふうふ》喧嘩《げんか》は犬《いぬ》も食《く》わない

意味 夫婦《ふうふ》喧嘩《げんか》は、夫婦《ふうふ》の間の問題《もんだい》だから、人が入って止めたり心配《しんぱい》したりする必要《ひつよう》はなく、ほうっておいたほうがよいということ。

由来 夫婦《ふうふ》喧嘩《げんか》の原因《げんいん》は、たいしたことのないことが多いので、なんでもよく食べる犬でも見向《みむ》きもしないということから。

33ページには「猫《ねこ》」のことわざ・慣用句《かんようく》があるよ。

★犬《いぬ》が西《にし》向《む》きゃ尾《お》は東《ひがし》

意味 とてもあたりまえのこと。

由来 犬が西を向《む》けば、当然《とうぜん》、しっぽは東を向《む》くことから。

★尾《お》を振《ふ》る犬《いぬ》はたたかれず

意味 すなおな人は、人から好《す》かれるので、おこられたりひどいことをされたりすることはないということ。

由来 しっぽを振《ふ》ってよってくる犬はかわいいので、たたくことはないということから。

★犬《いぬ》に論語《ろんご》

意味 なんの役《やく》にも立《た》たないこと。

由来 犬に「論語《ろんご》」を説《と》いてみてもどうにもならないことから。（「論語《ろんご》」については、68ページを見よう。）

にた言葉
・**馬《うま》の耳《みみ》に念仏《ねんぶつ》**➡19ページを見てね！
・**猫《ねこ》に小判《こばん》**➡32ページを見てね！
・**豚《ぶた》に真珠《しんじゅ》**➡38ページを見てね！

11月 2日

★

足下《あしもと》にも及《およ》ばない

タイツの日…片足《かたあし》ずつ作って合わせるタイツの形が「11」ににていて、二つがペアであることから。

使い方

かなわないとき

ぼくはギターの練習《れんしゅう》をしているけれど、まだ兄の**足下《あしもと》にも及《およ》ばない**。

意味

相手《あいて》がとてもすぐれていて、くらべようがないこと。

11月 3日

★★

図《ず》に乗《の》る

文化《ぶんか》の日…日本国憲法《にほんこくけんぽう》が公布《こうふ》(発表《はっぴょう》)された日。国民《こくみん》の祝日《しゅくじつ》。

使い方

調子《ちょうし》に乗《の》るとき

展覧会《てんらんかい》で金賞《きんしょう》をとったので、**図《ず》に乗《の》っ**て帰り道で落書《らくが》きをしておこられた。

意味

いい気になってつけあがること。

由来

お坊《ぼう》さんが儀式《ぎしき》で唱《とな》える「声明《しょうみょう》」という音楽で、うまく調子《ちょうし》を変《か》えられることを「図《ず》に乗《の》る」といったことから。

11月 4日

★★

枯《か》れ木《き》も山《やま》の賑《にぎ》わい

木枯《こが》らし一号《ごう》…秋の終《お》わりごろ、はじめてふく強い北風のこと。ふく日は年によってちがい、東京と大阪《おおさか》で発表《はっぴょう》される。

使い方

多いほうがいいとき

講演会《こうえんかい》に人をたくさん集《あつ》めたいので、子どものぼくも、**枯《か》れ木《き》も山《やま》の賑《にぎ》わい**だからと、つれていかれた。

✕ ぜひ、わたしの誕生会《たんじょうかい》に来てよ。**枯《か》れ木《き》も山《やま》の賑《にぎ》わい**だからね。

面《めん》と向《む》かって言うと失礼《しつれい》になるので使《つか》わないようにしよう。

意味

枯《か》れた木でも山にあったほうがいいように、つまらないものでも、ないよりはましだということ。

11月
5日

世界津波の日《せかいつなみのひ》…一八五四年、和歌山県《わかやまけん》で大津波《おおつなみ》がおきたとき、五兵衛《ごへえ》という老人《ろうじん》が、自分の稲束《いなたば》に火をつけ、村人を高台に集《あつ》め、命《いのち》をすくった「稲むらの火」という物語《ものがたり》に由来《ゆらい》する。

★★★

蜘蛛《くも》の子《こ》を散《ち》らす

使い方

多くの人がにげるとき

動物園《どうぶつえん》でライオンがおりからにげて、お客《きゃく》さんは**蜘蛛《くも》の子《こ》を散《ち》らす**ようににげた。

× マラソンのスタートの合図で、**蜘蛛《くも》の子《こ》を散《ち》らす**ように走り出した。

にげること以外《いがい》には使《つか》わないよ。

意味

たくさんの人が、四方八方ににげていくようす。

由来

蜘蛛《くも》の子がたくさん入っているふくろをやぶると、ぱあーっといっせいに広がってにげていくことから。

この稲むらの火が見えなければ
蜘蛛の子を散らすように
津波から にげてしまい
たすからなかった…
ありがとう…

11月
6日

アパート記念日《きねんび》…一九一〇年、東京に、日本ではじめてのアパート「上野倶楽部《うえのくらぶ》」ができた日。

★★★

遠《とお》くの親類《しんるい》より近《ちか》くの他人《たにん》

近所の人と
なかよしだピ～
ピー
いってらっしゃい
気をつけろよ～
はーい!
となりの
おじちゃん
いってきます

使い方

こまったとき

ペットの犬がいなくなったとき、近所《きんじょ》の人がさがしてくれて見つかった。**遠《とお》くの親類《しんるい》より近《ちか》くの他人《たにん》**だ。

× となりのおじさんがおこづかいをくれた。**遠《とお》くの親類《しんるい》より近《ちか》くの他人《たにん》**だ。

親類《しんるい》よりも近所《きんじょ》の人と親しいという意味《いみ》ではないよ。

意味

いざというときは、遠くに住《す》んでいる親類《しんるい》よりも、近くに住《す》んでいる人のほうがたよりになるということ。

11月7日

★冬来《ふゆき》たりなば春遠《はるとお》からじ

立冬《りっとう》…冬の始《はじ》まりの日。だいたい十一月七日ごろ。

使い方

つらいとき

バレエの練習《れんしゅう》がとてもきつくてやめたいけれど、**冬来《ふゆき》たりなば春遠《はるとお》からじ**、もう少しがまんしてがんばってみよう。

意味

今は不幸《ふこう》だとしても、それがずっとつづくのではなく、がまんしていれば、やがて幸《しあわ》せがくるということ。

11月8日

★肉《にく》を切《き》らせて骨《ほね》を断《た》つ

刃物《はもの》の日…かじやさんのお祭《まつ》り「ふいご祭《まつ》り」がおこなわれることと、一一・八（いい・刃《は》）のごろ合わせから。

使い方

戦《たたか》うとき

柔道《じゅうどう》の大会で、相手《あいて》にわざをしかけさせて、それを利用《りよう》して相《あい》手《て》を投《な》げとばした。**肉《にく》を切《き》らせて骨《ほね》を断《た》つ**作戦《さくせん》だ。

意味

自分が傷《きず》ついても、相手《あいて》をそれよりもっと傷《きず》つけて、勝《か》つということ。

11月9日

★火事場《かじば》の馬鹿力《ばかぢから》

一一九番の日…一一・九のごろ合わせ。一一九番は火事《かじ》のときや急病人《きゅうびょうにん》などがいるときにかける電話番号《でんわばんごう》。

使い方

思わぬ力を出すとき

運動会《うんどうかい》のリレーでアンカーだったぼくは、二人をぬいて優勝《ゆうしょう》した。**火事場《かじば》の馬鹿力《ばかぢから》**が出た。

意味

火事《かじ》のとき、自分でも信《しん》じられないような重《おも》い物《もの》を持《も》ち出《だ》せるように、せっぱつまったときには、いつもは考えられないような力が出るということ。

関連する言葉

・**窮鼠猫《きゅうそねこ》をかむ**⬇33ページを見てね！

11月
10日

トイレの日…一一・十〔い・い・ト（イレ）〕のごろ合わせ。

★★ 大《だい》は小《しょう》を兼《か》ねる

こっちで大はできない…
こっちで小はできる!

使い方

大《おお》きい物《もの》が役《やく》に立《た》つとき

お母《かあ》さんが買ってくるぼくの服《ふく》はいつも大きい。「**大《だい》は小《しょう》を兼《か》ねるよ**」とお母《かあ》さんは言う。

✕ 新しいえんぴつを買った。**大《だい》は小《しょう》を兼《か》ねる**ので、小さくなったえんぴつはすてよう。

小《ちい》さい物《もの》はむだだということではないよ。

意味

大《おお》きい物《もの》は小《ちい》さい物《もの》の代《か》わりになるということ。大《おお》きい物《もの》のほうが小《ちい》さい物《もの》より役《やく》に立《た》つということ。

反対の言葉

・杓子《しゃくし》は耳《みみ》かきにならず

大きい物《もの》が小さい物《もの》の代《か》わりにはならないということ。

まだまだあるよ 大・小のことわざ・慣用句

★ 大《だい》なり小《しょう》なり

使い方

みんな、**大《だい》なり小《しょう》なり**、食《た》べ物《もの》の好《す》ききらいはあるだろうけれど、給食《きゅうしょく》はなるべくのこさないで食べよう。

意味

大きくても小さくても、どちらにしても、という意味《いみ》。

★ 大《おお》船《ぶね》に乗《の》ったよう

使い方

うちの班《はん》は班長《はんちょう》がしっかりしているので、班活動《はんかつどう》のときはいつも**大《おお》船《ぶね》に乗《の》ったような**気持《きも》ちでいる。

意味

心配《しんぱい》ごとがあっても、信用《しんよう》できる相手《あいて》にまかせられるので、安心《あんしん》していられること。

★ 大《おお》きな顔《かお》をする

使い方

早川《はやかわ》くんはサッカーが下手《へた》なのに、サッカー教室《きょうしつ》に通っているというだけで、**大《おお》きな顔《かお》をして**いる。

意味

力がないくせに、いばっていること。また、悪《わる》いことをしたくせに平気《へいき》な顔をしていること。

関連する言葉

・大《おお》きな口《くち》を利《き》く

えらそうなことを言うこと。

11月11日

★★ 怪我《けが》の功名《こうみょう》

サッカーの日…サッカーが十一人対《たい》十一人でおこなわれることから。

使い方

失敗《しっぱい》がよいことにつながったとき

サッカーの試合《しあい》で、パスを失敗《しっぱい》してしまったけれど、ボールが相手《あいて》チームの選手《せんしゅ》の頭にあたって、ゴールに入った。**怪我《けが》の功名《こうみょう》**だ。

意味

失敗《しっぱい》したと思ったことや何気《なにげ》なくやったことが、思いがけずにいい結果《けっか》を生むこと。「功名《こうみょう》」は、よいことをして有名《ゆうめい》になるという意味《いみ》。失敗《しっぱい》のおかげで有名《ゆうめい》になれたということから。

11月12日

★★ 襟《えり》を正《ただ》す

洋服記念日《ようふくきねんび》…明治時代《めいじじだい》のはじめ、儀式《ぎしき》のときの正装《せいそう》は、和服《わふく》でなく洋服《ようふく》にするという命令《めいれい》が、政府《せいふ》から出された日。

使い方

きちんとするとき

地震《じしん》で家がこわれてしまった人のお話を、みんな、**襟《えり》を正《ただ》して**聞いた。

意味

今までのことを反省《はんせい》し、気を引きしめること。

由来

昔《むかし》の中国《ちゅうごく》で、有名《ゆうめい》なうらない師《し》の深《ふか》い知識《ちしき》に感心《かんしん》した役人《やくにん》が、冠《かんむり》のひもをしめ直し、着物《きもの》の襟《えり》を正《ただ》してきちんとすわり直して話を聞いた、という話から。

にた言葉

・膝《ひざ》を正《ただ》す

11月
13日

漆《うるし》の日…千百年ほど前に、天皇《てんのう》の子どもの惟喬親王《これたかしんのう》が、漆器《しっき》の作り方を仏様《ほとけさま》から教わったといわれる日。

★★★
石《いし》の上《うえ》にも三年《さんねん》

使い方

がんばってつづけるとき

柔道《じゅうどう》を習《なら》い始《はじ》めた。練習《れんしゅう》はきびしいけれど、**石《いし》の上《うえ》にも三年《さんねん》**、小学生チャンピオンめざしてがんばるぞ。

意味

どんなにつらくても、がまんしてつづけていれば、いつかは成功《せいこう》するということ。

由来

冷《つめ》たい石の上でも三年すわりつづければ、あたたかくなるということから。

にた言葉

・**牛《うし》の歩《あゆ》みも千里《せんり》**→152ページを見てね！
・**桃栗三年柿八年《ももくりさんねんかきはちねん》**→175ページを見てね！

11月
14日

合唱《がっしょう》コンクール…クラスごとに合唱《がっしょう》のできばえをきそう学校行事《がっこうぎょうじ》。秋におこなわれることが多い。

★★
実《み》を結《むす》ぶ

使い方

がんばって結果《けっか》を出したとき

毎日、漢字《かんじ》の書《か》き取《と》りの練習《れんしゅう》をしたので、テストで百点が取《と》れた。努力《どりょく》が**実《み》を結《むす》んだよ**。

意味

努力《どりょく》してやってきたことがよい結果《けっか》につながること。

由来

植物《しょくぶつ》の実《み》がなることをいう。種《たね》をまいて、芽《め》が出て、実《み》がなるまで時間がかかることから。

にた言葉

・**物《もの》になる**／りっぱに成功《せいこう》すること。

11月 15日

七五三《しちごさん》…三歳《さい》と七歳《さい》の女の子、五歳《さい》（地方によっては三歳《さい》と五歳《さい》）の男の子の成長《せいちょう》を祝《いわ》う、年中行事《ねんちゅうぎょうじ》。

★ 親《おや》はなくとも子《こ》は育《そだ》つ

使い方

子どもが成長《せいちょう》したとき

うちの父は、子どものときに両親《りょうしん》をなくして、養護施設《ようごしせつ》で育《そだ》てられた。**親《おや》はなくとも子《こ》は育《そだ》つ**、が口ぐせだ。

✕母はぼくがやることすべてに口を出してくる。**親《おや》はなくとも子《こ》は育《そだ》つ**のだから、心配《しんぱい》しないでほしい。

親にほうっておいてほしいという意味《いみ》ではないよ。

意味

実《じつ》の親がいなくても、まわりの助《たす》けなどもあり、子どもは成長《せいちょう》するものだ。世《よ》の中《なか》はそれほど心配《しんぱい》することはないということ。

11月 16日

幼稚園記念日《ようちえんきねんび》…日本初《はつ》の公立幼稚園《こうりつようちえん》ができた日。

★★★ 三《み》つ子《ご》の魂《たましい》百《ひゃく》まで

使い方

性格《せいかく》が変《か》わらないとき

母は、昔《むかし》からあわてんぼうだったと祖母《そぼ》が言っていた。**三《み》つ子《ご》の魂百《たましいひゃく》まで**だ。

✕**三《み》つ子《ご》の魂《たましい》百《ひゃく》まで**というように、となりの三つ子は、百歳《さい》まで生きるのかなあ。

「三つ子」は、同時に生まれた三人の子どもではないよ。

意味

小さい子どものころの性格《せいかく》は、成長《せいちょう》しても変《か》わらないということ。「三つ子」は三歳《さい》の子という意味《いみ》。

にた言葉

・**雀百《すずめひゃく》まで踊《おど》り忘《わす》れず**⬇20ページを見てね！

まだまだあるよ

子どものことわざ・慣用句

81ページには「親」のことわざ・慣用句《かんようく》があるよ。

★ 子《こ》はかすがい

意味 父親と母親の仲《なか》が悪《わる》くても、子どもが、夫婦《ふうふ》の仲《なか》をつなぎとめてくれるということ。

由来 「かすがい」というのは、木と木をつなぐ、両《りょう》はしが曲《ま》がった大きなくぎのこと。人と人の仲《なか》をつなぐものという意味《いみ》でも使《つか》われる。

★★ 泣《な》く子《こ》も黙《だま》る

使い方 体操《たいそう》教室のコーチは、**泣《な》く子《こ》も黙《だま》る**鬼《おに》コーチといわれている。

意味 泣《な》いている子どもが泣《な》きやんで静《しず》かになるほど、おそろしかったり力があったりすること。

★ 寝《ね》る子《こ》は育《そだ》つ

意味 よく寝《ね》る子は、すくすくじょうぶに育《そだ》つということ。

由来 よく寝《ね》るのは、健康《けんこう》だということから。

★ 寝《ね》た子《こ》を起《お》こす

使い方 学級会《がっきゅうかい》で一度《いちど》決《き》まったことなのに、また反対意見《はんたいいけん》を言いだすなんて、**寝《ね》た子《こ》を起《お》こす**ようなものだ。

意味 せっかく物事《ものごと》がおさまっていたのに、よけいなことをして、また問題《もんだい》をおこしてしまうこと。

由来 寝《ね》て静《しず》かになっていた赤ちゃんをわざわざ起《お》こして、泣《な》かせてしまうことから。

★ 獅子《しし》の子《こ》落《お》とし

意味 自分の子どもに、わざと苦《くる》しい思いをさせることによって、一人前に育《そだ》てようとすること。

由来 「獅子《しし》」はライオンのこと。ライオンは自分の子どもを谷底《たにぞこ》に落《お》とし、自力で登《のぼ》ってきた子どもだけを育《そだ》てるといわれることから。

にた言葉
・**かわいい子《こ》には旅《たび》をさせよ**
⬇207ページを見てね！

11月 17日

将棋《しょうぎ》の日《ひ》…江戸時代《えどじだい》に「御城将棋《おしろしょうぎ》の日」として、将軍《しょうぐん》の御前《ごぜん》で将棋《しょうぎ》をさす大会のあった日。

★王手《おうて》をかける

使い方

もうすぐ勝利《しょうり》すること

ドッジボールで相手《あいて》チームはのこり一人。勝利《しょうり》に**王手《おうて》をかけた。**

意味

相手《あいて》のいちばん大事《だいじ》なところをついて、追《お》いつめること。成功《せいこう》や勝利《しょうり》まであと一歩となること。

由来

「王手《おうて》」というのは、将棋《しょうぎ》で、相手《あいて》の王将《おうしょう》に対《たい》して直接《ちょくせつ》自分のこまでせめること。将棋《しょうぎ》は相手《あいて》の王将《おうしょう》を取《と》ると勝《か》ちなので、勝利《しょうり》の一歩手前ということから。

11月 18日

土木《どぼく》の日…十一と十八の漢字《かんじ》を組み合わせると、土・木となることから。土木《どぼく》とは、道路《どうろ》や鉄道《てつどう》などをつくること。

★木《き》を見《み》て森《もり》を見《み》ず

使い方

全体《ぜんたい》を見わたせないとき

食べ放題《ほうだい》のレストランで、最初《さいしょ》に大好《だいす》きなハンバーグばかり食べたら、おなかいっぱいになってほかの料理《りょうり》やデザートが食べられなかった。**木《き》を見《み》て森《もり》を見《み》ず**だった。

意味

物事《ものごと》の一部《いちぶ》や小さいことにばかり目がいって、本質《ほんしつ》や全体《ぜんたい》が見えていないこと。

由来

一本の木だけを注意《ちゅうい》して森の全体《ぜんたい》を見ないという、英《えい》語《ご》のことわざから。

11月19日

緑《みどり》のおばさんの日…一九五九年、通学する子どもを交通事故《こうつうじこ》から守《まも》るための学童擁護員《がくどうようごいん》（緑《みどり》のおばさん）の制度《せいど》が始《はじ》まった日。

★★★ 急《いそ》がば回《まわ》れ

使い方

急《いそ》ぐとき

学校までは少し遠回りになるけれど、横断歩道《おうだんほどう》をわたったほうが安全《あんぜん》だよ。**急《いそ》がば回《まわ》れ**というからね。

意味

急《いそ》ぐときは、危険《きけん》な近道を行くより、安全《あんぜん》に回り道をしたほうが目的《もくてき》をとげられるということ。

にた言葉

・**急《せ》いてはことを仕損《しそん》じる**
→149ページを見てね！

反対の言葉

・**善《ぜん》は急《いそ》げ**
→89ページを見てね！

11月20日

ピザの日…ピザの基本《きほん》、ピッツァ・マルゲリータの名前の由来《ゆらい》になった、イタリア王妃《おうひ》マルゲリータさんの誕生日《たんじょうび》。

★★★ 手《て》に余《あま》る

使い方

自分の力でできないとき

学級委員《がっきゅういいん》のわたしでも、クラスのこの問題《もんだい》は**手《て》に余《あま》る**ので、先生に相談《そうだん》しよう。

意味

自分の能力《のうりょく》をこえていて、どうすればいいかわからないこと。自分の力ではどうしようもないこと。

にた言葉

・**手《て》に負《お》えない**
・**歯《は》が立《た》たない**
→92ページを見てね！

11月
21日

フライドチキンの日…一九七〇年、ケンタッキーフライドチキンの日本第一号店《だいいちごうてん》が名古屋《なごや》にオープンした日。

★★★

油《あぶら》を売《う》る

使い方

さぼるとき

母にたのまれた買《か》い物《もの》の帰り、友だちと遊《あそ》んでおそくなったら、「どこで**油《あぶら》を売《う》って**いたの！」としかられた。

✕友だちと約束《やくそく》した時間まで、まだ三十分あったので、本屋《ほんや》さんで**油《あぶら》を売《う》って**いた。

時間をつぶすという意味《いみ》ではないよ。

意味

むだ話などをして、仕事《しごと》をなまけること。

由来

江戸時代《えどじだい》、油売《あぶらう》りがお客《きゃく》さんの入《い》れ物《もの》に油《あぶら》を入れている間、世間話《せけんばなし》をしていたことから。

11月
22日

いい夫婦《ふうふ》の日…一一・二二（いい・ふうふ）のごろ合わせ。

★★★

馬《うま》が合《あ》う

使い方

気が合うとき

ぼくとおさななじみの高田《たかだ》くんは**馬《うま》が合《あ》う**ようで、いつもいっしょに遊《あそ》んでいる。

✕このはさみはぼくと**馬《うま》が合《あ》う**ので、とても切りやすい。

人と物《もの》の関係《かんけい》には使《つか》わないよ。

意味

性格《せいかく》が合うこと。意気投合《いきとうごう》すること。

由来

乗馬《じょうば》のとき、馬と騎手《きしゅ》（乗《の》り手《て》）の気持《きも》ちがぴったり合えば、うまく乗《の》りこなすことができることから。

勤労感謝《きんろうかんしゃ》の日…昔《むかし》は、一年の農作物《のうさくぶつ》の収穫《しゅうかく》に感謝《かんしゃ》する「新嘗《にいなめ》祭《さい》」といわれた日。働《はたら》くことを大事《だいじ》にする、国民《こくみん》の祝日《しゅくじつ》。

★★

身《み》を粉《こ》にする

使い方

必死《ひっし》で働《はたら》くとき

おじいさんとおばあさんは**身《み》を粉《こ》にして**働《はたら》いて、今のお店を開《ひら》いたそうだ。

意味

苦労《くろう》を惜《お》しまないで、とてもいっしょうけんめい仕事《しごと》をすること。自分の体を粉々《こなごな》にするほど働《はたら》くということから。

にた言葉

・**骨身《ほねみ》を削《けず》る**

まだまだあるよ 身 のことわざ・慣用句

★★★

肩《かた》身《み》が狭《せま》い

使い方

いとこの結婚式《けっこんしき》に出席《しゅっせき》したら、子どもがわたし一人しかいなくて、おとなにかこまれて**肩身《かたみ》が狭《せま》かった**。

意味

ひけ目を感《かん》じて、はずかしい思いをすること。または、いごこちが悪《わる》いこと。

反対の言葉

・**肩身《かたみ》が広《ひろ》い**

★

身《み》を入《い》れる

使い方

最近《さいきん》、テストの点数が前より悪《わる》くなってきた。もっと**身《み》を入《い》れて**勉強《べんきょう》しなければ。

意味

いっしょうけんめいにやること。

★

身《み》に覚《おぼ》えがある

使い方

母に、冷蔵庫《れいぞうこ》の中のプリンを食べただろうと言われたけれど、**身《み》に覚《おぼ》えがない**。

意味

そのことをやったということを覚《おぼ》えていること。やったことがないのにやったと言われて「身《み》に覚《おぼ》えがない」という使《つか》い方《かた》をすることも多い。

★★★

猫《ねこ》に鰹節《かつおぶし》

鰹節《かつおぶし》の日…一一・二四（いい・ふし）のごろ合わせ。お客《きゃく》さんの前で鰹節《かつおぶし》をけずったり、鰹節《かつおぶし》を使《つか》った料理《りょうり》を作ったりして、鰹節《かつおぶし》のよいところを伝《つた》える日。

使い方

危険《きけん》なとき

お客《きゃく》さんのだから食べちゃだめと言って、ぼくの大好《だいす》きなイチゴのケーキをおいていくなんて、**猫《ねこ》に鰹節《かつおぶし》**だよ。

✕ メロンと生ハムはとても合うんだとお父《とう》さんはおいしそうに食べるけれど、**猫《ねこ》に鰹節《かつおぶし》**みたいなものかなあ。

「梅《うめ》に鶯《うぐいす》（→24ページを見よう）」のように取《と》り合《あ》わせがよいという意味《いみ》ではないよ。

意味

油断《ゆだん》できず、あぶないこと。

由来

猫《ねこ》の大好物《だいこうぶつ》の鰹節《かつおぶし》を猫《ねこ》のそばにおくと、いつ食べられてしまうかわからないので、安心《あんしん》できないということから。

関連する言葉

・**盗人《ぬすびと》に鍵《かぎ》を預《あず》ける**
悪《わる》い人だと知らないで、その人の手助《てだす》けをすること。

ことわざをつくろう！

「猫《ねこ》に鰹節《かつおぶし》」のような大好物《だいこうぶつ》の組み合わせを考えて、ことわざを作ってみよう！

例《れい》 ・ぼくにカレー　・姉にケーキ　・父にビール

言葉ノート

一口メモ　英語のことわざ

「猫《ねこ》に鰹節《かつおぶし》」とにた意味《いみ》のことわざは、外国にもあるよ。英語《えいご》で言ってみよう。

It《イット》 is《イズ》 setting《セッティング》 wolf《ウルフ》 to《トゥー》 keep《キープ》 the《ザ》 sheep《シープ》.

（オオカミにヒツジの番をさせるようなものだ。）

一口メモ　鰹節って何？

魚のカツオに熱《ねつ》をくわえてから、かわかしたもの。けずったものを「けずり節《ぶし》」「おかか」といい、おひたしなどの料理《りょうり》にかけて食べたり、だしをとったりするときに使《つか》う。今はけずり節《ぶし》がほとんどだが、昔《むかし》は鰹節《かつおぶし》を家でけずって、料理《りょうり》に使《つか》っていたよ。

11月
25日

紅葉狩り《もみじがり》…山などへ、色とりどりにそまった紅葉《こうよう》を見にいって楽しむこと。

★★★

朱《しゅ》に交《まじ》われば赤《あか》くなる

使い方

人とつきあうとき

朱《しゅ》に交《まじ》われば赤《あか》くなるというから、クラスでまじめに勉《べん》強《きょう》しない人たちといっしょにすごしてはいけないと、お母《かあ》さんに言われた。

意味

人間はつきあう人によって、よくも悪《わる》くもなるので、友だちを選《えら》ぶのは大切だということ。

由来

「朱《しゅ》」とは、はんこをおすときに使《つか》う朱肉《しゅにく》の色のもとになる顔料《がんりょう》。朱《しゅ》の中にいるとそまって赤くなるということから。

11月
26日

ペンの日…一九三五年、日本ペンクラブという、作家や詩人《しじん》など、ものを書く人や編集者《へんしゅうしゃ》の団体《だんたい》ができた日。

★

弘法筆を選ばず《こうぼうふでをえらばず》

使い方

名人がいるとき

野球《やきゅう》チームに入ったとき、母にグローブを買ってほしいと言ったら、「お兄《にい》ちゃんのお古でがまんしなさい。**弘《こう》法筆《ぼうふで》を選《えら》ばずよ**」といわれた。

意味

何かの達人《たつじん》は、まわりのようすや道具《どうぐ》に関係《かんけい》なく、いつもりっぱにできるということ。

由来

弘法大師《こうぼうだいし》というお坊《ぼう》さんは、とても字が上手《じょうず》な人として知られているが、どんな筆《ふで》を使《つか》ってもりっぱな字が書けることから。

11月27日

校内マラソン大会…長いきょりを走る学校行事《がっこうぎょうじ》。最後《さいご》まで走れるようにがんばろう。

★★ 漁《ぎょ》夫《ふ》の利《り》

使い方

横取《よこど》りしたとき

ホームランボールを取《と》ろうとしたおじさん二人がボールをはじいて、ぼくの足もとにボールが転《ころ》がってきたので拾《ひろ》った。**漁《ぎょ》夫《ふ》の利《り》**とはこのことだ。

意味

二人が争《あらそ》っているうちに、関係《かんけい》ない別《べつ》の者《もの》が得《とく》をすること。

由来

ハマグリとシギ（鳥）が争《あらそ》っているときに、漁師《りょうし》が来て両方《りょうほう》ともとっていったという、中国《ちゅうごく》の話から。

11月28日

太平洋記念日《たいへいようきねんび》…世界一周《せかいいっしゅう》をしたマゼランが、航海《こうかい》のとちゅうで太平洋《たいへいよう》を発見《はっけん》して、名前をつけた日。

★★ 待《ま》てば海《かい》路《ろ》の日《ひ》和《より》あり

使い方

待《ま》つとき

父とキャンプに行く約束《やくそく》をしたのに、いつも土日は天気が悪《わる》い。**待《ま》てば海路《かいろ》の日和《ひより》あり**だと父は言っている。

意味

あわてないで待《ま》っていれば、そのうちにいいことがやってくる。じっくり待《ま》とうということ。

由来

海が荒《あ》れていて航海《こうかい》ができなくても、待《ま》っていれば船を出せるような、いい天気になるということ。

にた言葉

・**果報《かほう》は寝《ね》て待《ま》て**

⬇145ページを見てね!

11月
29日

議会開設記念日《ぎかいかいせつきねんび》…一八九〇年、はじめて帝国議会《ていこくぎかい》（今の国会）が開《ひら》かれた日。

★★★
鶴《つる》の一声《ひとこえ》

使い方

一言《ひとこと》で決《き》まるとき

お正月の旅行《りょこう》を決《き》めるとき、家族《かぞく》一人一人の希望《きぼう》がちがったけれど、父の**鶴《つる》の一声《ひとこえ》**で、温泉《おんせん》に決《き》まった。

意味

一言《ひとこと》で、おおぜいの人をだまらせて物事《ものごと》を決《き》めてしまうような、強い力をもった人の言葉《ことば》のこと。

由来

鶴《つる》は、長い首をのばして、まわりにひびきわたるような高い声で鳴くことから。

11月
30日

鏡《かがみ》の日…一一・三〇（いい・ミラー）のごろ合わせ。

★
人《ひと》こそ人《ひと》の鏡《かがみ》

使い方

自分を反省《はんせい》するとき

お店の中で走り回っている子がいて、まわりの人がこまっていた。自分も気をつけよう。**人《ひと》こそ人《ひと》の鏡《かがみ》**だ。

✕ **人《ひと》こそ人《ひと》の鏡《かがみ》**だから、おしゃれなアイコちゃんのヘアスタイルをまねしてみた。

人のまねをしようということではないよ。

意味

他人《たにん》の言うことやすることは、鏡《かがみ》のようなものなので、自分を反省《はんせい》するお手本にしようということ。

にた言葉

・**他山《たざん》の石《いし》**↓133ページを見てね！

・**人《ひと》のふり見《み》て我《わ》がふり直《なお》せ**↓172ページを見てね！

★★ 胸《むね》を打《う》つ

映画《えいが》の日…一八九六年に日本ではじめて映画《えいが》が公開《こうかい》されたことを記念《きねん》して決《き》められた。

使い方

感動《かんどう》したとき

映画《えいが》を見ていて、主人公《しゅじんこう》の少年が、はなればなれになった家族《かぞく》と再会《さいかい》する場面《ばめん》に**胸《むね》を打《う》たれた。**

✕ わたしはおおぜいの人の前で話すのははじめてなので、とても**胸《むね》を打《う》った。**
緊張《きんちょう》してどきどきすることではないよ。

意味

とても感動《かんどう》し、心を動《うご》かされること。

にた言葉

- **心《こころ》を打《う》つ**
- **胸《むね》に響《ひび》く**
- **胸《むね》に迫《せま》る**

文をつくってみよう！

今までに感動《かんどう》したことを思い出して、「胸《むね》を打《う》つ」を使《つか》った文をつくってみよう！

〈例《れい》〉・かっているネコが子どもを産《う》むすがたを見て、胸《むね》を打《う》たれた。

言葉ノート

一口メモ

「打つ」の慣用句

●**膝《ひざ》を打《う》つ**…急《きゅう》によいことを思いついたり、感心《かんしん》したりしたときに、思わず膝《ひざ》を手でたたくこと。「そうか！」「なるほど」などといった気持《きも》ちを表《あらわ》す言葉《ことば》。

●**ピリオドを打《う》つ**…ずっとつづいてきた物事《ものごと》を終《お》わらせること。「終止符《しゅうしふ》を打《う》つ」ともいう。

●**先手《せんて》を打《う》つ**…相手《あいて》より先に行動《こうどう》すること。または、あらかじめ、おこりそうなことにそなえておくということ。

●**手《て》を打《う》つ**…67ページを見てね！

●**相《あい》づちを打《う》つ**…150ページを見てね！

●**舌鼓《したつづみ》を打《う》つ**…100ページを見てね！

12月2日

日本人宇宙飛行記念日《うちゅうひこうきねんび》…一九九〇年、日本人初《はつ》の宇宙飛行《うちゅうひこう》をした秋山豊寛《あきやまとよひろ》記者《きしゃ》を乗《の》せた宇宙船《うちゅうせん》ソユーズが打《う》ち上《あ》げられた日。

★

宙《ちゅう》に浮《う》く

使い方

はんぱなとき

計画の中心になって進《すす》めていたリーダーが入院《にゅういん》したので、この計画は**宙《ちゅう》に浮《う》いて**しまった。

意味

どっちつかずで決着《けっちゃく》がつかないこと。

12月3日

奇術《きじゅつ》の日…1・2・3（ワン・ツー・スリー）という、手品《てじな》のときのかけ声のごろ合わせ。

★★★

狐《きつね》につままれる

使い方

ふしぎなとき

宿題《しゅくだい》をたしかにランドセルに入れたはずなのに、家の机《つくえ》の上にあった。**狐《きつね》につままれた**ようだ。

意味

何がおこったのかわけがわからないこと。

12月4日

血清療法《けっせいりょうほう》の日…一八九〇年、北里柴三郎《きたさとしばさぶろう》とベーリングが、破傷《はしょう》風《ふう》とジフテリアの治療法《ちりょうほう》（血清療法《けっせいりょうほう》）を発表《はっぴょう》した日。

★★

メスを入《い》れる

使い方

本格的《ほんかくてき》に追求《ついきゅう》すること

悪質《あくしつ》な詐欺《さぎ》グループの犯罪《はんざい》に、ついに警察《けいさつ》が**メスを入《い》れた**。

意味

物事《ものごと》を解決《かいけつ》するために、思い切った手段《しゅだん》をとること。きびしく追求《ついきゅう》すること。

由来

「メス」とは、医者《いしゃ》が手術《しゅじゅつ》をするときに使《つか》う道具《どうぐ》。手術《しゅじゅつ》をすることを「メスを入《い》れる」ということから。

12月
5日

縁《えん》の下《した》の力持《ちからも》ち

★★★

国際《こくさい》ボランティアデー…国連《こくれん》が決《き》めた、国際《こくさい》デー。より多くの人がボランティア活動《かつどう》に参加《さんか》するように考える日。

使い方

ひそかにささえるとき

運動会《うんどうかい》などの学校行事《がっこうぎょうじ》も、お父《とう》さんやお母《かあ》さんたちがお手伝《てつだ》いしてくれているよ。**縁《えん》の下《した》の力持《ちからも》ち**だね。

意味

目立たないところで、人のためにつくすこと。また、その人をさす。

由来

「縁《えん》」とは「縁側《えんがわ》」のこと。縁側《えんがわ》は昔《むかし》の日本の家にあった、部屋《へや》の外についている細い板《いた》の間《ま》で、縁側《えんがわ》を下からささえる柱《はしら》のような力持《ちからも》ちということから。

12月
6日

壁《かべ》に耳《みみ》あり障子《しょうじ》に目《め》あり

★★

シンフォニー記念日《きねんび》…一九一四年のこの日、山田耕作《やまだこうさく》が作曲《さっきょく》した日本初《はつ》の交響曲《こうきょうきょく》が、帝国劇場《ていこくげきじょう》ではじめて演奏《えんそう》された。

使い方

ないしょの話をするとき

好《す》きな人の名前を、親友にこっそり教えたのに、ほかの子に聞かれていたようで、次《つぎ》の日にはクラス中が知っていた。**壁《かべ》に耳《みみ》あり障子《しょうじ》に目《め》あり**。こわいなあ。

意味

かくしごとやないしょの話をするときは、どこでだれが見たり聞いたりしているかわからないので、気をつけようということ。

由来

壁《かべ》に耳をくっつけて聞いていたり、障子《しょうじ》に穴《あな》をあけて見ている人がいるかもしれないということ。

12月
7日

★残《のこ》り物《もの》には福《ふく》がある

歳末大売り出し《さいまつおおうりだし》…年末《ねんまつ》におこなわれるバーゲンセール。福引《ふくび》きなどのくじ引きがあることが多い。

使い方

残《のこ》った物《もの》をつかんだとき

福引《ふくび》きの最終日《さいしゅうび》に、一等《いっとう》の旅行券《りょこうけん》が当たった。**残《のこ》り物《もの》には福《ふく》があるだ。**

✕今日《きょう》の朝《あさ》ごはんは、昨日《きのう》の晩《ばん》ごはんの残《のこ》り物《もの》。**残《のこ》り物《もの》には福《ふく》がある**というから、きっといいことあるね。

料理《りょうり》の残《のこ》り物《もの》（あまった物《もの》）という意味《いみ》ではないよ。

意味

残《のこ》った物《もの》の中に、思いがけずにいい物《もの》があるということ。

12月
8日

★賽《さい》は投《な》げられた

太平洋戦争開戦記念日《たいへいようせんそうかいせんきねんび》…日本軍《ぐん》がアメリカ・ハワイの真珠湾《しんじゅわん》を攻撃《こうげき》して太平洋戦争《たいへいようせんそう》が始《はじ》まった日。

使い方

始《はじ》まったとき

オーディションに応募《おうぼ》して、一次予選《いちじよせん》を通った。にげ出したいけれど、**賽《さい》は投《な》げられた**、がんばるしかない。

意味

物事《ものごと》はすでに始《はじ》まってしまったから、前に進《すす》むしかないということ。「賽《さい》」とは、かけごとに使《つか》うサイコロのことで、勝負《しょうぶ》は始《はじ》まったという意味《いみ》。

由来

昔《むかし》、ローマのカエサルという軍人《ぐんじん》が、軍《ぐん》をつれて、相《あい》手《て》の国へ攻《せ》めこむときに言った言葉《ことば》。

★★

我《わ》が身《み》をつねって人《ひと》の痛《いた》さを知《し》れ

障害者週間最終日《しょうがいしゃしゅうかんさいしゅうび》…一九七五年、「障害者《しょうがいしゃ》の権利《けんり》に関《かん》する決議《けつぎ》」がされた日。十二月三日～九日は「障害者《しょうがいしゃ》週間」。

使い方

人の痛《いた》みを考えるとき

クラスの吉田《よしだ》くんに悪口《わるぐち》を言ったけれど、家に帰って、自分が同じことを言われたら、とても悲《かな》しいだろうと思った。**我《わ》が身《み》をつねって人《ひと》の痛《いた》さを知《し》れ。**もう悪口《わるぐち》は言わないよ。

意味

人の痛《いた》みや苦《くる》しみを自分のことのように考えて、相手《あいて》を思いやるようにしなさい、ということ。自分がされていやなことは、相手《あいて》にするなということ。

まだまだあるよ 痛い のことわざ・慣用句

★

痛《いた》い所《ところ》をつく

使い方

妹がカレーのニンジンをのこしたので注意《ちゅうい》すると、「自分だっていつもシイタケはのこすでしょ」と**痛《いた》い所《ところ》をつかれた。**

意味

言われたくないような弱点を取《と》り上《あ》げて、せめること。

★

痛《いた》しかゆし

使い方

姉に宿題《しゅくだい》を教えてもらえるのはうれしいけれど、そのあと長いおしゃべりにつきあわなければならないので、**痛《いた》しかゆし**だ。

意味

何かをするとき、どちらの方法《ほうほう》を選《えら》んでも、よいところも悪《わる》いところもあって、こまること。

由来

かゆいのだが、かけば痛《いた》いし、かかなければかゆいことから。

★

痛《いた》い目《め》にあう

使い方

夏休みの宿題《しゅくだい》は早目に終《お》わらせておかないと、あとで**痛《いた》い目《め》にあう**よ。

意味

つらくて苦《くる》しい、ひどい経験《けいけん》をすること。「痛《いた》い目《め》を見《み》る」ともいう。

12月 10日

ノーベル賞授賞式《しょうじゅしょうしき》…ノーベル賞《しょう》は、スウェーデンの科学者《かがくしゃ》、ノーベルの遺言《ゆいごん》で始《はじ》まった賞《しょう》。世界《せかい》の優秀《ゆうしゅう》な活躍《かつやく》をした人におくられ、ノーベルの誕生日《たんじょうび》に授賞式《じゅしょうしき》がおこなわれる。

★★★

能《のう》ある鷹《たか》は爪《つめ》を隠《かく》す

使い方

能力《のうりょく》を見せないとき

山下《やました》くんは、悪口《わるぐち》を言われてもおこらないし、少しぐらいたたかれてもやり返《かえ》したりしないけれど、じつは柔道初段《じゅうどうしょだん》なんだよ。**能《のう》ある鷹《たか》は爪《つめ》を隠《かく》す**だね。

✕ ぼくは、テストの点数が今までいつも五、六十点だったのに、今回ついに百点を取《と》った。**能《のう》ある鷹《たか》は爪《つめ》を隠《かく》す**だったね。

急《きゅう》にできるようになったときは、隠《かく》していたわけではないから、使《つか》わないよ。

意味

本当に才能《さいのう》のある人は、それをひけらかしたりしない。いざというときだけ、能力《のうりょく》を見せるということ。

由来

かしこい鷹《たか》は、いつもはするどい爪《つめ》を隠《かく》しておき、獲物《えもの》が近づいたときに爪《つめ》を出してしとめることから。

ことわざをつくろう！

「鷹《たか》」と「爪《つめ》」をちがう言葉《ことば》に変《か》えて、ことわざをつくってみよう！

〈例《れい》〉・**能《のう》あるライオンはきばを隠《かく》す**

言葉ノート

一口メモ

日本人のノーベル賞

ノーベル賞《しょう》には、物理学賞《ぶつりがくしょう》、化学賞《かがくしょう》、生理学《せいりがく》・医学賞《いがくしょう》、文学賞《ぶんがくしょう》、平和賞《へいわしょう》、経済学賞《けいざいがくしょう》の6つがあって、多くの日本人も受賞《じゅしょう》している。

日本人ではじめてのノーベル賞受賞者《しょうじゅしょうしゃ》は、1949年に物理学賞《ぶつりがくしょう》を受賞《じゅしょう》した湯川秀樹《ゆかわひでき》（1907～1981年）。日本人は、とくに、物理学賞《ぶつりがくしょう》、化学賞《かがくしょう》、生理学《せいりがく》・医学賞《いがくしょう》など理科系《りかけい》での受賞者《じゅしょうしゃ》が多いが、ほかにも文学賞《ぶんがくしょう》を受賞《じゅしょう》した作家の川端康成《かわばたやすなり》（1899～1972年）や大江健三郎《おおえけんざぶろう》（1935年～）、平和賞《へいわしょう》を受賞《じゅしょう》した政治家《せいじか》の佐藤栄作《さとうえいさく》（1901～1975年）などもいる。2016年までの受賞《じゅしょう》者《しゃ》は、全部《ぜんぶ》で25人いる。

12月
11日

百円玉記念日《きねんび》…一九五七年、百円玉がはじめて登場《とうじょう》した日。それまで、百円は、お札《さつ》だったんだよ。

★ 一銭《いっせん》を笑《わら》う者《もの》は一銭《いっせん》に泣《な》く

使い方

お金をそまつにしたとき

一円玉を落《お》としたとき、一円くらいいいやと思ってさがさなかったら、**一銭《いっせん》を笑《わら》う者《もの》は一銭《いっせん》に泣《な》く**と注意《ちゅうい》された。

意味

どんなにわずかな金額《きんがく》でも、お金は大事《だいじ》にしなければいけないということ。

由来

「一銭《いっせん》」というのは、昔《むかし》のお金の単位《たんい》で、一円の百分の一。とても少ない金額《きんがく》のことをいうよ。

12月
12日

漢字《かんじ》の日…一二・一二（いい字・いち字）のごろ合わせ。毎年この日に、「今年《ことし》の漢字《かんじ》」が発表《はっぴょう》される。

★★★ 弘法《こうぼう》にも筆《ふで》の誤《あやま》り

使い方

名人が失敗《しっぱい》したとき

ベテランのアナウンサーが、ニュースで総理大臣《そうりだいじん》の名前をまちがえた。**弘法《こうぼう》にも筆《ふで》の誤《あやま》りだ。**

意味

どんな名人でも、まちがえることがあるということ。

由来

字が上手《じょうず》な弘法大師《こうぼうだいし》が「応天門《おうてんもん》」という額《がく》の字を書いたとき、応《おう》の字の点が一つ足りなくて、筆《ふで》を投《な》げて点を書いたという話から。

にた言葉

- **河童《かっぱ》の川流《かわなが》れ**⬇134ページを見てね！
- **猿《さる》も木《き》から落《お》ちる**⬇85ページを見てね！
- **上手《じょうず》の手《て》から水《みず》が漏《も》れる**⬇95ページを見てね！

12月 13日

すすはらいの日…正月をむかえるために、家の中のすすをはらって大そうじをする日。

★ たたけば埃《ほこり》が出《で》る

いつから
そうじ
してないの！

使い方

ばれてしまったとき

学級委員《がっきゅういいん》でみんなに人気があった木村《きむら》くんは、一年生のときはいじめっ子だったらしい。**たたけば埃《ほこり》が出《で》てくる**のではないだろうか。

意味

見た目はわからなくても、細かく調《しら》べてみると、悪《わる》いところが見つかるものだということ。

由来

ほこりは目に見えないが、どんな物《もの》でもたたいてみれば、ほこりが出てくるということから。

12月 14日

赤穂浪士《あこうろうし》討《う》ち入《い》りの日…「忠臣蔵《ちゅうしんぐら》」というお芝居《しばい》で有名《ゆうめい》な、赤穂《あこう》（兵庫県赤穂市《ひょうごけんあこうし》）の四十七士《しじゅうしちし》が殿様《とのさま》の仇討《あだう》ちをした日。

★★ 袋《ふくろ》の鼠《ねずみ》

使い方

追《お》いつめられたとき

警察《けいさつ》に追《お》いかけられた犯人《はんにん》は、路地《ろじ》ににげこんだけれど、行き止まりだった。もう**袋《ふくろ》の鼠《ねずみ》**だ。

✕ 犯人《はんにん》はたいほされて、**袋《ふくろ》の鼠《ねずみ》**になった。

つかまることではなく、つかまる前の状態《じょうたい》だよ。

意味

「袋《ふくろ》の中の鼠《ねずみ》」という意味《いみ》で、もうにげ出すことができないこと。

12月15日

観光《かんこう》バス記念日《きねんび》…一九二五年、日本ではじめて定期観光《ていきかんこう》バスが走った日。

★★ 横車《よこぐるま》を押《お》す

使い方

無理《むり》やりなとき

あの子が学芸会《がくげいかい》の主役《しゅやく》になったのは、芸能人《げいのうじん》の母親が**横車《よこぐるま》を押《お》した**せいだと言われている。

意味

筋《すじ》が通っていないことを無理《むり》に押《お》し通《とお》すこと。車を横《よこ》に押《お》しても進《すす》まないことから。

12月16日

紙の記念日《きねんび》…一八七五年、東京に「抄紙会社《しょうしがいしゃ》」（今の王子製紙《おうじせいし》）という紙をつくる会社の工場ができた日。

★★ 折《お》り紙《がみ》をつける

使い方

保証《ほしょう》するとき

この人の言うことなら絶対《ぜったい》に信用《しんよう》できる。わたしが**折《お》り紙《がみ》をつける**よ。

意味

人物《じんぶつ》や品物《しなもの》について、その人柄《ひとがら》や品質《ひんしつ》がたしかなものだとうけあうこと。「折《お》り紙《がみ》つき」ともいう。

由来

「折《お》り紙《がみ》」とは、折《お》って遊《あそ》ぶ色紙のことではなく、美《び》術品《じゅつひん》や宝石《ほうせき》などについて品質《ひんしつ》をみとめる鑑定書《かんていしょ》のこと。

12月17日

飛行機《ひこうき》の日…一九〇三年、アメリカのライト兄弟が、はじめて動力飛行機《どうりょくひこうき》（エンジンで飛《と》ぶ飛行機《ひこうき》）で空を飛《と》んだ日。

★★ 雲《くも》をつかむよう

使い方

はっきりしないとき

その人についていけば絶対《ぜったい》にアイドルになれるなんて、そんな**雲《くも》をつかむような**話、信《しん》じちゃいけないよ。

意味

物事《ものごと》があまりにもよくわからなくて現実味《げんじつみ》がなく、とらえどころのないこと。

由来

雲はつかめそうに見えるが、実際《じっさい》は水滴《すいてき》のかたまりなので、つかめないことから。

12月
18日

東京駅《とうきょうえき》の日…一九一四年、東京駅《とうきょうえき》の開業記念式典《かいぎょうきねんしきてん》がおこなわれ、東海道《とうかいどう》本線の始発駅《しはつえき》になった。実際《じっさい》の開業《かいぎょう》は十二月二十日。

★★★

かわいい子《こ》には旅《たび》をさせよ

行ってらっしゃ〜い
きょうの夜には帰るから……

使い方

子どもを自立させるとき

ぼくは、冬休みに一人で外国のおばあちゃんのところに行くことになった。**かわいい子《こ》には旅《たび》をさせよ**だって。

✕ **かわいい子《こ》には旅《たび》をさせよ**だから、冬休みに、家族《かぞく》でハワイに行くことになった。

ただ旅行《りょこう》をすることではなく、苦労《くろう》をさせることだよ。

意味

親は、子どもを手元においてあまやかさずに、世間《せけん》に出して苦労《くろう》をさせたほうがよいということ。

12月
19日

日本初飛行《はつひこう》の日…一九一〇年、東京の代々木練兵場《よよぎれんぺいじょう》（今の代々《よよ》木公園《ぎこうえん》）で徳川好敏大尉《とくがわよしとしたいい》が日本初《はつ》の動力飛行《どうりょくひこう》に成功《せいこう》した日。

★

三度目《さんどめ》の正直《しょうじき》

三度目どころか
何度も
挑戦《ちょうせん》しましたよ

使い方

三回目のチャレンジのとき

とび箱《ばこ》を二回失敗《しっぱい》してしまったけれど、**三度目《さんどめ》の正直《しょうじき》**というので、もう一回とんでみよう。

意味

一回目、二回目は失敗《しっぱい》しても、三回目は成功《せいこう》すること。三回目の挑戦《ちょうせん》をするときにも使《つか》う。

反対の言葉

・**二度《にど》あることは三度《さんど》ある**⬇11ページを見てね！

12月20日

ぶりの日…十二月は「師走《しわす》」ともいう。ぶりは漢字《かんじ》で「鰤《ぶり》」（魚へんに師《し》）と書くので十二月を表《あらわ》し、さらに二〇｛ぶ・輪（りん）｝のごろ合わせ。

★★★ 釣《つ》り落《お》とした魚《さかな》は大《おお》きい

使い方

手に入りそうだったとき

今日《きょう》はレストランに行くというので楽しみにしていたら、お母《かあ》さんの具合《ぐあい》が悪《わる》くなって、夕食はカップラーメンになった。**釣《つ》り落《お》とした魚《さかな》は大《おお》きい**なあ。

意味

もう少しのところでのがしたものは、本当のものよりとてもすばらしいものに思えるということ。

にた言葉

・**逃《に》がした魚《さかな》は大《おお》きい**

12月21日

回文《かいぶん》の日…上から読んでも下から読んでも同じ言葉《ことば》になる文を、回文という。一二・二一が回文のようなことから。

★ 上《うえ》を下《した》へ

使い方

大あわてしているとき

校庭《こうてい》での全校集会《ぜんこうしゅうかい》のとき、犬が入りこんで生徒《せいと》を追《お》いかけ回したので、**上《うえ》を下《した》へ**の大騒《おおさわ》ぎとなった。

✕ ゴキブリが出て、わたしは**上《うえ》を下《した》へ**の大騒《おおさわ》ぎをした。

大人数が騒《さわ》いでいるようなときに使《つか》うよ。また、「上《うえ》や下《した》への大騒《おおさわ》ぎ」ではないので、注意《ちゅうい》。

意味

入りみだれて、とてもあわてふためいているようす。上《うえ》の物《もの》が下にきて、下《した》の物《もの》が上にくるという意味《いみ》。

まだまだあるよ 魚のことわざ・慣用句

78ページには「鳥」、157ページには「虫」のことわざ・慣用句《かんようく》があるよ。そちらも見てね。

★まな板《いた》の鯉《こい》

使い方
歯医者《はいしゃ》さんに行ったら、先生の言うとおりに口をあけたりとじたりと、**まな板《いた》の鯉《こい》**でいるしかない。

意味
自分ではどうにもできないので、相手《あいて》にされるままになるしかないということ。じたばたしてもしようがないこと。「まな板《いた》の魚《うお》」ともいう。

由来
鯉《こい》は、まな板《いた》の上にのせたら、おとなしくなって動《うご》かなくなるといわれることから。

★水《みず》清《きよ》ければ魚《うお》すまず

意味
あまりにも清《きよ》く正しい人は、人が近よりがたく、友だちができにくいということ。

由来
水がきれいすぎる川や池は、魚がかくれるところもないので、すみにくいことから。

★★鯖《さば》を読《よ》む

使い方
お母《かあ》さんは年齢《ねんれい》をきかれると、本当は三十五歳《さい》なのに、三十歳《さい》だと**鯖《さば》を読《よ》んだ**。

意味
数や年を、自分の都合《つごう》のいいようにごまかすこと。

由来
魚の鯖《さば》は、くさりやすいので、数を数えるとき早口で数えて、数をまちがえていたことから。

★金魚《きんぎょ》の糞《ふん》

意味
ほかの人にいつもくっついて行動《こうどう》し、言うことを聞いている人のこと。

由来
金魚の糞《ふん》は、金魚のおしりからはなれないで、長くなってつながっていることから。

★とどのつまり

意味
結局《けっきょく》、行《い》き着《つ》いたところ、ということ。あまりよくない結果《けっか》になったときに使《つか》われる。

由来
「とど」とは魚の名前で、「ぼら」という魚が大きくなったもの。「ぼら」は大きくなるにつれて名前がかわる出世魚《しゅっせうお》といわれる魚で、いちばん最後《さいご》が「とど」であることから。

★★
気《き》が長《なが》い

冬至《とうじ》…一年でいちばん昼の時間が短《みじか》い日。ユズのおふろに入って、カボチャを食べると病気《びょうき》にならないといわれている。

使い方

のんびりしているとき

鳥井《とりい》くんは、つりに行って何もつれなくても、一日中つりざおを持《も》ってすわっている。**気《き》が長《なが》い**なあ。

✕ 姉は着がえに二十分もかかるほど、**気《き》が長《なが》い**。

何かをするのがおそくて、時間がかかるということではないよ。

意味

ゆったりしていてあせらないこと。おっとりしてがまん強く、心が広い性格《せいかく》の人もさす。「気」というのは、気分、気持《きも》ち、気《き》質《しつ》など、心の動《うご》きを表《あらわ》す。

反対の言葉

・**気《き》が短《みじか》い**

言葉を集めよう！

「気《き》が長《なが》い」と「気《き》が短《みじか》い」のような、反対《はんたい》の言葉《ことば》を集《あつ》めてみよう！

例《れい》・「心《こころ》が広《ひろ》い」と「心《こころ》がせまい」
・「気《き》が大《おお》きい」と「気《き》が小《ちい》さい」

言葉ノート

一口メモ **気の慣用句**

●**気《き》が置《お》けない**…人と人が、気をつかわないで、気楽になかよくつきあえる関係《かんけい》のこと。
（使い方）一年生のときから同じクラスのユカちゃんは、気《き》が置《お》けない大切な友だちだ。

●**気《き》が気《き》でない**…とても気になって、心配《しんぱい》で落《お》ちつかないこと。

●**気《き》は心《こころ》**…おくりものをするときなどに、安《やす》かったり小さかったりしても、心はこもっているということ。

●**気《き》を取《と》り直《なお》す**…落《お》ちこんでしまったあとに、気持《きも》ちを切りかえて、元気になろうとすること。
（使い方）失敗《しっぱい》しても、気《き》を取《と》り直《なお》して次《つぎ》はがんばろう。

12月
23日

天皇誕生日《てんのうたんじょうび》…天皇陛下《てんのうへいか》の誕生日《たんじょうび》。国民《こくみん》の祝日《しゅくじつ》。天皇陛下《てんのうへいか》が変《か》わると、日も変《か》わるよ。

★ 鶴《つる》は千年《せんねん》 亀《かめ》は万年《まんねん》

使い方

おめでたいとき

うちのひいおじいちゃんが、百歳《さい》の誕生日《たんじょうび》をむかえた。**鶴《つる》は千年《せんねん》 亀《かめ》は万年《まんねん》**で、おめでたい。

意味 長生きやおめでたいことをお祝《いわ》いするときの言葉《ことば》。

由来 鶴《つる》も亀《かめ》も、寿命《じゅみょう》が長くておめでたい生《い》き物《もの》とされている。鶴《つる》は千年生きる、亀《かめ》は一万年生きる、ということから。本物《ほんもの》の鶴《つる》と亀《かめ》は、そこまで長生きはしない。

12月
24日

クリスマスイブ…クリスマスの前夜という意味《いみ》。クリスマスケーキを食べて、家族《かぞく》や恋人《こいびと》といっしょに祝《いわ》う人が多い。

★★★ 指《ゆび》をくわえる

使い方

どうにもならないとき

料理番組《りょうりばんぐみ》を見ていておなかがすいたけれど、料理《りょうり》を作ることができないので、お母《かあ》さんが帰ってくるまで**指《ゆび》をくわえて**待《ま》っていた。

✕ 友だちのけんかを、ただ**指《ゆび》をくわえて**見ているしかなかった。

うらやましいという気持《きも》ちがない場合には使《つか》わないよ。

意味 どうにかしたいのに手が出せず、ただうらやましがっているしかないこと。

クリスマス…イエス・キリストの誕生日《たんじょうび》を祝《いわ》う日。朝起《お》きると、サンタクロースのプレゼントがまくら元にあるかな？

★★ 瓢箪《ひょうたん》から駒《こま》

使い方

ありえないとき

大ずもうで、ぼくが応援《おうえん》しているわかい力士《りきし》が横綱《よこづな》をやぶり、全勝優勝《ぜんしょうゆうしょう》した。**瓢箪《ひょうたん》から駒《こま》**が出た。

× 係長《かかりちょう》だった父が、課長《かちょう》に昇進《しょうしん》した。**瓢箪《ひょうたん》から駒《こま》**が出た。

ふつうに考えられるようなことには使《つか》わないよ。

意味

思いがけないようなことがおこること。じょうだんで言ったことが本当になること。「瓢箪《ひょうたん》から駒《こま》が出《で》る」ともいう。

由来

「駒《こま》」とは馬のこと。口の小さい瓢箪《ひょうたん》から大きな馬が出てくるところから。

にた言葉

・**嘘《うそ》から出《で》たまこと**↓56ページを見てね！

ことわざをつくろう！

「瓢箪《ひょうたん》から駒《こま》」のような思いがけない組み合わせを考えて、ことわざをつくってみよう！

〈例《れい》〉・**ランドセルからクマ**　・**引き出しからゾウ**

言葉ノート

一口メモ

クリスマスツリーの日

「クリスマス」や「クリスマスイブ」のほか、日本には、「クリスマスツリーの日」という記念日《きねんび》がある。それは、12月7日。1889年に、神奈川県横浜市《かながわけんよこはまし》のスーパーマーケットで、日本ではじめてのクリスマスツリーが、外国の船乗《ふなの》りさんたちのためにかざられた日といわれている。それから、日本中にクリスマスツリーが広まったそうだ。

でも、本当はそれよりも前の1860年に、プロイセン王国（今のドイツのあたりにあった国）の外交官《がいこうかん》が、公《こう》館《かん》（今の大使館《たいしかん》）にかざったのがはじめてだともいわれているよ。

12月 26日

餅《もち》つき大会…お正月にかかせないお餅《もち》。昔《むかし》は自分の家でお餅《もち》をついて、鏡餅《かがみもち》をつくったり、お正月に食べたりした。

★★★ 餅《もち》は餅《もち》屋《や》

使い方

おまかせするとき

どんなにあらっても落《お》ちなかった洋服《ようふく》のしみが、クリーニングに出したらきれいに落《お》ちていた。さすが、**餅《もち》は餅《もち》屋**だね。

意味
何事《なにごと》も、それぞれに専門家《せんもんか》がいるので、まかせたほうがよい、しろうとはかなわないということ。

由来
餅《もち》は、餅《もち》屋《や》さんがついたものがいちばんおいしいということから。

12月 27日

帰省《きせい》…ふるさとに帰ることを帰省《きせい》という。お正月やお盆《ぼん》の休みにする人が多いよ。

★ 目《め》を細《ほそ》める

使い方

うれしいとき

あまえてすりよってくるネコのミミを、父は**目《め》を細《ほそ》めて**なでている。

意味
とてもうれしそうな顔をして、にこにこすること。

12月 28日

御用納《ごようおさ》め…役所《やくしょ》で年内の仕事《しごと》が最後《さいご》の日。

★★ けりをつける

使い方

終《お》わらせること

もう一時間も宿題《しゅくだい》をしているよ。ごはんだから、そろそろ、**けりをつけよう**。

意味
物事《ものごと》に決着《けっちゃく》をつけて終《お》わりにすること。

由来
和歌《わか》や昔《むかし》の文章《ぶんしょう》などで、「〜けり」と終《お》わるものが多いことから。

12月 29日

★★★

猫《ねこ》の手《て》も借《か》りたい

大そうじ…新年を向《む》かえるために、家の中をすみずみまでそうじしてきれいにすること。

ああ
猫の手も借りたい…
ゴシ
ゴシ
ぼくの手でがまんして
ありがとう

使い方

いそがしいとき

年末《ねんまつ》には商店街《しょうてんがい》に買《か》い物客《ものきゃく》がたくさん来て、どの店も**猫《ねこ》の手《て》も借《か》りたい**ほどいそがしい。

✕ お店がとてもいそがしくて、**猫《ねこ》の手《て》も借《か》りたい**ので、お手伝《てつだ》いしてください。

人にお願《ねが》いするときに使《つか》うのは失礼《しつれい》になるよ。

意味

とてもいそがしいので、どんな人でもいいから、手伝《てつだ》ってほしいということ。

由来

昔《むかし》、猫《ねこ》はあまり役《やく》に立《た》たない動物《どうぶつ》と思われていて、その猫《ねこ》にさえも手伝《てつだ》ってほしいということから。

12月 30日

★

有終《ゆうしゅう》の美《び》を飾《かざ》る

正月飾《しょうがつかざ》り…年末《ねんまつ》にはしめ飾《かざ》りや門松《かどまつ》、鏡餅《かがみもち》などを飾《かざ》って、お正月をむかえる用意《ようい》をする。二十九日と三十一日には飾《かざ》らないほうがよいといわれている。

きれいにそうじしてしめ飾りも飾って
今年の有終の美を飾ったね

使い方

最後《さいご》までりっぱにやりとげたとき

そのサッカー選手《せんしゅ》は引退試合《いんたいじあい》でゴールを決《き》めて、**有終《ゆうしゅう》の美《び》を飾《かざ》った。**

✕ 卒業生《そつぎょうせい》は、卒業証書《そつぎょうしょうしょ》をもらって、**有終《ゆうしゅう》の美《び》を飾《かざ》った。**

卒業《そつぎょう》することをいうのではないよ。

意味

最後《さいご》までしっかりやりとげて、すばらしい結果《けっか》を残《のこ》すこと。ただ、「有終《ゆうしゅう》の美《び》」ともいう。

12月

★終《お》わり良《よ》ければすべて良《よ》し

大晦日《おおみそか》…一年の最後《さいご》の日。年越《としこ》しそばを食べ、除夜《じょや》の鐘《かね》を聞いて年越《としこ》しをする。テレビ番組も「紅白歌合戦《こうはくうたがっせん》」をはじめ、一年のしめくくりとして特別《とくべつ》な番組が放送《ほうそう》される。

使い方

結果《けっか》がよかったとき

学芸会《がくげいかい》でやったクラスの劇《げき》はとてもうまくいって、みんな満足《まんぞく》した。練習中《れんしゅうちゅう》はいろいろあったけれど、**終《お》わり良《よ》ければすべて良《よ》し**だ。

✖ 班《はん》の研究発表《けんきゅうはっぴょう》は、最初《さいしょ》の話し合いからとてもうまくいって、取材《しゅざい》や研究《けんきゅう》のまとめも順調《じゅんちょう》で、いい発表会《はっぴょうかい》となった。**終《お》わり良《よ》ければすべて良《よ》し**だ。

最初《さいしょ》から最後《さいご》までずっとよかったときには使《つか》わないよ。

意味

物事《ものごと》は最後《さいご》の結果《けっか》がいちばん大切で、最後《さいご》がよければ、最初《さいしょ》やとちゅうで小さい問題《もんだい》などがあっても、あまり気にしなくてよいということ。

由来

英語《えいご》のことわざを日本語にしたもの。シェイクスピアというイギリスの劇作家《げきさっか》は、この題名《だいめい》の戯曲《ぎきょく》（芝居《しばい》）を書いている。

言葉ノート

一口メモ 「終わり」のことわざ

●**最後《さいご》の手段《しゅだん》**…もうあとがないとき、最後《さいご》にのこった、ただ一つの方法《ほうほう》のこと。

●**一巻《いっかん》の終《お》わり**…物事《ものごと》のすべてが終《お》わってしまい、これから何かしようと思ってももう何もできないこと。「一巻《いっかん》」は昔《むかし》の映画《えいが》での一つの物語《ものがたり》のこと。

●**幕《まく》を閉《と》じる**…物語《ものがたり》が終《お》わること、また、物事《ものごと》が終《お》わること。芝居《しばい》が終《お》わって幕《まく》をしめることから。

●**最後《さいご》に笑《わら》う者《もの》がもっともよく笑《わら》う**…物事《ものごと》は、すべてが終《お》わってから、最後《さいご》に笑《わら》っていられる者《もの》がいちばんよい。だから、終《お》わるまではよろこばないほうがよい、というイギリスのことわざ。

さくいん

ことわざの下にある数字はページ数です。

五十音さくいん

この本《ほん》で取《と》り上《あ》げていることわざを、五十音順《ごじゅうおんじゅん》にならべています。

あ

相《あい》づちを打《う》つ……150・198
青菜《あおな》に塩《しお》……94・124
青《あお》は藍《あい》より出《い》でて藍《あい》より青《あお》し……177
秋茄子《あきなす》は嫁《よめ》に食《く》わすな……155
秋《あき》の日《ひ》は釣瓶《つるべ》落《お》とし……155
あごを出《だ》す……64
朝飯前《あさめしまえ》……62
足《あし》が棒《ぼう》になる……70
足下《あしもと》にも及《およ》ばない……182
足下《あしもと》を見《み》る……47
足《あし》を運《はこ》ぶ……48
足《あし》を引《ひ》っ張《ぱ》る……159
汗水《あせみず》を流《なが》す……126
当《あ》たって砕《くだ》けろ……8・59・142
頭《あたま》が上《あ》がらない……43
頭《あたま》が固《かた》い……148
頭隠《あたまかく》して尻隠《しりかく》さず……132
頭《あたま》が下《さ》がる……43・148
頭《あたま》に血《ち》がのぼる……148
頭《あたま》を抱《かか》える……148
頭《あたま》をひねる……84
頭《あたま》を冷《ひ》やす……148
頭《あたま》を丸《まる》める……58
暑《あつ》さ寒《さむ》さも彼岸《ひがん》まで……158
後《あと》の祭《まつ》り……39・143
後《あと》は野《の》となれ山《やま》となれ……51・133
穴《あな》があったら入《はい》りたい……28
穴《あな》のあくほど……136
虻蜂取《あぶはちと》らず……10・128
油《あぶら》を売《う》る……192
甘《あま》い汁《しる》を吸《す》う……43
甘《あま》く見《み》る……140
雨垂《あまだ》れ石《いし》をうがつ……97・98・133
雨《あめ》が降《ふ》ろうが槍《やり》が降《ふ》ろうが……97
雨降《あめふ》って地固《じかた》まる……116
嵐《あらし》の前《まえ》の静《しず》けさ……159
合《あ》わせる顔《かお》がない……119
泡《あわ》を食《く》う……69
案《あん》ずるより産《う》むが易《やす》し……59
怒《いか》り心頭《しんとう》に発《はっ》する……131
息《いき》が合《あ》う……164
息《いき》を殺《ころ》す……61・77
息《いき》をつめる……77
息《いき》をのむ……61・120
息《いき》を潜《ひそ》める……77
石《いし》の上《うえ》にも三年《さんねん》……187
石橋《いしばし》をたたいて渡《わた》る……140・143
医者《いしゃ》の不養生《ふようじょう》……21
衣食《いしょく》足《た》りて礼節《れいせつ》を知《し》る……156
急《いそ》がば回《まわ》れ……143・149・191
痛《いた》い所《ところ》をつく……202
痛《いた》い目《め》にあう……202
痛《いた》くもかゆくもない……94
痛《いた》しかゆし……202
いたちの最後《さいご》っぺ……85
板《いた》につく……77
一《いち》か八《ばち》か……8
一年《いちねん》の計《けい》は元旦《がんたん》にあり……4
一富士《いちふじ》 二鷹《にたか》 三茄子《さんなすび》……5
一目《いちもく》置《お》く……6
一葉《いちよう》落《お》ちて天下《てんか》の秋《あき》を知《し》る……155
一《いち》を聞《き》いて十《じゅう》を知《し》る……161
一巻《いっかん》の終《お》わり……215
一糸《いっし》乱《みだ》れず……40
一寸《いっすん》の虫《むし》にも五分《ごぶ》の魂《たましい》……139
一銭《いっせん》を笑《わら》う者《もの》は一銭《いっせん》に泣《な》く……204
一杯《いっぱい》食《く》わす……160
犬《いぬ》が西《にし》向《む》きゃ尾《お》は東《ひがし》……179・181
犬《いぬ》に論語《ろんご》……19・32・38・181
犬《いぬ》も歩《ある》けば棒《ぼう》に当《あ》たる……180
命《いのち》あっての物種《ものだね》……149
井《い》の中《なか》の蛙《かわず》大海《たいかい》を知《し》らず……117
芋《いも》づる式《しき》……168
芋《いも》を洗《あら》うよう……125
色《いろ》を失《うしな》う……7
言《い》わぬが花《はな》……151
上《うえ》に立《た》つ……9
上《うえ》には上《うえ》がある……9
上《うえ》を行《い》く……9
上《うえ》を下《した》へ……208
魚心《うおごころ》あれば水心《みずごころ》……150
浮《う》き名《な》を流《なが》す……126
烏合《うごう》の衆《しゅう》……78
雨後《うご》の筍《たけのこ》……97
牛《うし》の歩《あゆ》み……152
牛《うし》の歩《あゆ》みも千里《せんり》……152・187
牛《うし》の角《つの》を蜂《はち》が刺《さ》す……42・94
嘘《うそ》から出《で》たまこと……56・212
嘘《うそ》つきは泥棒《どろぼう》の始《はじ》まり……56
嘘《うそ》も方便《ほうべん》……56
腕《うで》によりをかける……16
腕《うで》を上《あ》げる……111
腕《うで》をふるう……16
腕《うで》を磨《みが》く……111
うどの大木《たいぼく》……165
鰻登《うなぎのぼ》り……122
鵜《う》の目《め》鷹《たか》の目《め》……78
馬《うま》が合《あ》う……164・192
馬《うま》の耳《みみ》に念仏《ねんぶつ》……19・32・38・181
海《うみ》に千年《せんねん》 山《やま》に千年《せんねん》……117
梅《うめ》に鶯《うぐいす》……24・109・194
瓜《うり》の蔓《つる》に茄子《なすび》はならぬ……80
瓜二《うりふた》つ……124
上《うわ》の空《そら》……9
絵《え》に描《か》いた餅《もち》……10・158
海老《えび》で鯛《たい》を釣《つ》る……46
海老《えび》の鯛交《たいま》じり……46
襟《えり》を正《ただ》す……186
エンジンがかかる……137
縁《えん》の下《した》の力持《ちからも》ち……200
老《お》いたる馬《うま》は道《みち》を忘《わす》れず……153
負《お》うた子《こ》に教《おし》えられる……22
王手《おうて》をかける……190
鸚鵡返《おうむがえ》し……99
大《おお》きな顔《かお》をする……185
大《おお》きな口《くち》を利《き》く……185
大船《おおぶね》に乗《の》ったよう……185
大風呂敷《おおぶろしき》を広《ひろ》げる……34
大見得《おおみえ》を切《き》る……31
大目玉《おおめだま》を食《く》う……79
大目《おおめ》に見《み》る……91
陸《おか》へ上《あ》がった河童《かっぱ》……102

奥歯《おくば》に物《もの》が挟《はさ》まったよう …… 93・174
お茶《ちゃ》を濁《にご》す …… 72
同《おな》じ釜《かま》の飯《めし》を食《く》う …… 18
鬼瓦《おにがわら》にも化粧《けしょう》 …… 156
鬼《おに》に金棒《かなぼう》 …… 23
鬼《おに》の居《い》ぬ間《ま》に洗濯《せんたく》 …… 115
鬼《おに》の首《くび》を取《と》ったよう …… 23
鬼《おに》の目《め》にも涙《なみだ》 …… 23
帯《おび》に短《みじか》したすきに長《なが》し …… 90・156
帯《おび》に短《みじか》し褌《ふんどし》に長《なが》し …… 90
帯《おび》に短《みじか》し回《まわ》しに長《なが》し …… 90
おぼれる者《もの》は藁《わら》をもつかむ …… 12
思《おも》い立《た》ったが吉日《きちじつ》 …… 89
親《おや》の心子《こころこ》知《し》らず …… 81
親《おや》のすねをかじる …… 171
親《おや》の七光《ななひか》り …… 81
親《おや》はなくとも子《こ》は育《そだ》つ …… 188
及《およ》ばぬ鯉《こい》の滝登《たきのぼ》り …… 74
折《お》り紙《がみ》をつける …… 206
終《お》わり良《よ》ければすべて良《よ》し …… 215
尾《お》を振《ふ》る犬《いぬ》はたたかれず …… 179・181
女心《おんなごころ》と秋《あき》の空《そら》 …… 155
恩《おん》を仇《あだ》で返《かえ》す …… 91

か

飼《か》い犬《いぬ》に手《て》をかまれる …… 91
貝殻《かいがら》で海《うみ》をはかる …… 117
蛙《かえる》の子《こ》は蛙《かえる》 …… 80・94
蛙《かえる》の面《つら》に水《みず》 …… 94
顔《かお》が売《う》れる …… 22
顔《かお》が利《き》く …… 119
顔《かお》が広《ひろ》い …… 118・119
顔《かお》から火《ひ》が出《で》る …… 28
顔《かお》で笑《わら》って心《こころ》で泣《な》く …… 119
顔《かお》に泥《どろ》を塗《ぬ》る …… 119
香《かお》り松茸味《まつたけあじ》しめじ …… 170
顔《かお》をしかめる …… 110
顔《かお》を染《そ》める …… 28
顔《かお》を立《た》てる …… 119
顔《かお》をつぶす …… 119
鍵《かぎ》を握《にぎ》る …… 96
陰《かげ》で糸《いと》を引《ひ》く …… 113
籠《かご》で水《みず》をくむ …… 49
風上《かざかみ》にも置《お》けない …… 29
火事場《かじば》の馬鹿力《ばかぢから》 …… 184
稼《かせ》ぐに追《お》いつく貧乏《びんぼう》なし …… 72
風《かぜ》の便《たよ》り …… 66
肩《かた》すかしを食《く》う …… 76
固唾《かたず》をのむ …… 61
型《かた》にはまる …… 115
肩《かた》の荷《に》が下《お》りる …… 61・161
肩身《かたみ》が狭《せま》い …… 193
肩身《かたみ》が広《ひろ》い …… 193
型《かた》を破《やぶ》る …… 115
勝《か》って兜《かぶと》の緒《お》を締《し》めよ …… 62
河童《かっぱ》の川流《かわなが》れ …… 85・95・134・204
金《かね》は天下《てんか》の回《まわ》りもの …… 108
兜《かぶと》を脱《ぬ》ぐ …… 135
壁《かべ》に耳《みみ》あり障子《しょうじ》に目《め》あり …… 200
果報《かほう》は寝《ね》て待《ま》て …… 145・196
雷《かみなり》が落《お》ちる …… 106
亀《かめ》の甲《こう》より年《とし》の功《こう》 …… 153
借《か》りて来《き》た猫《ねこ》 …… 60
枯《か》れ木《き》も山《やま》の賑《にぎ》わい …… 182
かわいい子《こ》には旅《たび》をさせよ …… 8・189・207
かわいさ余《あま》って憎《にく》さ百倍《ひゃくばい》 …… 41
閑古鳥《かんこどり》が鳴《な》く …… 78
間髪《かんはつ》をいれず …… 146
眼《がん》をつける …… 151
気《き》が置《お》けない …… 210
気《き》が気《き》でない …… 210
気《き》が長《なが》い …… 210
気《き》が短《みじか》い …… 210
聞《き》くは一時《いっとき》の恥《はじ》 聞《き》かぬは一生《いっしょう》の恥《はじ》 …… 178
聞《き》く耳《みみ》を持《も》たない …… 55
雉《きじ》も鳴《な》かずば撃《う》たれまい …… 36・143
机上《きじょう》の空論《くうろん》 …… 10・158
狐《きつね》につままれる …… 199
気《き》は心《こころ》 …… 210
肝《きも》をつぶす …… 123
杞憂《きゆう》 …… 36
窮《きゅう》すれば通《つう》ず …… 65
窮鼠《きゅうそ》猫《ねこ》をかむ …… 33・184
漁夫《ぎょふ》の利《り》 …… 196
気《き》を取《と》り直《なお》す …… 210
木《き》を見《み》て森《もり》を見《み》ず …… 190
金魚《きんぎょ》の糞《ふん》 …… 209
禁断《きんだん》の木《こ》の実《み》 …… 147
釘《くぎ》を刺《さ》す …… 105
草木《くさき》も眠《ねむ》る丑三《うしみ》つ時《どき》 …… 123
腐《くさ》っても鯛《たい》 …… 46
草《くさ》の根《ね》を分《わ》けてさがす …… 53
口《くち》が堅《かた》い …… 93
口《くち》が軽《かる》い …… 93
口《くち》が滑《すべ》る …… 93
口《くち》が減《へ》らない …… 93
口《くち》から火《ひ》が出《で》る …… 28
嘴《くちばし》を入《い》れる …… 45・174
嘴《くちばし》を挟《はさ》む …… 45・174
口《くち》は禍《わざわい》の門《かど》 …… 36・155
口《くち》を酸《す》っぱくする …… 164
口《くち》をそろえる …… 102
口《くち》を挟《はさ》む …… 45・174
苦《く》は楽《らく》の種《たね》 …… 116
首《くび》を長《なが》くする …… 122
蜘蛛《くも》の子《こ》を散《ち》らす …… 183
雲《くも》をつかむよう …… 206
苦《くる》しいときの神頼《かみだの》み …… 12
君子《くんし》危《あや》うきに近寄《ちかよ》らず …… 134・143
鶏口《けいこう》となるも牛後《ぎゅうご》となるなかれ …… 175
蛍雪《けいせつ》の功《こう》 …… 173
継続《けいぞく》は力《ちから》なり …… 98
芸《げい》は身《み》を助《たす》く …… 48
怪我《けが》の功名《こうみょう》 …… 186
下駄《げた》を預《あず》ける …… 121
けりをつける …… 213
犬猿《けんえん》の仲《なか》 …… 181
喧嘩《けんか》の後《あと》の兄弟名乗《きょうだいなの》り …… 116
喧嘩両成敗《けんかりょうせいばい》 …… 38
言語《げんご》に絶《ぜっ》する …… 37
鯉《こい》の滝登《たきのぼ》り …… 74
後悔先《こうかいさき》に立《た》たず …… 39・143
孝行《こうこう》のしたい時分《じぶん》に親《おや》はなし …… 81
郷《ごう》に入《い》っては郷《ごう》に従《したが》え …… 30
弘法《こうぼう》にも筆《ふで》の誤《あやま》り …… 85・95・134・204
弘法筆《こうぼうふで》を選《えら》ばず …… 195
高木《こうぼく》は風《かぜ》に倒《たお》る …… 169
紺屋《こうや》の白袴《しろばかま》 …… 21・156
声《こえ》を合《あ》わせる …… 102
声《こえ》をそろえる …… 102
声《こえ》をのむ …… 61・120
故郷《こきょう》へ錦《にしき》を飾《かざ》る …… 99
黒白《こくびゃく》を争《あらそ》う …… 177
心《こころ》が躍《おど》る …… 71
心《こころ》が弾《はず》む …… 71・114
心《こころ》ここにあらず …… 9
心《こころ》を打《う》つ …… 198
心《こころ》を奪《うば》われる …… 40
心《こころ》を鬼《おに》にする …… 23
腰《こし》が低《ひく》い …… 18
五十歩百歩《ごじっぽひゃっぽ》 …… 47・147
腰《こし》を上《あ》げる …… 63
後手《ごて》に回《まわ》る …… 105
言葉《ことば》に余《あま》る …… 37
言葉《ことば》を失《うしな》う …… 120
言葉《ことば》を尽《つ》くす …… 83
子《こ》どもの喧嘩《けんか》に親《おや》が出《で》る …… 81
子《こ》はかすがい …… 189

胡麻《ごま》をする 87
転《ころ》ばぬ先《さき》の杖《つえ》 13・95・97
衣《ころも》ばかりで和尚《おしょう》はできぬ 156
転《ころ》んでもただでは起《お》きない 165
コロンブスの卵《たまご》 168

さ

最後《さいご》に笑《わら》う者《もの》がもっともよく笑《わら》う 215
最後《さいご》の手段《しゅだん》 215
賽《さい》は投《な》げられた 201
財布《さいふ》のひもを締《し》める 45
匙《さじ》を投《な》げる 114
鯖《さば》を読《よ》む 209
猿《さる》も木《き》から落《お》ちる 85・95・134・204
さわらぬ神《かみ》に祟《たた》りなし 118
山椒《さんしょう》は小粒《こつぶ》でもぴりりと辛《から》い 147・165
三度目《さんどめ》の正直《しょうじき》 11・207
三人寄《さんにんよ》れば文殊《もんじゅ》の知恵《ちえ》 163
鹿《しか》を追《お》う者《もの》は山《やま》を見《み》ず 85
獅子《しし》の子落《こお》とし 189
地震雷火事親父《じしんかみなりかじおやじ》 101
親《した》しき中《なか》に垣《かき》をせよ 124
親《した》しき仲《なか》にも礼儀《れいぎ》あり 124
舌鼓《したつづみ》を打《う》つ 100・198
舌《した》を巻《ま》く 24
しっぽを出《だ》す 179
しっぽをつかむ 179
しっぽを振《ふ》る 179
しっぽを巻《ま》く 179
しのぎを削《けず》る 63・83
釈迦《しゃか》に説法《せっぽう》 60
杓子《しゃくし》は耳《みみ》かきにならず 185
車軸《しゃじく》を流《なが》す 126
重箱《じゅうばこ》の隅《すみ》をつつく 5
守株《しゅしゅ》 141
朱《しゅ》に交《まじ》われば赤《あか》くなる 195
正直者《しょうじきもの》が馬鹿《ばか》を見《み》る 56
上手《じょうず》の手《て》から水《みず》が漏《も》れる 85・95・134・204
少年老《しょうねんお》いやすく学成《がくな》りがたし 50
勝負《しょうぶ》は時《とき》の運《うん》 31
初心忘《しょしんわす》るべからず 6・143
助長《じょちょう》 141
知《し》らぬが仏《ほとけ》 13
白羽《しらは》の矢《や》が立《た》つ 146
尻《しり》が割《わ》れる 179
尻《しり》に火《ひ》がつく 12
死《し》んで花実《はなみ》が咲《さ》くものか 149
推敲《すいこう》 75
好《す》きこそ物《もの》の上手《じょうず》なれ 14・57
雀百《すずめひゃく》まで踊《おど》り忘《わす》れず 20・188
図《ず》に乗《の》る 182
住《す》めば都《みやこ》 173
寸鉄人《すんてつひと》を刺《さ》す 105
青雲《せいうん》の志《こころざし》 74
急《せ》いてはことを仕損《しそん》じる 89・137・149・191
青天《せいてん》の霹靂《へきれき》 177
赤貧洗《せきひんあら》うがごとし 177
席《せき》を譲《ゆず》る 151
背筋《せすじ》が伸《の》びる 75
先手《せんて》を打《う》つ 105・198
船頭多《せんどうおお》くして船山《ふねやま》に上《のぼ》る 163
善《ぜん》は急《いそ》げ 89・149・191
千里《せんり》の道《みち》も一歩《いっぽ》から 65・98
滄海《そうかい》の一粟《いちぞく》 117
袖振《そでふ》り合《あ》うも多生《たしょう》の縁《えん》 82
備《そな》えあれば憂《うれ》いなし 13・95・97・143

た

大海《たいかい》の一滴《いってき》 117
太鼓判《たいこばん》を押《お》す 50
大山鳴動《たいざんめいどう》して鼠一匹《ねずみいっぴき》 139
大《だい》なり小《しょう》なり 185
大《だい》は小《しょう》を兼《か》ねる 185
台風《たいふう》の目《め》 167
高嶺《たかね》の花《はな》 86
高《たか》をくくる 140
他山《たざん》の石《いし》 133・172・197
蛇足《だそく》 140
たたけば埃《ほこり》が出《で》る 205
畳《たたみ》の上《うえ》の水練《すいれん》 158
太刀打《たちう》ちができない 92
立《た》つ鳥跡《とりあと》を濁《にご》さず 51・133
立《た》て板《いた》に水《みず》 106
蓼食《たでく》う虫《むし》も好《す》き好《ず》き 157
立《た》てば芍薬《しゃくやく》 座《すわ》れば牡丹《ぼたん》 歩《ある》く姿《すがた》は百合《ゆり》の花《はな》 80
棚《たな》から牡丹餅《ぼたもち》 49
棚《たな》に上《あ》げる 71
狸寝入《たぬきねい》り 85
旅《たび》は道連《みちづ》れ世《よ》は情《なさ》け 82
玉《たま》にきず 113
駄目《だめ》で元々《もともと》 142
便《たよ》りのないのは良《よ》い便《たよ》り 18
短気《たんき》は損気《そんき》 137
断腸《だんちょう》の思《おも》い 129
知恵《ちえ》を絞《しぼ》る 84
血《ち》が通《かよ》う 138
力《ちから》に余《あま》る 37
竹馬《ちくば》の友《とも》 84
智《ち》に働《はたら》けば角《かど》が立《た》つ 144
血《ち》の気《け》が引《ひ》く 7
宙《ちゅう》に浮《う》く 199
帳消《ちょうけ》しにする 126
提灯《ちょうちん》に釣《つ》り鐘《がね》 120
蝶《ちょう》よ花《はな》よ 131
塵《ちり》も積《つ》もれば山《やま》となる 97・98・133
血《ち》を流《なが》す 126
月《つき》とすっぽん 120
月夜《つきよ》に提灯《ちょうちん》 163
つじつまを合《あ》わせる 90
爪《つめ》に火《ひ》をともす 52
釣《つ》り落《お》とした魚《さかな》は大《おお》きい 208
鶴《つる》の一声《ひとこえ》 197
鶴《つる》は千年《せんねん》 亀《かめ》は万年《まんねん》 211
手《て》が空《あ》く 67
手《て》がつけられない 67
手塩《てしお》にかける 54
手《て》に汗《あせ》を握《にぎ》る 136
手《て》に余《あま》る 37・66・191
手《て》に負《お》えない 66・191
手《て》に取《と》るよう 67
手《て》のひらを返《かえ》す 67
出《で》る杭《くい》は打《う》たれる 169
手《て》を打《う》つ 67・198
手《て》を切《き》る 67
手《て》を差《さ》しのべる 14
手《て》を抜《ぬ》く 27
手《て》を焼《や》く 66
天災《てんさい》は忘《わす》れた頃《ころ》にやってくる 144
天高《てんたか》く馬肥《うまこ》ゆる秋《あき》 154
天《てん》にも昇《のぼ》る心地《ここち》 64
天《てん》は人《ひと》の上《うえ》に人《ひと》を造《つく》らず人《ひと》の下《した》に人《ひと》を造《つく》らず 144
頭角《とうかく》を現《あらわ》す 169
豆腐《とうふ》にかすがい 29
豆腐《とうふ》の角《かど》に頭《あたま》をぶつける 162
遠《とお》くの親類《しんるい》より近《ちか》くの他人《たにん》 183
度《ど》が過《す》ぎる 37
時《とき》は金《かね》なり 96
毒《どく》を食《く》らわば皿《さら》まで 26
所変《ところか》われば品変《しなか》わる 107
年寄《としよ》りの冷《ひ》や水《みず》 153
とどのつまり 209
止《とど》めを刺《さ》す 105
隣《となり》の花《はな》は赤《あか》い 107
鳶《とび》が鷹《たか》を生《う》む 80・94
飛《と》ぶ鳥《とり》を落《お》とす勢《いきお》い 78
途方《とほう》に暮《く》れる 34
取《と》らぬ狸《たぬき》の皮算用《かわざんよう》 145
虎《とら》の威《い》を借《か》る狐《きつね》 85

取《と》りつく島《しま》もない …… 25
泥棒《どろぼう》を捕《と》らえて縄《なわ》をなう …… 100
どんぐりの背比《せいくら》べ …… 47・147
飛《と》んで火《ひ》に入《い》る夏《なつ》の虫《むし》 …… 103

な

無《な》い袖《そで》は振《ふ》れぬ …… 88・90
長《なが》い目《め》で見《み》る …… 17
長《なが》い物《もの》には巻《ま》かれよ …… 175
泣《な》きっ面《つら》に蜂《はち》 …… 42・166
泣《な》く子《こ》も黙《だま》る …… 189
鳴《な》く猫《ねこ》は鼠《ねずみ》を捕《と》らぬ …… 33
情《なさ》けは人《ひと》のためならず …… 98
梨《なし》のつぶて …… 110
為《な》せば成《な》る …… 59
七転《ななころ》び八起《やお》き …… 112
名《な》ばかり …… 154
名《な》は体《たい》を表《あらわ》す …… 154
波風《なみかぜ》を立《た》てる …… 109
涙《なみだ》をのむ …… 61
波《なみ》に千鳥《ちどり》 …… 109
波《なみ》に乗《の》る …… 109
波《なみ》を切《き》る …… 109
二階《にかい》から目薬《めぐすり》 …… 160
逃《に》がした魚《さかな》は大《おお》きい …… 208
憎《にく》まれっ子《こ》世《よ》にはばかる …… 170
肉《にく》を切《き》らせて骨《ほね》を断《た》つ …… 184
逃《に》げるが勝《か》ち …… 35
似《に》たり寄《よ》ったり …… 47・147
煮《に》ても焼《や》いても食《く》えない …… 128
二度《にど》あることは三度《さんど》ある …… 11・207
二兎《にと》を追《お》う者《もの》は一兎《いっと》をも得《え》ず …… 10
二《に》の足《あし》を踏《ふ》む …… 112
二《に》の句《く》が継《つ》げない …… 87
にらみを利《き》かせる …… 151
糠《ぬか》に釘《くぎ》 …… 29
盗人《ぬすびと》に鍵《かぎ》を預《あず》ける …… 194
濡《ぬ》れ手《て》で粟《あわ》 …… 103
濡《ぬ》れぬ先《さき》の傘《かさ》 …… 13・95・97
猫《ねこ》に鰹節《かつおぶし》 …… 194
猫《ねこ》に小判《こばん》 …… 19・32・38・181
猫《ねこ》にまたたび …… 33
猫《ねこ》の首《くび》に鈴《すず》をつける …… 161
猫《ねこ》の手《て》も借《か》りたい …… 214
猫《ねこ》の額《ひたい》 …… 33
猫《ねこ》も杓子《しゃくし》も …… 33
猫《ねこ》をかぶる …… 68
寝《ね》た子《こ》を起《お》こす …… 189
寝耳《ねみみ》に水《みず》 …… 55
根《ね》も葉《は》もない …… 69
寝《ね》る子《こ》は育《そだ》つ …… 189
音《ね》を上《あ》げる …… 125
念《ねん》には念《ねん》を入《い》れよ …… 143
念《ねん》を押《お》す …… 105
能《のう》ある鷹《たか》は爪《つめ》を隠《かく》す …… 203
嚢中《のうちゅう》の錐《きり》 …… 169
残《のこ》り物《もの》には福《ふく》がある …… 201
のどから手《て》が出《で》る …… 48
のるかそるか …… 8
暖簾《のれん》に腕押《うでお》し …… 29

は

背水《はいすい》の陣《じん》 …… 141
はえば立《た》て立《た》てば歩《あゆ》めの親心《おやごころ》 …… 81
歯《は》が浮《う》く …… 93
歯《は》が立《た》たない …… 92・191
馬脚《ばきゃく》をあらわす …… 179
白紙《はくし》に戻《もど》す …… 177
薄氷《はくひょう》を踏《ふ》む …… 20
化《ば》けの皮《かわ》がはがれる …… 179
箸《はし》にも棒《ぼう》にもかからない …… 67・128
肌《はだ》を刺《さ》す …… 105
蜂《はち》の巣《す》をつついたよう …… 42
波長《はちょう》が合《あ》う …… 164
鳩《はと》に豆鉄砲《まめでっぽう》 …… 94
鼻《はな》が利《き》く …… 178
鼻《はな》が高《たか》い …… 152
話《はな》し上手《じょうず》の聞《き》き下手《べた》 …… 21
話《はな》し上手《じょうず》は聞《き》き上手《じょうず》 …… 21
話半分《はなしはんぶん》 …… 107
鼻高々《はなたかだか》 …… 152
鼻《はな》であしらう …… 70
鼻《はな》で笑《わら》う …… 70・130
鼻《はな》にかける …… 130
鼻《はな》につく …… 178
鼻持《はなも》ちならない …… 130
花《はな》も実《み》もある …… 147
花《はな》より団子《だんご》 …… 53
鼻《はな》を明《あ》かす …… 130
鼻《はな》を折《お》る …… 130
花《はな》を持《も》たせる …… 86
歯《は》に衣着《きぬき》せぬ …… 93・174
羽《はね》を伸《の》ばす …… 52
歯《は》の根《ね》が合《あ》わない …… 93
波紋《はもん》を呼《よ》ぶ …… 109
早起《はやお》きは三文《さんもん》の徳《とく》 …… 129
腹《はら》が黒《くろ》い …… 146
腹《はら》の皮《かわ》がよじれる …… 92
腹八分目《はらはちぶんめ》に医者《いしゃ》いらず …… 7
腹《はら》を抱《かか》える …… 92
腹《はら》をかためる …… 89
腹《はら》を決《き》める …… 89
腹《はら》をくくる …… 89
腹《はら》をすえる …… 89
針《はり》の穴《あな》から天《てん》をのぞく …… 25・117
膝《ひざ》を打《う》つ …… 198
膝《ひざ》を正《ただ》す …… 186
左団扇《ひだりうちわ》で暮《く》らす …… 134
必要《ひつよう》は発明《はつめい》の母《はは》 …… 65
人《ひと》こそ人《ひと》の鏡《かがみ》 …… 197
人《ひと》の噂《うわさ》も七十五日《しちじゅうごにち》 …… 171
人《ひと》のふり見《み》て我《わ》がふり直《なお》せ …… 133・172・197
人《ひと》の褌《ふんどし》で相撲《すもう》を取《と》る …… 128・156
一旗揚《ひとはたあ》げる …… 99
一花咲《ひとはなさ》かせる …… 99
一山当《ひとやまあ》てる …… 133
人《ひと》を食《く》う …… 76
火《ひ》の消《き》えたよう …… 41
火花《ひばな》を散《ち》らす …… 83
百聞《ひゃくぶん》は一見《いっけん》にしかず …… 160・164
百《ひゃく》も承知《しょうち》 …… 160
氷山《ひょうざん》の一角《いっかく》 …… 133
瓢箪《ひょうたん》から駒《こま》 …… 56・212
ピリオドを打《う》つ …… 198
貧乏暇《びんぼうひま》なし …… 72
夫婦喧嘩《ふうふげんか》は犬《いぬ》も食《く》わない …… 181
覆水盆《ふくすいぼん》に返《かえ》らず …… 39・143
袋《ふくろ》の鼠《ねずみ》 …… 205
豚《ぶた》に真珠《しんじゅ》 …… 19・32・38・181
懐《ふところ》が暖《あたた》かい …… 26
懐《ふところ》が寒《さむ》い …… 26
冬《ふゆ》来《き》たりなば春《はる》遠《とお》からじ …… 184
踏《ふ》んだり蹴《け》ったり …… 42・166
褌《ふんどし》には短《みじか》し手拭《てぬぐ》いには長《なが》し …… 90
下手《へた》な鉄砲《てっぽう》も数撃《かずう》ちゃ当《あ》たる …… 27
下手《へた》の横好《よこず》き …… 14・57
蛇《へび》ににらまれた蛙《かえる》 …… 94
ペンは剣《けん》よりも強《つよ》し …… 31
棒《ぼう》をのんだよう …… 61
頰《ほお》が落《お》ちる …… 58
頰《ほお》を染《そ》める …… 28
仏《ほとけ》の顔《かお》も三度《さんど》 …… 60
骨折《ほねお》り損《ぞん》のくたびれもうけ …… 15・46・49・103
骨《ほね》が折《お》れる …… 64
骨身《ほねみ》にこたえる …… 15
骨身《ほねみ》を削《けず》る …… 193
骨《ほね》を惜《お》しむ …… 15
骨《ほね》を刺《さ》す …… 105

骨《ほね》を休《やす》める……15
法螺《ほら》を吹《ふ》く……34
盆《ぼん》と正月《しょうがつ》が一緒《いっしょ》に来《き》たよう……135

ま

まかぬ種《たね》は生《は》えぬ……49・59・145
幕《まく》を閉《と》じる……215
負《ま》け犬《いぬ》の遠吠《とおぼ》え……181
馬子《まご》にも衣装《いしょう》……156
待《ま》てば海路《かいろ》の日和《ひより》あり……145・196
まな板《いた》の鯉《こい》……74・209
眉根《まゆね》を寄《よ》せる……110
眉《まゆ》をひそめる……110
ミイラ取《と》りがミイラになる……30
身《み》から出《で》た錆《さび》……121
神輿《みこし》を上《あ》げる……63
水清《みずきよ》ければ魚《うお》すまず……209
水《みず》に流《なが》す……91・126
水《みず》の泡《あわ》……127
水《みず》をあける……127
水《みず》を打《う》ったよう……127
水《みず》を得《え》た魚《うお》……102
水《みず》を差《さ》す……127
道《みち》が開《ひら》ける……87
道草《みちくさ》を食《く》う……76
三《み》つ子《ご》の魂百《たましいひゃく》まで……188
身《み》に余《あま》る……37
身《み》に覚《おぼ》えがある……193
身《み》につく……57
身《み》の毛《け》がよだつ……123
耳《みみ》が痛《いた》い……88
耳《みみ》が早《はや》い……55
耳《みみ》にたこができる……108
耳《みみ》につく……55
耳《みみ》を疑《うたが》う……55
耳《みみ》を貸《か》す……55
耳《みみ》を傾《かたむ》ける……19・54
耳《みみ》を澄《す》ます……19・54
耳《みみ》をそばだてる……19・54
身《み》を入《い》れる……193
身《み》を粉《こ》にする……193
実《み》を結《むす》ぶ……187
麦飯《むぎいい》で鯉《こい》を釣《つ》る……46
虫《むし》がいい……111
虫《むし》が好《す》かない……157
虫《むし》の居所《いどころ》が悪《わる》い……157
虫《むし》の知《し》らせ……157
矛盾《むじゅん》……141
胸《むね》が痛《いた》む……44
胸《むね》がいっぱいになる……44・104
胸《むね》が躍《おど》る……114
胸《むね》が騒《さわ》ぐ……44
胸《むね》が弾《はず》む……71
胸《むね》が張《は》り裂《さ》ける……129
胸《むね》に迫《せま》る……198
胸《むね》に響《ひび》く……198
胸《むね》を打《う》つ……198
胸《むね》を借《か》りる……44
胸《むね》を刺《さ》す……105
胸《むね》をなで下《お》ろす……44・61・161
無用《むよう》の長物《ちょうぶつ》……140
目《め》が利《き》く……17
目《め》が肥《こ》える……17
目《め》がさえる……162
目《め》が高《たか》い……17
目《め》がない……16
目《め》から鱗《うろこ》が落《お》ちる……176
目《め》から火《ひ》が出《で》る……28
目《め》くじらを立《た》てる……167
メスを入《い》れる……199
目《め》と鼻《はな》の先《さき》……138
目《め》に余《あま》る……37
目《め》には青葉《あおば》 山時鳥《やまほととぎす》 初鰹《はつがつお》……73
目《め》の色《いろ》を変《か》える……35
目《め》の上《うえ》のたんこぶ……167
目《め》の中《なか》に入《い》れても痛《いた》くない……167
目《め》は口《くち》ほどに物《もの》を言《い》う……166
目《め》は心《こころ》の鏡《かがみ》……166
目《め》は心《こころ》の窓《まど》……166
目《め》も当《あ》てられない……37
目《め》もくれない……17
目《め》を疑《うたが》う……17
目《め》をかける……17
目《め》を皿《さら》にする……167
目《め》を白黒《しろくろ》させる……69・176
目《め》をつぶる……91
目《め》を細《ほそ》める……213
目《め》を丸《まる》くする……53
目《め》を見張《みは》る……104
面食《めんく》らう……69
餅《もち》は餅屋《もちや》……213
もっけの幸《さいわ》い……49
物言《ものい》えば唇寒《くちびるさむ》し秋《あき》の風《かぜ》……36・155
物《もの》になる……187
物《もの》も言《い》いようで角《かど》が立《た》つ……50
桃栗三年柿八年《ももくりさんねんかきはちねん》……147・175・187

や

焼《や》け石《いし》に水《みず》……127
安《やす》かろう悪《わる》かろう……172
安物買《やすものか》いの銭失《ぜにうしな》い……172
やせの大食《おおぐ》い……142
柳《やなぎ》の下《した》にいつも泥鰌《どじょう》はいない……11
藪《やぶ》から棒《ぼう》……55
山《やま》をかける……132
有終《ゆうしゅう》の美《び》を飾《かざ》る……214
幽霊《ゆうれい》の正体《しょうたい》見《み》たり枯《か》れ尾花《おばな》……123
指《ゆび》をくわえる……211
横車《よこぐるま》を押《お》す……206
寄《よ》る年波《としなみ》には勝《か》てぬ……153
弱《よわ》り目《め》に祟《たた》り目《め》……42・166

ら

烙印《らくいん》を押《お》す……50
良薬《りょうやく》は口《くち》に苦《にが》し……79
瑠璃《るり》も玻璃《はり》も照《て》らせば光《ひか》る……169
歴史《れきし》は繰《く》り返《かえ》す……11
レッテルを貼《は》る……50
労多《ろうおお》くして功少《こうすく》なし……15
ローマは一日《いちにち》にして成《な》らず……27
論語読《ろんごよ》みの論語知《ろんごし》らず……68
論《ろん》より証拠《しょうこ》……164

わ

若《わか》いときの苦労《くろう》は買《か》ってでもせよ……8
我《わ》が身《み》をつねって人《ひと》の痛《いた》さを知《し》れ……202
禍《わざわい》を転《てん》じて福《ふく》となす……116
渡《わた》る世間《せけん》に鬼《おに》はない……69
笑《わら》う門《かど》には福来《ふくき》たる……24
割《わり》を食《く》う……76
和《わ》をもって貴《とうと》しとなす……73・144

仲間分《なかまわ》けさくいん

ここでは、ことわざ・慣用句《かんようく》を、数字・動物《どうぶつ》・体の部分《ぶぶん》などの仲間《なかま》ごとにまとめています。テーマを決《き》めた言葉集《ことばあつ》めに役立《やくだ》ちます。

数字《すうじ》

【一《いち》】
一《いち》か八《ばち》か …… 8
一年《いちねん》の計《けい》は元旦《がんたん》にあり …… 4
一富士《いちふじ》二鷹《にたか》三茄子《さんなすび》 …… 5
一目《いちもく》置《お》く …… 6
一葉《いちよう》落《お》ちて天下《てんか》の秋《あき》を知《し》る …… 155
一《いち》を聞《き》いて十《じゅう》を知《し》る …… 161
一巻《いっかん》の終《お》わり …… 215
一糸《いっし》乱《みだ》れず …… 40
一寸《いっすん》の虫《むし》にも五分《ごぶ》の魂《たましい》 …… 139
一銭《いっせん》を笑《わら》う者《もの》は一銭《いっせん》に泣《な》く …… 204
一杯《いっぱい》食《く》わす …… 160
聞《き》くは一時《いっとき》の恥《はじ》 聞《き》かぬは一生《いっしょう》の恥《はじ》 …… 178
大海《たいかい》の一滴《いってき》 …… 117
大山鳴動《たいざんめいどう》して鼠一匹《ねずみいっぴき》 …… 139
鶴《つる》の一声《ひとこえ》 …… 197
一旗《ひとはた》揚《あ》げる …… 99
一山《ひとやま》当《あ》てる …… 133
氷山《ひょうざん》の一角《いっかく》 …… 133
ローマは一日《いちにち》にして成《な》らず …… 27
【二《に》】
瓜二《うりふた》つ …… 124
二階《にかい》から目薬《めぐすり》 …… 160
二度《にど》あることは三度《さんど》ある …… 11・207
二兎《にと》を追《お》う者《もの》は一兎《いっと》をも得《え》ず …… 10
二《に》の足《あし》を踏《ふ》む …… 112
二《に》の句《く》が継《つ》げない …… 87
【三《さん》】
石《いし》の上《うえ》にも三年《さんねん》 …… 187
草木《くさき》も眠《ねむ》る丑三《うしみ》つ時《どき》 …… 123
三度目《さんどめ》の正直《しょうじき》 …… 11・207
早起《はやお》きは三文《さんもん》の徳《とく》 …… 129
仏《ほとけ》の顔《かお》も三度《さんど》 …… 60
三《み》つ子《ご》の魂《たましい》百《ひゃく》まで …… 188
桃栗三年柿八年《ももくりさんねんかきはちねん》 …… 147・175・187
【四〜九十九】
親《おや》の七光《ななひか》り …… 81
七転《ななころ》び八起《やお》き …… 112
腹八分目《はらはちぶんめ》に医者《いしゃ》いらず …… 7
人《ひと》の噂《うわさ》も七十五日《しちじゅうごにち》 …… 171
【百《ひゃく》】
かわいさ余《あま》って憎《にく》さ百倍《ひゃくばい》 …… 41
五十歩百歩《ごじっぽひゃっぽ》 …… 47・147
雀百《すずめひゃく》まで踊《おど》り忘《わす》れず …… 20・188
百聞《ひゃくぶん》は一見《いっけん》にしかず …… 160・164
百《ひゃく》も承知《しょうち》 …… 160
【千《せん》】
牛《うし》の歩《あゆ》みも千里《せんり》 …… 152・187
海《うみ》に千年《せんねん》 山《やま》に千年《せんねん》 …… 117
千里《せんり》の道《みち》も一歩《いっぽ》から …… 65・98
鶴《つる》は千年《せんねん》 亀《かめ》は万年《まんねん》 …… 211

動物《どうぶつ》

ほ乳類《にゅうるい》
【犬《いぬ》】
犬《いぬ》が西《にし》向《む》きゃ尾《お》は東《ひがし》 …… 179・181
犬《いぬ》に論語《ろんご》 …… 19・32・38・181
犬《いぬ》も歩《ある》けば棒《ぼう》に当《あ》たる …… 180
尾《お》を振《ふ》る犬《いぬ》はたたかれず …… 179・181
飼《か》い犬《いぬ》に手《て》をかまれる …… 91
犬猿《けんえん》の仲《なか》 …… 181
夫婦喧嘩《ふうふげんか》は犬《いぬ》も食《く》わない …… 181
負《ま》け犬《いぬ》の遠吠《とおぼ》え …… 181
【猫《ねこ》】
借《か》りて来《き》た猫《ねこ》 …… 60
窮鼠《きゅうそ》猫《ねこ》をかむ …… 33・184
鳴《な》く猫《ねこ》は鼠《ねずみ》を捕《と》らぬ …… 33
猫《ねこ》に鰹節《かつおぶし》 …… 194
猫《ねこ》に小判《こばん》 …… 19・32・38・181
猫《ねこ》にまたたび …… 33
猫《ねこ》の首《くび》に鈴《すず》をつける …… 161
猫《ねこ》の手《て》も借《か》りたい …… 214
猫《ねこ》の額《ひたい》 …… 33
猫《ねこ》も杓子《しゃくし》も …… 33
猫《ねこ》をかぶる …… 68
【馬《うま》】
馬《うま》が合《あ》う …… 164・192
馬《うま》の耳《みみ》に念仏《ねんぶつ》 …… 19・32・38・181
老《お》いたる馬《うま》は道《みち》を忘《わす》れず …… 153
天高《てんたか》く馬肥《うまこ》ゆる秋《あき》 …… 154
馬脚《ばきゃく》をあらわす …… 179
瓢箪《ひょうたん》から駒《こま》 …… 56・212
【そのほかのほ乳類《にゅうるい》】
いたちの最後《さいご》っぺ …… 85
牛《うし》の歩《あゆ》み …… 152
牛《うし》の歩《あゆ》みも千里《せんり》 …… 152・187
牛《うし》の角《つの》を蜂《はち》が刺《さ》す …… 42・94
狐《きつね》につままれる …… 199
鶏口《けいこう》となるも牛後《ぎゅうご》となるなかれ …… 175
猿《さる》も木《き》から落《お》ちる …… 85・95・134・204
鹿《しか》を追《お》う者《もの》は山《やま》を見《み》ず …… 85
獅子《しし》の子落《こお》とし …… 189
大山鳴動《たいざんめいどう》して鼠一匹《ねずみいっぴき》 …… 139
狸寝入《たぬきねい》り …… 85
取《と》らぬ狸《たぬき》の皮算用《かわざんよう》 …… 145
虎《とら》の威《い》を借《か》る狐《きつね》 …… 85
二兎《にと》を追《お》う者《もの》は一兎《いっと》をも得《え》ず …… 10
袋《ふくろ》の鼠《ねずみ》 …… 205
豚《ぶた》に真珠《しんじゅ》 …… 19・32・38・181
鳥類《ちょうるい》
一富士《いちふじ》二鷹《にたか》三茄子《さんなすび》 …… 5
烏合《うごう》の衆《しゅう》 …… 78
鵜《う》の目《め》鷹《たか》の目《め》 …… 78
梅《うめ》に鶯《うぐいす》 …… 24・109・194
鸚鵡返《おうむがえ》し …… 99
閑古鳥《かんこどり》が鳴《な》く …… 78
雉《きじ》も鳴《な》かずば撃《う》たれまい …… 36・143
鶏口《けいこう》となるも牛後《ぎゅうご》となるなかれ …… 175
雀百《すずめひゃく》まで踊《おど》り忘《わす》れず …… 20・188
立《た》つ鳥跡《とりあと》を濁《にご》さず …… 51・133
鶴《つる》の一声《ひとこえ》 …… 197
鶴《つる》は千年《せんねん》 亀《かめ》は万年《まんねん》 …… 211
鳶《とび》が鷹《たか》を生《う》む …… 80・94
飛《と》ぶ鳥《とり》を落《お》とす勢《いきお》い …… 78
波《なみ》に千鳥《ちどり》 …… 109
能《のう》ある鷹《たか》は爪《つめ》を隠《かく》す …… 203
鳩《はと》に豆鉄砲《まめでっぽう》 …… 94
目《め》には青葉《あおば》 山時鳥《やまほととぎす》 初鰹《はつがつお》 …… 73
魚類《ぎょるい》
魚心《うおごころ》あれば水心《みずごころ》 …… 150
鰻登《うなぎのぼ》り …… 122
海老《えび》で鯛《たい》を釣《つ》る …… 46
海老《えび》の鯛《たい》交《ま》じり …… 46
金魚《きんぎょ》の糞《ふん》 …… 209
腐《くさ》っても鯛《たい》 …… 46
鯉《こい》の滝登《たきのぼ》り …… 74
鯖《さば》を読《よ》む …… 209
釣《つ》り落《お》とした魚《さかな》は大《おお》きい …… 208
とどのつまり …… 209
猫《ねこ》に鰹節《かつおぶし》 …… 194

まな板《いた》の鯉《こい》……74・209
水清《みずきよ》ければ魚《うお》すまず……209
水《みず》を得《え》た魚《うお》……102
目《め》には青葉《あおば》 山時鳥《やまほととぎす》 初鰹《はつがつお》……73

虫《むし》

虻蜂《あぶはち》取《と》らず……10・128
一寸《いっすん》の虫《むし》にも五分《ごぶ》の魂《たましい》……139
牛《うし》の角《つの》を蜂《はち》が刺《さ》す……42・94
蜘蛛《くも》の子《こ》を散《ち》らす……183
蛍雪《けいせつ》の功《こう》……173
蓼《たで》食《く》う虫《むし》も好《す》き好《ず》き……157
蝶《ちょう》よ花《はな》よ……131
飛《と》んで火《ひ》に入《い》る夏《なつ》の虫《むし》……103
泣《な》きっ面《つら》に蜂《はち》……42・166
蜂《はち》の巣《す》をつついたよう……42
虫《むし》がいい……111
虫《むし》が好《す》かない……157
虫《むし》の居所《いどころ》が悪《わる》い……157
虫《むし》の知《し》らせ……157

そのほかの動物《どうぶつ》

井《い》の中《なか》の蛙大海《かわずたいかい》を知《し》らず……117
貝殻《かいがら》で海《うみ》をはかる……117
蛙《かえる》の子《こ》は蛙《かえる》……80・94
蛙《かえる》の面《つら》に水《みず》……94
亀《かめ》の甲《こう》より年《とし》の功《こう》……153
蛇足《だそく》……140
月《つき》とすっぽん……120
蛇《へび》ににらまれた蛙《かえる》……94

空想上《くうそうじょう》の生《い》き物《もの》

鬼《おに》に金棒《かなぼう》……23
鬼《おに》の居《い》ぬ間《ま》に洗濯《せんたく》……115
鬼《おに》の首《くび》を取《と》ったよう……23
鬼《おに》の目《め》にも涙《なみだ》……23
河童《かっぱ》の川流《かわなが》れ……85・94・134・204
心《こころ》を鬼《おに》にする……23
渡《わた》る世間《せけん》に鬼《おに》はない……69

体《からだ》

【頭《あたま》・髪《かみ》】

頭《あたま》が上《あ》がらない……43
頭《あたま》が固《かた》い……148
頭隠《あたまかく》して尻隠《しりかく》さず……132
頭《あたま》が下《さ》がる……43・148
頭《あたま》に血《ち》がのぼる……148
頭《あたま》を抱《かか》える……148
頭《あたま》をひねる……84
頭《あたま》を冷《ひ》やす……148
頭《あたま》を丸《まる》める……58
間髪《かんはつ》を入《い》れず……146
頭角《とうかく》を現《あらわ》す……169
豆腐《とうふ》の角《かど》に頭《あたま》をぶつける……162

【顔《かお》】

合《あ》わせる顔《かお》がない……119
大《おお》きな顔《かお》をする……185
顔《かお》が売《う》れる……22
顔《かお》が利《き》く……119
顔《かお》が広《ひろ》い……118・119
顔《かお》から火《ひ》が出《で》る……28
顔《かお》で笑《わら》って心《こころ》で泣《な》く……119
顔《かお》に泥《どろ》を塗《ぬ》る……119
顔《かお》を染《そ》める……28
顔《かお》を立《た》てる……119
泣《な》きっ面《つら》に蜂《はち》……42・166
仏《ほとけ》の顔《かお》も三度《さんど》……60

【目《め》】

痛《いた》い目《め》にあう……202
鵜《う》の目鷹《めたか》の目《め》……78
大目玉《おおめだま》を食《く》う……79
大目《おおめ》に見《み》る……91
鬼《おに》の目《め》にも涙《なみだ》……23
壁《かべ》に耳《みみ》あり障子《しょうじ》に目《め》あり……200
眼《がん》をつける……151
台風《たいふう》の目《め》……167
長《なが》い目《め》で見《み》る……17
二階《にかい》から目薬《めぐすり》……160
目《め》が肥《こ》える……17
目《め》がさえる……162
目《め》が高《たか》い……17
目《め》がない……16
目《め》から鱗《うろこ》が落《お》ちる……176
目《め》から火《ひ》が出《で》る……28
目《め》くじらを立《た》てる……167
目《め》と鼻《はな》の先《さき》……138
目《め》に余《あま》る……37
目《め》には青葉《あおば》 山時鳥《やまほととぎす》 初鰹《はつがつお》……73
目《め》の色《いろ》を変《か》える……35
目《め》の上《うえ》のたんこぶ……167
目《め》の中《なか》に入《い》れても痛《いた》くない……167
目《め》は口《くち》ほどに物《もの》を言《い》う……166
目《め》もくれない……17
目《め》を疑《うたが》う……17
目《め》をかける……17
目《め》を皿《さら》にする……167
目《め》を白黒《しろくろ》させる……69・176
目《め》を細《ほそ》める……213
目《め》を丸《まる》くする……53
目《め》を見張《みは》る……104
弱《よわ》り目《め》に祟《たた》り目《め》……42・166

【鼻《はな》】

鼻《はな》が利《き》く……178
鼻《はな》が高《たか》い……152
鼻高々《はなたかだか》……152
鼻《はな》であしらう……70
鼻《はな》で笑《わら》う……70・130
鼻《はな》にかける……130
鼻《はな》につく……178
鼻持《はなも》ちならない……130
鼻《はな》を明《あ》かす……130
鼻《はな》を折《お》る……130
目《め》と鼻《はな》の先《さき》……138

【口《くち》】

大《おお》きな口《くち》を利《き》く……185
口《くち》が堅《かた》い……93
口《くち》が滑《すべ》る……93
口《くち》が減《へ》らない……93
口《くち》から火《ひ》が出《で》る……28
口《くち》は禍《わざわい》の門《かど》……36・155
口《くち》を酸《す》っぱくする……164
口《くち》を挟《はさ》む……45・174
鶏口《けいこう》となるも牛後《ぎゅうご》となるなかれ……175
目《め》は口《くち》ほどに物《もの》を言《い》う……166
良薬《りょうやく》は口《くち》に苦《にが》し……79

【歯《は》・唇《くちびる》・舌《した》】

奥歯《おくば》に物《もの》が挟《はさ》まったよう……93・174
舌鼓《したつづみ》を打《う》つ……100・198
舌《した》を巻《ま》く……24
歯《は》が浮《う》く……93
歯《は》が立《た》たない……92・191
歯《は》に衣着《きぬき》せぬ……93・174
歯《は》の根《ね》が合《あ》わない……93
物言《ものい》えば唇寒《くちびるさむ》し秋《あき》の風《かぜ》……155

【耳《みみ》】

馬《うま》の耳《みみ》に念仏《ねんぶつ》……19・32・181
壁《かべ》に耳《みみ》あり障子《しょうじ》に目《め》あり……200
聞《き》く耳《みみ》を持《も》たない……55
杓子《しゃくし》は耳《みみ》かきにならず……185
寝耳《ねみみ》に水《みず》……55
耳《みみ》が痛《いた》い……88
耳《みみ》が早《はや》い……55
耳《みみ》にたこができる……108
耳《みみ》につく……55
耳《みみ》を疑《うたが》う……55
耳《みみ》を貸《か》す……55
耳《みみ》を傾《かたむ》ける……54
耳《みみ》を澄《す》ます……19・54

【額《ひたい》・眉《まゆ》・頬《ほお》・首《くび》・あご】

あごを出《だ》す……64

鬼《おに》の首《くび》を取《と》ったよう …… 23
首《くび》を長《なが》くする …… 122
猫《ねこ》の首《くび》に鈴《すず》をつける …… 161
猫《ねこ》の額《ひたい》 …… 33
頬《ほお》が落《お》ちる …… 58
頬《ほお》を染《そ》める …… 28
眉《まゆ》をひそめる …… 110
【胸《むね》】
胸《むね》が痛《いた》む …… 44
胸《むね》がいっぱいになる …… 44・104
胸《むね》が躍《おど》る …… 114
胸《むね》が騒《さわ》ぐ …… 44
胸《むね》が張《は》り裂《さ》ける …… 129
胸《むね》を打《う》つ …… 198
胸《むね》を借《か》りる …… 44
胸《むね》を刺《さ》す …… 105
胸《むね》をなで下《お》ろす …… 44・61・161
【腹《はら》】
腹《はら》が黒《くろ》い …… 146
腹八分目《はらはちぶんめ》に医者《いしゃ》いらず …… 7
腹《はら》を抱《かか》える …… 92
腹《はら》を決《き》める …… 89
【手《て》・腕《うで》・指《ゆび》・爪《つめ》】
腕《うで》によりをかける …… 16
腕《うで》を上《あ》げる …… 111
腕《うで》を磨《みが》く …… 111
飼《か》い犬《いぬ》に手《て》をかまれる …… 91
後手《ごて》に回《まわ》る …… 105
上手《じょうず》の手《て》から水《みず》が漏《も》れる …… 85・95・134・204
先手《せんて》を打《う》つ …… 105・198
爪《つめ》に火《ひ》をともす …… 52
手《て》が空《あ》く …… 67
手《て》がつけられない …… 67
手塩《てしお》にかける …… 54
手《て》に汗《あせ》を握《にぎ》る …… 136
手《て》に余《あま》る …… 37・66・191
手《て》に取《と》るよう …… 67
手《て》のひらを返《かえ》す …… 67
手《て》を打《う》つ …… 67・198
手《て》を切《き》る …… 67
手《て》を差《さ》しのべる …… 14
手《て》を抜《ぬ》く …… 27
手《て》を焼《や》く …… 66
濡《ぬ》れ手《て》で粟《あわ》 …… 103
猫《ねこ》の手《て》も借《か》りたい …… 214
能《のう》ある鷹《たか》は爪《つめ》を隠《かく》す …… 203
のどから手《て》が出《で》る …… 48
指《ゆび》をくわえる …… 211
【足《あし》・膝《ひざ》】
足《あし》が棒《ぼう》になる …… 70
足下《あしもと》にも及《およ》ばない …… 182
足下《あしもと》を見《み》る …… 47
足《あし》を運《はこ》ぶ …… 48
足《あし》を引《ひ》っ張《ぱ》る …… 159
親《おや》のすねをかじる …… 171
蛇足《だそく》 …… 140
二《に》の足《あし》を踏《ふ》む …… 112
馬脚《ばきゃく》をあらわす …… 179
膝《ひざ》を打《う》つ …… 198
【骨《ほね》】
肉《にく》を切《き》らせて骨《ほね》を断《た》つ …… 184
骨折《ほねお》り損《ぞん》のくたびれもうけ …… 15・46・49・103
骨《ほね》が折《お》れる …… 64
骨身《ほねみ》にこたえる …… 15
骨《ほね》を惜《お》しむ …… 15
骨《ほね》を刺《さ》す …… 105
骨《ほね》を休《やす》める …… 15
【肩《かた》・腰《こし》・背《せ》・尻《しり》】
頭隠《あたまかく》して尻隠《しりかく》さず …… 132
肩《かた》すかしを食《く》う …… 76
肩《かた》の荷《に》が下《お》りる …… 61・161
肩身《かたみ》が狭《せま》い …… 193
腰《こし》が低《ひく》い …… 18
腰《こし》を上《あ》げる …… 63
尻《しり》に火《ひ》がつく …… 12
背筋《せすじ》が伸《の》びる …… 75
【身《み》・体《からだ》・肌《はだ》】
芸《げい》は身《み》を助《たす》く …… 48
名《な》は体《たい》を表《あらわ》す …… 154
肌《はだ》を刺《さ》す …… 105
身《み》から出《で》た錆《さび》 …… 121
身《み》に余《あま》る …… 37
身《み》に覚《おぼ》えがある …… 193
身《み》につく …… 57
身《み》の毛《け》がよだつ …… 123
身《み》を入《い》れる …… 193
身《み》を粉《こ》にする …… 193
やせの大食《おおぐ》い …… 142
我《わ》が身《み》をつねって人《ひと》の痛《いた》さを知《し》れ …… 202
【その他《た》】
汗水《あせみず》を流《なが》す …… 126
息《いき》が合《あ》う …… 164
息《いき》を殺《ころ》す …… 61・77
息《いき》をのむ …… 61・120
固唾《かたず》をのむ …… 61
肝《きも》をつぶす …… 123
声《こえ》をそろえる …… 102
血《ち》が通《かよ》う …… 138
血《ち》を流《なが》す …… 126
涙《なみだ》をのむ …… 61

人間関係《にんげんかんけい》

【親子《おやこ》】
負《お》うた子《こ》に教《おし》えられる …… 22
親《おや》の心子《こころこ》知《し》らず …… 81
親《おや》のすねをかじる …… 171
親《おや》の七光《ななひか》り …… 81
親《おや》はなくとも子《こ》は育《そだ》つ …… 188
蛙《かえる》の子《こ》は蛙《かえる》 …… 80・94
かわいい子《こ》には旅《たび》をさせよ …… 8・189・207
孝行《こうこう》のしたい時分《じぶん》に親《おや》はなし …… 81
子《こ》どもの喧嘩《けんか》に親《おや》が出《で》る …… 81
子《こ》はかすがい …… 189
獅子《しし》の子落《こお》とし …… 189
地震雷火事親父《じしんかみなりかじおやじ》 …… 101
蝶《ちょう》よ花《はな》よ …… 131
鳶《とび》が鷹《たか》を生《う》む …… 80・94
はえば立《た》て立《た》てば歩《あゆ》めの親心《おやごころ》 …… 81
【友《とも》だち】
雨降《あめふ》って地固《じかた》まる …… 116
魚心《うおごころ》あれば水心《みずごころ》 …… 150
馬《うま》が合《あ》う …… 164・192
同《おな》じ釜《かま》の飯《めし》を食《く》う …… 18
犬猿《けんえん》の仲《なか》 …… 181
親《した》しき中《なか》に垣《かき》をせよ …… 124
親《した》しき仲《なか》にも礼儀《れいぎ》あり …… 124
朱《しゅ》に交《まじ》われば赤《あか》くなる …… 195
竹馬《ちくば》の友《とも》 …… 84

色《いろ》

青菜《あおな》に塩《しお》 …… 94・124
青《あお》は藍《あい》より出《い》でて藍《あい》より青《あお》し …… 177
色《いろ》を失《うしな》う …… 7
紺屋《こうや》の白袴《しろばかま》 …… 21・156
黒白《こくびゃく》を争《あらそ》う …… 177
朱《しゅ》に交《まじ》われば赤《あか》くなる …… 195
白羽《しらは》の矢《や》が立《た》つ …… 146
青天《せいてん》の霹靂《へきれき》 …… 177
赤貧《せきひん》洗《あら》うがごとし …… 177
隣《となり》の花《はな》は赤《あか》い …… 107
白紙《はくし》に戻《もど》す …… 177
腹《はら》が黒《くろ》い …… 146
目《め》には青葉《あおば》 山時鳥《やまほととぎす》 初鰹《はつがつお》 …… 73
目《め》の色《いろ》を変《か》える …… 35
目《め》を白黒《しろくろ》させる …… 69・176
瑠璃《るり》も玻璃《はり》も照《て》らせば光《ひか》る …… 169

監修 **青木 伸生**

（あおき　のぶお）

1965年、千葉県生まれ。東京都の教員を経て、現在、筑波大学附属小学校教諭。全国国語授業研究会会長。教育出版国語教科書編著者。日本国語教育学会常任理事。ことわざ能力検定協会理事。

著書『ゼロから学べる小学校国語科授業づくり』（明治図書）、『「フレームリーディング」でつくる国語の授業』（東洋館出版社）ほか。

イラスト	なかさこかずひこ！ ふわこういちろう
装丁・デザイン	倉科明敏（T.デザイン室）
DTP	栗本順史（明昌堂）
企画・編集	渡部のり子、小嶋英俊、山崎理恵（小峰書店） 今村恵子（フォルスタッフ）
協力	奥野誠子（奥野かるた店）

［おもな参考文献］『明鏡 ことわざ成句使い方辞典』（大修館書店）、『広辞苑』（岩波書店）、『故事俗信 ことわざ大辞典』（小学館）

ことばの事典365日
つかってみよう！ ことわざ365日

2016年11月25日　第1刷発行

監修者	青木伸生
発行者	小峰紀雄
発行所	株式会社小峰書店 〒162-0066　東京都新宿区市谷台町4-15 TEL 03-3357-3521　FAX 03-3357-1027 http://www.komineshoten.co.jp/
組版	株式会社明昌堂
印刷・製本	図書印刷株式会社

NDC814　223p　29×22cm
ISBN978-4-338-30601-0

上《かみ》方《がた》かるたのことわざ

上方《かみがた》（京都《きょうと》・大阪《おおさか》）でつくられたいろはかるたが「上方《かみがた》かるた」だよ。
くわしくは32ページを読んでね！

※ここで取《と》り上《あ》げているのは「京《きょう》かるた」だよ。
※本物《ほんもの》のかるたとは、ことわざがちがうこともあるよ。

い　一寸先《いっすんさき》は闇《やみ》

ろ　論語読《ろんごよ》みの論語知《ろんごし》らず ↓68ページを見てね！

は　針《はり》の穴《あな》から天《てん》をのぞく ↓25ページを見てね！

に　二階《にかい》から目薬《めぐすり》 ↓160ページを見てね！

ほ　仏《ほとけ》の顔《かお》も三度《さんど》 ↓60ページを見てね！

へ　下手《へた》の長談義《ながだんぎ》

と　豆腐《とうふ》にかすがい

ち　地獄《ぢ(じ)ごく》の沙汰《さた》も金次第《かねしだい》

り　綸言汗《りんげんあせ》のごとし

ぬ　糠《ぬか》に釘《くぎ》 ↓29ページを見てね！

る　類《るい》をもって集《あつ》まる

を　鬼《を(お)に》も十八《じゅうはち》

ゐ　鰯《いわし》の頭《あたま》も信心《しんじん》から

の　のみと言《い》えばつち

お　負《お》うた子《こ》に教《おし》えられる ↓22ページを見てね！

く　腐《くさ》っても鯛《たい》 ↓46ページを見てね！

や　闇《やみ》に鉄砲《てっぽう》

ま　まかぬ種《たね》は生《は》えぬ ↓59ページを見てね！

け　下駄《げた》と焼《や》き味噌《みそ》

ふ　武士《ぶし》は食《く》わねど高楊枝《たかようじ》

こ　これにこりよ道才棒《どうさいぼう》

え　縁《えん》と月日《つきひ》

て　寺《てら》から里《さと》へ

あ　足下《あしもと》から鳥《とり》が立《た》つ

ぬ
寒天ダイエット ぜんぜん やせない…
糠に釘だね～

ぬ
かにくぎ